KB263964

영화-존재의 이해를 위하여

영화-존재의 이해를 위하여

일러두기

1. 이 책에서 영화명은《 》로, 잡지와 도서명은『 』로, 논문과 글은「 」로 표기했다.

2. 이름과 제목 등 고유명사의 원어, 인물의 생몰연도는 필요한 경우에만 병기했다.

3. 저자의 화법을 드러내기 위해 구어와 문어를 함께 사용했으며 첨언과 부연을 ( )로 넣었다.

4. 인용문에서 독자의 이해를 위해 첨언을 한 부분은 [ ] 표시로 구분했다.

영화

존재의 이해를 위하여

김성태 지음

불란서책방

영화는 자신에 관해서 이야기하길 원한다.
그에게 붙여진 명명들, 그에 관한 이야기들이
그에게 '존재'를 부여한다.
그를 영사하는 스크린, 유일하게 그를 특징짓는 이것은
기본적으로 정신적이다. 영화는 그것을 바라보는 이들을 장악하고,
꿈꾸게 하며, 감동에 젖게 만들고, 기억하게 함은 물론,
자신에 관해 토론하게 하고, 글을 쓰게 한다.
바쟁의 글이 없이 채플린이 무엇이며, 다네의 한량없는 논의 없이
"리오 브라보"(Rio Bravo)는 무엇이며,
트뤼포의 올망졸망한 노트들 없이
"서든 피어"(Sudden Fear)가 또 무엇이겠는가?
비껴가 버린 다른 영화들과 마찬가지로, 그들 역시 자신을 바라봐주는
관객들을 결코 갖지 못했을 것이다.
그것들이 가치를 지니고 있다는 사실이 무시되거나,
망각의 틈새로 밀려나게 되었을 테니까.

_앙뜨완느 드 바에끄, 띠에리 주스, 『'영화'로의 귀환』

22년 후…

22년의 세월이 흘렀다. 초판에서도 강조했지만, 이 책은 '영화'에 대한 학문적인 이해의 폭을 넓히려 애썼고, 따라서 지극히 '이론적'이다. 지금 와서는 좀 더 편하게 풀어 쓸 법도 하지만, 내용의 중요성 때문에, 풀어 쓰자면 아예 새로 책을 써야 할 판이다. 그러지 못해 독자들에게 죄송하다. 하지만 22년 전이나 지금이나 변함 없는 것이 하나 있다. 한국에서 '영화'는 여전히 관심 밖에 있다. 사람들이 스크린 뒤편을 쳐다볼 생각을 해본 일이 없었거니와 이제는 스크린마저 사라지는 형편이니… 그런 상황을 고려해 집요하게 '영화'를 다루고자 했다. 따라서, 쉽게 손에 들고 가볍게 읽을 수 있도록 쓰지 못했고, 이는 여기서도 달라지지 않았다. '영화'는 가벼워도 되지만, '영화'에 관한 생각만큼은 빈한해서는 안 된다고 여기기 때문이다.

아무튼, 깊은 연을 지닌 불란서책방이 결국에는 종이책으로의 복간을 시도한다. 좀처럼 손에 잡히지 않을 책을, 순전히 학문적 가치를 인정해 기꺼이 출판한다는 것이 이즈음에는 얼마나 어려운 일일지… 이력이 있어서 이따금 여타 출판사들과도 다양한 접촉이 있었다. 내용이 아무리 깊든, 어차피 상품이다. 하지만 어떤 책은 팔리기 위해 있어야 하기보다는 읽히기 위해 있어야 한다. 물론 읽히려면 팔려야 하기에 말장난 같지만, 의미에 있어서는 다르다. '기획'에 특별한 문제가 없어도 대체로 출판사들은 시장의 조건에 맞추어 의견을 제시했다.

그러나, 『영화의 역사』 서문을 본 이들이라면 알겠지만, 나는 책을 내려고 글을 쓰지는 않는다. 머릿속에 쉴 새 없이 생각들이 피어나면, 그것을 기록하고 정리할 뿐, 출판이 되면 좋고, 아니면 그만이다. 세상에 필요하다면 나오게 될 것이고, 아니면, 세상에 필요 없는 셈이니까. 나는 그저 매일 쓴다. 그러니, 누군가에게 맞추어 글을 쓰는 일은 나와는 상관없는 작업이다. 나는 신앙을 지니고 있는데, 그 세계를 허락한 그의 쓸모에 따라서 존재한다고 믿기 때문에 지니는 태도이다. 정말이지 1999년 이후로 며칠을 빼놓고는 거의 매일 글을 쓴다. 어마어마하며, 잡다한 글들이 쌓여있고, 때마다 정리해서 세상에 빛을 보게 되었다. 애써서 출판사를 찾고 출판하려고 한 일이 없어서 서랍 안에 묵혀 있던 것이 세상에 나오게 되는 것은 무척 신기한 일이다. 그러니 감사하고 또 감사하다.

하지만 역시 여전한 내 태도는, 세상에 나오고 나면 이후는 전혀 신경 쓰지 않는다. 자신의 책을 내놓고, 수업 시간에 애써 말한 일이 없다. 필요하더라도 마치 학생들에게 사라고 하는 일 같아서. 필요하다고 여기면 알아서 구입하겠지, 출판된 이후의 일도 마찬가지로 그의 뜻이다. 나는 이론만이 아니라 소설이나 시나리오를 쓰기도 해서, 무척 많은 이야기가 쌓여있는데, 그 또한 써놓고 있을 뿐이다. 다시 말하지만 내가 거만해서는 아니다. 오히려 반대일 수 있는데, 나는 언제나 내 이름을 지우고 싶다. 누가 썼다는 것이 중요하지 않기 때문이다. 쓰여 있는 내용, 그것이 의미를 지니기를 바랄 뿐이다. '그 책 쓰신 분 아니세요? 그 작가 아니세요?' 나는 '저자'나 '작가'라는 표현이 내게 사용될 때마다 '존재'의 수준에서 기이하게 여긴다. 정작 중요하게 여겨져야 하는 것은 써진 것들이다. 그 스크린 뒤에 나는 가려져야 하고, 사라져야 한다. 사람이 앞에 나오면 자연히 권력의 위치를 차지해버리는데, 근본적으로 나는 그런 상황을 질색한다. 그런 나머지, 북토크 같은 일조차 어색하고 나에게 맞지 않는다.

22년, 시간은 길지 않다. 하지만 공교롭게도 90년대와 21세기 도입부에 끼어 있었다. 모든 것이 서서히, 하지만 급변하는 시간에…. 이 책의 내용에 관해서는 크게 바꿀 일은 없다. 다만, 무언가 첨언이 필요하다고 여겼다. 정말로, 지난 20여 년간, 짐작보다 바뀐 것들이 많으니까. 그러나, 정확히 하자면 바뀌는 중이라 해야 할 것이다. 사실 중요한 변화는 이 20여 년 동안의 일이 아니다. 지금에 와서 이 문제를 접하고는 '영화의 죽음'을 말하는 것이나, 개념의 변화를 새롭게 인식한 듯, 이것저것 조사해, 잘난 체하는 것은 스스로 어리석다고 주장하는 것에 지나지 않는다. 이 변화의 초입은 지난 80년대였기 때문이다. 그 문제를 심각하게 보지 않아서인가, 아니, 그때에도 신중한 이론가들은 한편으로는 '죽음'을 말하면서도 다시 '영화'로 돌아갔다. 왜냐하면, 엄밀히 말해, 이것은 '영화'의 죽음이 아니라, '영화 공간'의 죽음이고, 한편으로는 '영화'와 '인간'의 관계가 변했기 때문이다. 하지만 뒤늦게 호들갑을 떠는 이들은 이러한 '영화' 개념에 관한 새로운 귀환의 의미를, 왜 다시 돌아보는지를 알지 못하고 신나게 '영화'를 본래의 질료에서 떼어내는 일에 열광하는 중이다. 물론, 어찌 됐든 아주 미묘하면서 복마전 같은 시기인 것은 분명하다. 나마저도, 이즈음에는 학부에서나 대학원에서, 여타 세미나에서 '영화'에 관한 강의를 할 때마다 이전과는 다른 맥락에서 '영화'를 재고해야 하지 않을까 고민하고, 정리하고 있다. 특히, 대학원에서는 몇 년째, '영화 개념의 역사'라는 영화사가 아닌 역사를 말하고 있는데, 패러다임을 잡는 기준과 의미가 시간이 지날수록 달라지고 있다. 이전과는 다르게 '영화'의 개념을 추적해야 하는 시기가 도래한 것이다. 하지만 그렇다고 지금이 새로운 '영화'의 개념을 말할 때는 아니다.

천만에, '영화'는 달라지지 않았다. 우리가 지금 주목해야 하는 것은 '영화'의 변화가 아니라 그를 대하는 인간의 의식의 변화이다. 삶, 환경, 사고체계 말이다. 물론, 이것이 달라지면, '영화'도 그에 따라 달라질 것이다. 그러나 다시 말하자. 실은 '영화'가 아니라 '영화들'이 달라진다. '영화들'이 '영화'의 힘이 발휘되던 장소에서 다른 장소로 이전하고 있다. 이 경우, '영화'는 힘을 잃고, 그저 움직인다는 외피만 제공하는 수단으로 전락하진 않을까 염려스럽다. 이미 모니터 안에서의 영화들은 그리 작동한다. 고개를 들어, 집중하고, 애써 감각을 끌어모아, 빛이 도달하는 순간을 만끽할 채비 따위는 없으며, 보는 중에도 언제라도 다른 현실의 간섭이 가능하다. 그리고 본 후에, 무엇보다, 여운이 없

다. 극장을 나와, 길에서 맞이하는 세상의 의미나 정서도… 그 길에 다
시 선 내 두 다리의 힘도… 이는 단순히 ‘영화’만의 문제가 아니라는
점은 분명하다.

　문학도 그를 대하던 삼 사십 년 전의 내 의식이 아니다. 뇌수를 쪼개
고 번뜩이게 하며, 가슴 깊이 묵직한 뭉텅이를 들이밀던 언어는 사라
졌다. 아니, 정확히 말하면 언어는 그대로 있지만, 그를 대하는 인간의
상태가 달라졌다. 보라, ‘시’가 얄팍한 감상이나 건드리는 일 아니면,
맥을 못 추는 세상이 아닌가? ‘시’는 언어의 권력을 해체하고 깊숙이
우리 신경망을 찌르는 비수여야 하는데… 회화는, 휑하니 사람들이 찾
지 않는 갤러리에서 자본의 손길을 기다린다. 여기저기 비엔날레들이
있어서, 그곳에 몰린 이들에게만 환담의 칵테일을 제공할 뿐이다. 그
리고, 그리고, 그리고… 물론 이 경우, 이들 인간의 고유한 사고의 수단
들은 어떻게든 방법을 찾아야 할 것이다. 하지만 인간이 그럴 노력조
차 하지 않을까 두렵다. 그래, 가만히 보면, ‘영화’의 문제가 아니다. 인
간이 존재로서의 의미를 망각해가고 있다.

　그래, ‘영화’는 여전히 힘이 있다. 아직도 이 ‘영화’는 사라지지 않았
다. 문제는 ‘영화’가 아니라 사람에게 있는데, 이 시대에 대한 위기감이
없다. 사는 행태의 편리함이 그 생각을 잊게 한다. 자기 방에서 볼 수
있는 영화를 극장에까지 가서 보는 일은 귀찮아졌다. 현대의 삶에서
시간은 얼마나 소중한가? 하지만 그처럼 시간에 쫓기듯 몰고 가려는
것이 자본이다. 우리에게가 아니라, 자본에게는 무엇보다 네트워크가
훨씬 나은 선택이다. 그곳은 장소가 아니라서 월세나 전세, 소유에 대

한 세금을 염려할 일이 없다. 유지에 필요한 노동자들을 쓸 일도 없고, 네트워크를 손보는, 앉아 있는 기능적 노동자들만 부리면 된다. 그러니, 극장보다 나을 수밖에…(물론 극장의 존속을 주장하려는 것은 아니다, '공간'의 힘이 사라지면 실체는 대체 무엇일까에 대한 염려이다).

우리의 습관과 인식, 의지를 바꾸는데 자본이 너무나 거대한 힘을 발휘하고 있다. '영화'가 존재를 잃는다는 것은 결국 사람이 그리된다는 말이다. 그래서 과도기적인 내용들을 첨부해야 했다. 그것이 후기 겸, 마지막 장이다. 나머지는 논리를 보충하기 위해, 의미를 명확하게 하려고 군데군데 손을 봤다. 이 책의 복간이 누군가에게 '영화'가 지닌 내용을 다시금 생각하게 하기를 바랄 뿐이다.

글을 읽기 전에(초판 서문)

영화는 이제 예전 같지 않다. 과거에는 한두 개 영화가 화제를 끌고
('몰고'가 아니다) 가끔 등장할 뿐, 대부분의 영화는 신문광고나 광고
전단지 안에서 사라져버렸다. 영화는 삶의 경계 바깥에 있는 것이었으
며, 결코 지적 관심의 대상이 아니었다. 영화를 위한 잡지도 없었고, 있
을 이유도 없던 시절에 영화는 정말로 아무것도 아니었다. 하지만 지
금은 다르다. 영화를 보는 행위는 완벽한 일상생활이 되었으며, 대부
분 보는 것에 만족하지 않는다. 두서넛만 모이면 영화 이야기를 하고,
방송이나 잡지에서도 영화에 관한 말들이 다채롭게 쏟아진다. 영화는
바야흐로 비평하는 지대, 지적 관심의 지대로 들어선 것이다. 그러나
바로 여기에서 내 정체성의 혼란이 발생한다.

나는 영화이론을 전공한 사람이다. 그런데 그토록 많은 사람이 영화
에 지대한 관심을 보이면서도, '영화'라는 대상에 그토록 피상적으로
접근하고 있다는 사실에 나는 무척 놀라곤 한다. 대개의 사람은 영화

이론이라는 분야에 대해서 상당히 의아해한다. 영화와 이론의 만남에 대해서 말이다. 그래서 사람들은 한결같이 "그러니까 영화비평을 하신다는 거죠?"라고 되물어오곤 한다. 영화이론은 그렇게 비평을 하는 것으로 이해되고, 영화학이란 비평을 가르치는 것쯤으로 판단된다. 이쯤 되면 나는 아무 일도 하지 않는 사람이 되는 셈이다. 평론을 쓰지도 않으며, 비평을 가르치는 것은 더욱 아니다. 그래서 나는 차라리 "도대체 무슨 일을 하는 분이세요?"라고 물어올 때 "아무 일도 하지 않습니다"라고 대답해버린다. 설명하고 대답할 힘도 없기 때문이다. 그런 점에서 이곳에는 아직도 영화이론이 존재하지 않는다. 소수를 제외한 대부분의 사람은 영화학의 필요성조차 느끼지 못하고 있기 때문이다.

정작 문제는 바로 그 소수로부터 시작한다. 영화를 전공하는 이들마저도 정말 영화학이 무엇을 하는 것인지 잘 모르고 있다. 대개는 그들도 영화학은 영화를 만들거나 비평을 위한 기초작업 정도로 생각한다. 이것은 사실 아주 심각한 문제이다. 그들이 영화학 또는 영화이론을 무시하고 있기 때문이 아니다. 곰곰이 따지고 보면 그들이 무시하는 것은 결국 '영화' 그 자체이기 때문이다.

영화이론은 영화들을 놓고, 그들을 잘 풀어서 설명해주는 비평이 아니다. 그렇다고 영화에 대한 접근을 이론적으로 전개하는 그런 과목이라고 한발 물러설 생각도 없다. 정작 영화를 설명하는 데 이론적으로 접근해서 그 내용을 풀어놓는 것은 비평이다. 이렇게 보면 비평도 그다지 제구실하는 것 같지는 않지만, 여기선 상관 말자

내가 앞에서 영화와 이론의 만남이라고 한 이유가 있다. 그것이 실

제 영화이론의 정체성이기 때문이다. 즉 영화이론은 '영화'라는 대상에 대한 이론이다. 흔히 생각하듯 영화들에 대한 이론이 아니라, 영화들을 생산하는 방법으로서의 '영화'에 대한 이론을 일컫는다. 미묘한 경계가 있지만 결국 '영화'는 생산물들을 통해 말하므로, 어쨌든 개개의 영화들이 분석의 테두리 안에 들어올 것이다. 그렇더라도 언제나 '영화'가 있고 난 다음에 영화들이 있다. 당연히 영화학은 그러한 이론들을 통해 만들어진 학문이다. 그런 점에서 영화학이 결코 쉬울 수는 없지 않은가? 더더욱 '영화'가 그렇게 쉬울 수만도 없다. 본문에서 밝히겠지만, '영화'는 이론의 관점에서 보면 개념의 대상이다. 영화들로 나타나는 이야기의 집이 아니라, '영화'라는 방식에 의해서 쌓아 올라가는 개념의 집이라는 말이다. 하지만 많은 사람은 영화가 개념이 되어야 한다는 것에 대해 반문을 던질 것이다. 이 반문에 대답하는 것은 대단히 중요한 작업이다. 왜냐하면 이 반문에 대답할 수 있어야 영화이론과 영화학의 근거가 마련되기 때문이다. 영화학이란 결과적으로 '영화'라는 개념에 대해서 논하고 그것을 성립시키는 학문이며, 실제로 그런 과정을 거쳐서 사람들에게 '영화'가 얼마나 중요한 것인지를 알려주는 역할을 한다.

앞으로 밝힐 것도 많고 연구할 것들도 무수하지만, 지금까지 정립된 것 안에서 우선 말하자면 '영화'라는 것의 최초 개념은 재현과의 관계 속에서 발생한다. '영화'는 재현을 위한 하나의 방법으로서 탄생했으며, 재현되는 대상인 세계와 그것을 바라보는 인간과의 관계를 새로운 방식으로 재구성한 도구이다. 이 문제는 1장에서 간단하게 다루었다.

그런 점에서 1장은 다른 장들의 논의를 개진하는 데 필요한 전제이고 더 많은 문제를 기술해야 하지만, 그 수준에서 짧게 정리했다.

2, 3, 4장은 1장에서 밝혀진 '영화'가 그동안 해온 일, 즉 자기 능력을 이용해서 확장시킨 영역에 관한 설명이다. 2장은 영화가 흔히 '우리가 알고 있는 것과 같은 이야기'를 덧입어나가는 과정을 기술했다. 말하자면 영화의 역사적 과정을 짚어본 것으로, 영화가 이야기를 하는 도구로서 자리 잡아가는 과정을 기술한 것이다. 반면에 3장은 역사적인 맥락과는 전혀 무관한 것으로, 영화가 어떻게 작용하는 도구인지 밝히고 있다. 즉 영화가 이야기를 할 때 발생하는 문제와 영화가 이전의 다른 도구들과 무엇이 다른지 설명한 부분이다. 이것 역시 '영화'를 말하는 데 가장 중요한 부분 중의 하나일 것이다. 이는 영화의 오리지널리티에 해당하며, 따라서 우리 인간의 사고와 경험을 완전히 다른 지점으로 몰고 갈 영화의 능력에 해당하기 때문이다. 끝으로 4장은 영화가 그렇게 작용함으로써 맺어진 현실과 영화의 새로운 관계에 관한 설명이다. 실제 영화는 우리에게 두 가지 개념의 현실을 제공했다. 우리가 고전영화와 현대영화라고 말하는 것은 현실에 대한 영화의 두 가지 태도에 의해서 결정된다.

결국 네 개의 장은 연속성이 있는 작업이라고 볼 수 없다. 이 책의 초안은 이미 2년 전에 완성되었다. 각 장은 학생들을 가르치며 각각 다른 강의를 위해 만든 강의록에 바탕을 둔 것이다. 사실 한 권의 책을 만들기 위해서 쓰이기 이전에 영화이론의 입장에서 다루어야 하는 것들을 묶어놓은 예제에 해당하는 셈이다. 그렇기에 각 장을 따로 읽어도 큰 무리는 없을 것이다.

끝으로, 이 책의 제목에 의아해하는 사람도 있을 것이다. 이것은 결코 '영화'에 대한 모든 것을 담고 있다는 의미의 제목이 아니다. 영화이론과 영화학이 대상으로 삼는 '영화'를 다루고 있으며, 그것은 일반적으로 흔히 생각하는 영화가 아니라는 뜻에서 이러한 제목이 붙은 것이다. 오해가 없기를 바란다.

이쯤 되면 늘 하는 이야기지만, 좀 더 바라보고 좀 더 애를 썼더라면 하는 아쉬움이 든다. 하지만 2년 전의 글을 다시 수정하기란 차라리 새로 쓰는 편이 나을 만큼 골치 아픈 작업이었다. 문장이나 서술 모든 면에서 평소 내가 쓰는 글과는 달라서 이러지도 저러지도 못하는 경우가 많았는데, 아마도 강의록으로 쓰인 것이어서 그럴 것이다. 이러한 많은 부족함이 있지만, 영화이론의 한 작업으로서 지금쯤은 털어내야 한다는 생각에 이렇게 내놓게 되었다. 문제는 이 골치 아픈 작업을 함께 해준 여러분께 죄송하다는 점일 것이다. 10년 만에 만나 책에 대해서 이런저런 비판과 수정을 아끼지 않은 친구 이문수에게 먼저 고마움을 표한다. 그가 없었더라면 이 책은 빛을 보지 못했을 것이다. 그리고 이 책을 기꺼이 출판해주신 주연선 사장님께도 감사를 드려야 할 것이다. 정리 과정에서 도움을 준 후배 김영신과 서봉성에게도 고마움을 표하고 싶다. 그리고 이 부족한 책에 지원을 해준 영화진흥위원회에도 특별히 감사를 드린다. 위원회의 결단에 걸맞게 그만한 책임을 다했을까 하는 부끄러움이 생긴다. 공간도 중요한 몫을 했다. 나는 바깥에서 글을 쓰는 사람인지라 이 자리를 빌어서 꼭 감사를 전하고 싶다. 아지오 그리고 지금은 사라진 루카… 공간은 응축이기도 하고, 풀림이기도 하

다. 긴장과 이완의 교차가 잘 이루어지는 곳, 그곳이 내게는 아주 적절
한 공간이었고, 그렇기에 두 장소는 내게 아주 편안한 교차지였다.

차례

'영화'라는 존재 I
- 다른 이미지

새로운 도구

1895년 12월 28일, 요지경 기계 하나가 탄생한다. 그것은 흥미진진한 발명품이었으며, 그것을 만든 사람들은 시네마토그래프라는 이름을 붙여주었다. 물론 아주 대단하지는 않았다. 그 기계가 보여준 것은 카페에서 커피를 마시는 사람들의 모습, 공장에서 퇴근하는 사람들의 모습 그리고 멀리서 기차가 플랫폼에 다가오는 모습이었다. 딱히 특별할리 없는 일상의 자잘한 모습들 말이다. 10초에서 30초 정도까지 일상의 부분 부분을 담은 열 개의 필름이 상영되었고, 그것이 전부였다. 호기심을 끌기에는 충분했지만, 그 이상도 이하도 아닌 신기한 발명품. 영화는 그렇게 출발했고, 그 뒤로 100년이 흘렀다.

1995년 같은 날에 사람들이 영화관엘 간다. 그러나 이제는 모든 것이 바뀌었다. 100년 전과 같은 것이 있다면, 사람들을 사로잡는 흥미진진함뿐이다. 사람들은 잔뜩 기대를 안고 영화가 상영되기를 기다린다. 그리고 영화가 시작되면, 그들은 거기서 이전과는 달리 평범한 우리네 일상을 보는 것이 아니라 이야기를 본다. 희생자가 아무것도 모르고 그릇을 닦고 있을 때, 범인이 뒤에서 나타나 그를 찌른다. 사람들은 때로 비명을 지르거나 숨을 죽이며 그 장면을 본다. 대체로 단 하나의 필름이 상영되지만, 그것이 전부는 아니다. 아직 사람들에게는 할 일이 있다. 영화가 끝나고 난 뒤 자신들이 본 것에 관해서 말을 한다. 그러니까 필름을 본 뒤 자신이 본 것들에 대해서 의견을 교환한다는 이야기이다.

보잘것없는 발명품 하나가 100년이 지나서 완전히 다른 존재가 됐다. 사람들은 이제 단지 그를 보는 일에 만족하지 않으며, 그에 관해 말하고 평가하며 좀 더 깊게 이해하기를 원한다. 영화란 도대체 무엇이란 말인가?

대답은 쉽지 않다. 영화는 이미 복잡해졌다. 많은 사람은 방금 자신이 본 어떤 영화에 대해서 아주 쉽게 그것을 비평하고 독해하는 방법을 손에 넣고 싶어 하지만, 이제 영화는 그렇게 간단하지 않다. 지난 100년 사이에 엄청난 변화를 겪은 만큼이나, 수많은 시도와 사고의 결과들을 지니고 있기 때문이다. 이미 영화는 단순한 시도에는 쉽사리 자신을 열어 보이지 않는다. 영화는 자신을 이해하는 데 학문이 필요한 경지에 이른 것이다. 물론 여전히 많은 사람은 그에게 왜 '학문'이라는 수준까지 필요한지 이해하지 못한다. 하지만 그것은 우리가 영화를 지나치게 피상적으로만 보고 있기 때문일 것이다.

예를 들어, 오늘날 우리에게 영화는 무엇인가? 그것은 단지 '보는 이야기'이다. 흥미롭고도 신기한 이야기 말이다. 물론 영화는 그렇게 '보는 이야기'가 됨으로써 살아남을 수 있었다. 우리는 앞서 100년 전에 영화는 아무것도 아니었다고 말하지 않았던가? 그저 일상, 현실의 조각들이 시선에 포착되었을 뿐이다. 하지만 바로 이 대목에서 조심스러운 사람들은 영화에 무언가 심상치 않은 구석이 있다는 점을 알아차릴 것이다. 그러나 거기에 이르기까지는 상당한 시간이 걸렸다. 그전까지 그 조각들은 형편없고 조악한 장난감의 징표 외에 아무것도 아니었다. 그 때문에 태어나자마자 영화는 달라져야 했다. 일상의 조각을 기록하고 재현하는 것만으로는 부족했으며, 무언가 다른 것을 보여주어야 했다. 그래서 급기야 일상을 뒤틀고 변조를 가하면서(초기 소극 중심의 단막극) 사람들의 호기심을 연장했고, 결국에는 이야기를 담아내기에 이른다. 그 순간에 영화는 비로소 사회적 용도를 부여받는다. 하나의 상품이 되었으며, 재빨리 산업으로 자리 잡은 것이다. 하나의 시스템으로 생산되고 체계적으로 배포되는 그러한 집약적 산업 말이다.

그리고 오늘에 이르렀다. 이제 영화의 가치는 의심할 여지가 없다. 그것은 가장 큰 규모의 대중문화이며, 가장 선봉에 서 있는 문화상품이다. 21세기가 다가오면서 사람들은 영화의 역할에 정책적으로나 경제적으로 지대한 관심을 보였다. 우리에게 문화의 시대라는 새로운 세기가 열리고 있음을 감지했고, 그것을 열어갈 존재가 영화였기 때문이다. 그 지대한 관심 때문에 영화의 위상은 이제 누구도 감히 손댈 수 없는 것이 되어버렸다. 한때 영화를 만드는 이들은 인간이었으며, 인간의 의지에 의해서 영화는 존속했다. 하지만 이제는 인간의 의지와 상관없이 영화가 유지된다. 자본이 영화를 이끌고 나가는 것이다. 작품? 이 새로운 세기에 작품성은 상품으로서의 효용가치를 보장해주는 조건 중의 하나일 뿐이다. 예술과 예술 행위는 이미 오래전에 판매의

대상이 되었다. 더 나은 조건이 있다면, 이를테면 우리가 싸구려라고
이름 붙이는 어떤 영화들처럼 작품성과는 하등 연관이 없지만 실질적
인 효용가치 면에서는 훨씬 더 구미가 당기는 그런 경우, 자본은 과감
하게 작품을 희생한다. 만일 여전히 영화의 생산을 장악하고 있는 것
이 인간이라면, 꼭 그렇게 가지는 않을 것이다. 하지만 지금은 자본이
지배하는 세상이다. 인간의 의지까지도 자본에 종속되어 있으며, 그것
에 의해서 조종당한다. 인간 존재 자체가 자본의 요소로 전락했는데,
의지는 더 말할 나위도 없을 것이다. 이런 세상에서 위대한 상품인 영
화는 더 이상 판매 대상이 아니다. 그것은 소비 대상들을 유도하고 길
들이는 훈련 교관이다. 그것은 소비 주체들에게서 주체성을 앗아간다.

물론 다양한 상품을 취사선택할 수 있다는 이유를 들어 여전히 결정
의 주체성을 지니고 있다고 생각할지도 모른다. 아뿔싸, 이런 아둔함
이라니. 앞서 인간이 자본의 종속 요소가 되었다고 말했다. 그런 상태
에서 선택이란 행위로서는 여전히 존재하지만, 의지로서는 더 이상 존
재하지 않는다. 그 선택은 언제나 자본의 허용범위 안에서 이루어지기
때문이다. 갑자기 이야기가 엉뚱한 곳으로 흘러가는 것 같다. 하지만
꼭 그런 것은 아니다. 오늘날 영화라는 존재를 이해하기 위해서는 필
요한 과정이다.

영화는 물론 이전보다 훨씬 더 풍부해진 듯 보이며, 그토록 대단한
상품이 됨으로써 황금기를 맞이한 것처럼 보인다. 틀린 이야기는 아니
다. 영화는 삶의 일부이고, 사람들은 습관적으로 영화관을 찾는다. 100
년 전이라면 상상도 하기 힘들었을 것이다.

하지만 그 대신 잃은 것이 있다. 엄격하게 보자면 영화만이 잃어버

린 것은 아니다. 다른 모든 것과 마찬가지로, 상품화됨으로써 상실한 것이기 때문이다. 물론 상품화 자체에 전적으로 책임을 물을 수는 없다. 상품이 되지 않았더라면 다른 방향에서 위기가 닥쳤을 것이다. 문학, 회화, 영화, 그러니까 예술이 상품의 자리로 내려오지 않았더라면 그것은 이상한 계급주의의 소장품으로 전락했을 테니까. 존재의 미명 아래 유통을 무시하는 그런 것 말이다. 하기야 이러나저러나 예술은 항상 문제를 일으키는 존재인지도 모른다. 지금도 자본의 소장품이기는 마찬가지다.

　이렇게 말한다고 해서, 영화가 예술의 가치를 지니고 있다고 주장하는 것은 아니다. 나는 영화가 예술인가 오락인가 하는 논쟁에 관심이 없으며, 지극히 부차적인 문제라고 생각한다. 중요한 것은 영화가 예술이라는 사실이 아니라, 세계를 바라보고 분해하는 시선이라는 것이다. 오늘날 영화가 상품이 되어버렸다고 부정적으로 지적하는 이유는 영화가 이렇듯 표현으로서의 가치를 상실했기 때문이지, 예술성을 잃어버렸기 때문이 아니다. 좀 더 명확하게 설명하자면 다음과 같다.

　오늘날 존재는 더 이상 가치를 지니지 못한다. 자본의 시대에 가치란 존재의 용도로 결정되기 때문이다. 그러나 존재는 용도로 결정되는 것이 아니다. 살아 있어서, 존재하기 때문에 지니는 가치로 인정받는다. 문제는 이 사실이 무시되고 잊히면서, 가치가 표면화되고 존재의 용도 쪽으로 옮겨 가버렸다는 데 있다. 용도가 존재의 가치를 좌우할 때 존재는 뒤로 물러설 수밖에 없다. 쓰임새가 있어야 존재로서 인정받는 시대에는 '존재'라는 용어는 더 이상 어디에도 기댈 수 없는 추상이 되어버린다. 영화가 예술인가 오락인가의 논쟁은 바로 영화의 용도를 기준으로 이루어진다. 그 때문에 사실 영화를 예술이라고 무작정 추켜세우는 것도 영화로서는 그다지 탐탁지 않은 일이다. 그것 역시 존재의 가치를 호도하고 있기는 마찬가지이기 때문이다. 용도는 언제나 사용자의 편에서 결정된다. 사용자에 따라서 이것이 되기도 하고, 저것이 되기도 하는 것이다. 따라서 문제는 영화의 용도가 아니라 영화가 세계를 바라보고 표현하는 하나의 체계로서의 존재가치를 상실했다는 데서 발생한다. 즉 상품화됨으로써 영화는 자신의 시선을 자본과 맞바꾸어버렸고, 그것이 문제의 핵심일 것이다. 물론 이 '상품화'라는 표현을 사용할 때, 우리는 조심스러울 필요가 있다. 일반적으로 영화는 탄생의 순간부터 상품으로서 출발했기 때문에 '상품화'라는 개념이 새삼스러운 것도 아니기 때문이다. 하지만 여기에는 약간의 오류가 있다. 우리는 발명품(상품)으로서의 영화와 표현체계로서의 영화를 혼동하고 있다.

영화라는 존재는 탄생의 순간부터 지금까지 상품이라는 지위에 의해서만 유지된 것은 아니다. 그것은 사회와의 관계 속에서 영화가 자신의 존재를 규정하기 위해 취한 한 방법일 뿐이다. 가만히 생각해보라. 영화가 어떻게 상품일 수 있는가? 1895년에 나타난 영화가 정말로 상품이라고 생각하는가?

천만의 말씀이다. 발명품이니 요지경 기계니 하는, 1895년을 전후로 둘러싼 오해는 영화로부터 많은 것을 앗아가 버렸다. 그 오해는 아마도 오늘날 영화를 하나의 상품으로만 받아들이는 고정관념으로부터 출발하는지도 모른다. 영화를 그렇게 판단함으로써 역사 안에서 우리가 발견하고자 하는 것은 저열한 상품에서 위대한 상품으로의 이행

지점들이기 때문이다. 그러나 100년 전으로 돌아가 우리의 이러한 생각이 얼마나 잘못된 것인지를 살펴보기로 하자. 앞에서 우리는 다음과 같이 이야기했다. 여기에 특별한 이의는 없을 것이다.

1895년 12월 28일, 요지경 기계 하나가 탄생한다. 그것은 흥미진진한 발명품이었으며, 그것을 만든 사람들은 시네마토그래프라는 이름을 붙여주었다.

기계에 시네마토그래프라는 이름이 붙은 것은 사실이다. 하지만 이 진술에는 오류가 있다. 그것은 바로 1895년 12월 28일을 기계가 탄생한 날이라고 말한 점이다.

1895년 12월 28일, '영화'가 처음으로 자기 관객을 모아놓고 상영했다. 그래서 '영화'는 탄생했다. 그날은 모두 열 개의 필름이 상영되었다("시요타 역에 도착하는 기차", "공장에서 퇴근하는 사람들", "카페에서"…).

이것이 이날 벌어진 일이다. 사실 이 날짜는 이미 존재하는 발명품을 선보인 것에 불과하다. 그 기계가 개발된 창고 안에서 수많은 시행착오와 리허설 끝에 파리의 시민들에게 처음으로 선을 보인 날짜인 것이다. 따라서 기계로서의 '영화'라는 발명품은 1895년 12월 28일 이전에 이미 탄생했을 것이다. 이렇게 볼 때 우리가 이날 탄생한 것을 두고 발명품이라고 말하는 것은 완벽한 오류가 아닌가? 물론 다음과 같이 생각해볼 수도 있다. 발명품의 개발이란 타인들에게 선을 보임으로써 비로소 공식화된다. 따라서 비록 이전에 만들어졌다 할지라도 편의상, 이 날짜를 채택한 것이라는 이야기이다. 하지만 만일 그랬다면 이날에 대해 말할 때, '영화가 탄생했다'라는 것과는 다른 표현이 사용되었을 것이다. 하지만 이 표현은 그렇지 않다. "영화가 발명되었다"나 "요지경 기계가 출현했다."가 아니라, 그날에 "무언가가 탄생했다"라고 기술하고 있다. 따라서 여기에 어울리는 설명은 대략 이런 것이다.

발명품 또는 기계로서의 영화는 이미 이날 이전에 개발되었다. 이날은 단순히 그 발명품의 능력을 처음으로 선보인 날짜에 지나지 않는다. 그런데도 무언가가 탄생했다고 말한다면, 그것은 이제까지 우리가 발명품이라고 생각한 '영화'를 지시하는 것이 아니다. 그것과는 다른 무엇, 기계가 아닌 새로운 무언가의 탄생을 가리킨다!

똑같이 시네마토그래프라는 이름을 사용하기는 했지만, 이날 탄생한 '영화'는 발명품이 아니다. 물론 뤼미에르 형제나 다른 개발자 누구도 그 이외의 것을 생각해보지 않았다. 그들의 관심은 오직 '기계' 상태의 영화에 집중되어 있었다. 하지만 막상 상영되었을 때는 흥미롭게도 어느 누구도 기계를 보고 놀라지 않았다. 사람들이 놀란 것은 기계의 능력, 기계가 보여준 어떤 것이었다. 바로 움직이는 이미지 말이다. '영화가 탄생했다'는 것은 움직이는 이미지가 탄생했다는 말이고, 좀 더 정확히 표현하자면 움직이는 이미지로 대상을 재현하는 방법이 탄생했음을 의미한다.

우리는 대체로 영화가 재현의 한 방법이라고는 생각해보지 않은 듯하다. 물론 이유는 충분하다. 사람들은 무언가 새로움에는 주목했지만, 이것이 도대체 무엇인지, 그리고 어떤 의미를 지닌 것인지는 몰랐다. 영화는 사실 그것을 보는 사람들이 의식하기도 전에 먼저 앞서 나갔다. 그리고 영화가 방법으로서의 능력을 그럭저럭 보여주고 난 후에야 우리는 뒤늦게 알아차렸다. 영화는 재현이라는 것에 새로운 과정을 제시하는 방법이었으며, 우리도 의식하지 못한 사이에 '우리'의 사고를 변화시키고 있었다는 사실 말이다. 우리는 영화를 완전히 과소평가하고 있었다.

바로 이 점에서 이제 우리가 '영화'라고 부르는 존재의 실마리가 풀려나가기 시작한다. 즉 그것은 발명품에 붙여진 이름으로 그치지 않는다. 그보다 훨씬 더 중요한 점은 그것이 그날에 처음 나타난 새로운 재현에 붙여진 이름이라는 사실이다.

우리는 이렇듯 '영화'를 단순한 발명품으로 취급함으로써 아주 놀라운 오류를 범하고 있다. 앞서 말한 바와 같이, 하나의 오락 또는 상품으로 바라보는 것이다. 물론 언뜻 보기에 영화의 초창기 역사는 이를 부정하기 힘들게 만든다. 하지만 '영화'가 단순하게 상품에만 존재의 근거를 두는 것은 아니다. 만일 그렇다면 아마도 영화는 아주 오래전에 도태되고, 다른 오락거리로 대체되었을 것이다. 하지만 '영화'는 살아남았다. 언제나 생존의 위협을 받았지만, 엄밀히 보자면 그것은 영화산업이 받은 위협일 뿐이다. '영화'는 산업적인 수준에서 이해할 수 없는 어떤 특성을 지니고 있으며, 그것이 바로, 이 재현으로서의 '영화'이다.

이제 문제는 새로운 국면을 맞이한다. '영화'를 재현으로 보기 시작함으로써 이제까지 우리가 매달리던 것들과는 완전히 다른 문제들을 만나기 때문이다. 이를테면 '영화'는 순식간에 이제까지의 재현 방법들과 어깨를 나란히 하며 비교되는 자리로 올라간다. 물론 이 비교는 결코 미적인 수준에서의 비교가 아니다. 각각의 재현이 어떻게 작용하며, 어떤 의식을 형성하는지에 관한 비교이다. 바로 이것이 앞에서 언급했듯이, 영화학이 가장 관심을 두는 지점이다. 학문으로서의 영화는 단순하게 하나하나의 작품을 독해하고, 그것의 이해를 돕는 데 목적이 있는 것이 아니다. 작품들을 이해할 수 있게 하려면 미리 선행되어야 하는 것이 있으니, 바로 모든 작품에 공통되게 관여하고 있는 '영화'라는 방법을 이해하는 것이다. 그리고 나서야 우리는 다른 문제들로 넘어갈 수 있다.

이제 조금 다른 지점으로 옮겨가 보자. '영화'는 재현의 한 방법이다. 이제부터는 이것이 어떤 의미에서 새로운 방법인지에 대해 논의할 것이다. 그러나 그것을 말하기 위해서 우리는 아직도 100년 전 그 시간에 머물러 있어야만 한다.

전제를 하나 두기로 하자. '영화'라는 단어 속에는 기계로서의 영화와 방법으로서의 영화라는 의미만 있는 것이 아니다. 사실 그보다 더 우리가 민감하게 구분해야 하는 것은 방법과 그 방법에 의해 생산된 산물들이다. 즉 영화와 영화들 말이다. 전자는 움직이는 이미지로 재현하는 방법이라는 의미의 '영화'이고, 후자는 그러한 표현으로 탄생한 개개의 생산물이다. 전자가 시네마라고 불리는 것이고, 후자가 필름들에 해당한다. 그래서 나는 이 책을 통해서 이 둘을 명확하게 구분하고자 했다. 전자에 해당하는 것을 특별히 따옴표를 붙여서 '영화'라고 적었으며, 특별히 구별할 필요가 없으면 따옴표 없이 표기했다. 이 구분은 아주 중요하다. 사실 우리가 영화를 알고 싶다고 말할 때, 그때의 영화란 우선 '영화'가 아닌가? 영화들을 생산하는 방법으로서의 '영

화’, 새로운 커뮤니케이션, 새로운 문화 형태를 우리에게 제공한 존재
로서의 ‘영화’ 말이다.

영화적 재현

　그때-

　영화는 아무것도 아니었다. 지금처럼 이야기를 담고 그 이야기를 통해 세상을 상징적으로 묘사하는 것도 아니었고, 세상에 대한 고단함을 비껴가도록 환상의 세계를 제공하는 일은, 아예 상상도 하지 못했다. 앞에서 지적한 대로, 그저 일상의 조각들을 보여주었을 뿐이다. 물론 그때 상영된 열 개의 필름을 오늘날의 영화와 비교한다는 것은 말도 안 되는 일이다. 하지만 그처럼 조악하고 보잘것없었다고 해서 이것들이 정말로 아무것도 아니라고 무시해도 괜찮을까? 그저 그렇게 과거의 사적 사실만으로 치부되어도 되는 것일까?

　기술적으로나 질적으로나 상당히 달라진 영화의 시대를 살고 있음에도, 영화를 바라보는 우리의 시선이 진보하기는커녕 이전보다 훨씬 더 좁아지고 있다는 것은 아주 놀랄 만한 일이다. 오늘날 영화는 대부분의 사람에게 '보는 이야기'에 불과하다. 의식적으로든 무의식적으로

든 우리는 이 '보는 이야기'라는 지위만을 영화에게 허락함으로써 스스로 영화라는 존재를 협소하게 인식하고 있다.

우리가 영화의 역사를 바라보는 관점은 바로 그 대표적인 경우이다. 사람들은 영화의 역사적 진전과정을 오로지 이야기를 구축해가는 미적 과정으로만 이해하고 있다. 흔히 말하는 영화사의 사조 개념이 그런 경우이다. 대상을 바라보고 취합하는 관점, 즉 내용을 구성하는 방식 또는 수용하는 방식에 따라 구별되는 것이 사조이다. 때문에 사조사는 언제나 영화와 내용 간의 관계를 전제로 하고 있으며, 그것을 통해 영화를 규정한다. 그러나 우리는 과연 영화에 사조사라는 관점을 적용할 수 있는 것인지를 먼저 물어보아야 할 것이다. 그 모든 출발은 아주 단순한 곳에서 비롯되고 있다. 다름 아닌, 조르쥬 사둘의 『세계영화사』(1949)가 그 진원지이다. 최초로 사적인 입장에서 영화를 다룬 이 책이 나온 이후, 현재까지 거의 대부분의 영화사 책이 사둘의 견해를 무비판적으로 수용하고 있다는 것은 아주 놀랄 만한 일이다.[1] 사조사는 아무런 재검증 없이 영화사를 연구하는 데 불변의 원칙으로 확고하게 자리 잡고 있다. 하지만 설령 사조사가 합당한 것이라 할지라도, 각 사조의 적용에 관한 기준은 다시 논의되었어야 하는 것이 아닐까?

그러나 자세히 들여다보면, 사둘이 영화의 진전사를 사조의 관점에서 풀어간 이유는 의외로 아주 단순하다. 당시의 영화적 환경에서 가장 중요한 주제가 되었던 것이 영화가 예술로서의 가치를 지님을 입증

---

[1]게다가 잭 C. 앨리스의 『세계영화사』를 비롯한 대부분의 책들은 아예 사적 자료들을 직접 확인하지도 않고 사둘의 견해를 그대로 받아들일 뿐만 아니라, 몇몇 단락을 아예 그대로 베끼기까지 한다.

하는 것이었기 때문이다.

> 하나의 예술이 우리 눈앞에서 탄생했다. 회화와 음악은 수백만 년 전부터
> 존재해왔다. 우리는 뤼미에르와 멜리에스를 알고 있으며, 에디슨과 레이
> 노에 대해서도 마찬가지이다.
> 하나의 예술이 우리 눈앞에서 탄생했다. 그것을 탄생시킨 사람들은 여전
> 히 살아 있지만, 그 기원을 연구하는 일은 쉽지 않다.[2]

서문도 본문도 아닌 이상한 페이지가 영화사 기술의 방법론 뒤에 갑
자기 끼어들어서는 위와 같이 시작한다. 그러고는 줄줄이 '예술로서의
영화'의 탄생을 강조하는, 마치 반복 시구 같은 문장들이 이어진다. 사
둘의 개인적 목표는 오로지 영화가 예술로서의 가치를 지님을 입증하
는 것이었으며, 그 '예술로서의 영화'가 걸어온 자취를 기술하는 것이
었기 때문이다.[3] 따라서 예술을 구성하는 미적 시스템의 문제가 역사
적 줄기를 거론하는 데 가장 중요한 요건이 된다. 영화를 내용과 표현
의 관계에서 추적해나가는 것, 결국 이야기하는 도구로 간주하는 것은
그런 점에서 볼 때는 결코 잘못이 아니다. 게다가 역사란 것도 특정한
관점에 의해 서술되는 것이고, 해석의 대상이 아닌가? 문제는 그 이후

---

2) 죠르쥬 사둘, 『세계영화사』, 5면.
3) 때는 40년대이고, 그 시기에 영화들에 대한 매혹에 빠져든 이들에게는 가장 절실한 요구였다.
   영화가 단순한 오락상품이 아니라 얼마나 대단한 장치인지를 입증해야 했는데, 엄청난 인기
   와 장치에 대한 인식의 부조화를 뒤집지 않고서는 더 나아갈 수가 없었기 때문이다. 한편으
   로는 그러한 논의가 가능한 작품들이 이미 쏟아지고 있었는데, 관객들은 다들 재미있고 호
   쾌한 서사에 매력을 느끼고 있었지만 이 시기의 영화들이 지닌 장점은 결코 범상치 않은 표
   현방식들이었다. 결국 영화에 매력을 느낀 이들은 영화들을 통해서 서사 이면에 작용하는
   표현의 문제들을 주목한 이들이다. 그러니, 영화를 '예술로 만들기'에 그토록 절실하게 매달
   릴 수밖에 없었다.

이며, 새로운 해석의 시도 없이 그의 구분이 비판 없이 수용되고 있다는 점일 것이다.

이러한 사적 견해에 대해 반성적 문제 제기가 이루어진 것은 사실 사둘의 책이 나오고도 한참 뒤의 일이다. 즉 누벨바그에 관한 치열한 논의가 서서히 정리되어가던 1970년대를 전후로 역사적 서술에 대한 반성이 이어지면서 영화사 서술에도 새로운 관점들이 나타나기 시작한다. 물론 우리의 관심은 역사적 서술을 바로잡거나, 새로운 의견을 내놓는 데 있지 않다. 우리는 지금 '영화'가 무엇인가에 대해 말하기 위해 글을 쓰고 있다. 하지만 조심스러운 독자들은 바로 이 미약한 변화로부터 아주 중요한 문제를 감지할 수 있을 것이다. 예컨대 어떻게 갑작스레 천편일률적인 역사서술을 반성하게 되었으며, 하필이면 또 그것이 누벨바그와 관련이 있는가 하는 문제 말이다.

뒤에서 현대영화를 다룰 때 자세히 언급하겠지만, 사조사는 네오리얼리즘과 누벨바그를 한갓 사조로 치부해버림으로써 커다란 오류를 범했다. 그들의 출현은 사조들이 줄다리기를 하듯이 줄줄이 연결되어 나타날 때 등장한 한 경향쯤으로 이해되어서는 안 된다. 우리가 주목해야 하는 것은 그들의 등장과 함께 이전과는 완전히 다른 새로운 패러다임에서 '영화'를 바라보고 이해하는 전기가 마련되었다는 점이다. 그들의 등장으로 '영화'의 정체성에 대한 이해가 변화한 것이며, 그것이 정리되는 시점에서 역사에 관한 새로운 해석들이 시도되기 시작한 것이다. 그 결과가 당시 용어로, '현대영화'였다. 따라서 영화를 이해하는 데 그리고 영화학을 이해하는 데 이들 네오리얼리즘과 누벨바그의 작업을 들여다보는 것은 가장 핵심적이고도 중요한 부분이다. 4장에서 집중적으로 다루겠지만, 미리 귀띔해둔다면 다음과 같이 간단하게 정리할 수 있다.

　사조의 관점에서 초창기 영화사를 바라보는 것이 완전히 잘못되었다고는 말할 수 없다. 왜냐하면 '영화'가 탄생한 뒤 그것은 이야기를 전달하는 형식으로 자리를 잡아갔고, 그 수준에서 예술적 표현의 하나로 등장했기 때문이다. 하지만 그 수준에서의 영화를 두고 완전히 새로운 예술이라고는 말할 수 없다. 예술적 표현의 밀도 있는 수준에 다다름으로써 그럭저럭 '예술'이라는 지위를 획득한 것과, 다른 예술 장르들과 완전히 구별되는 독자적인 입장에서 '예술'의 지위를 획득한 것은 미묘하지만 구분해서 생각할 필요가 있다. 영화가 기존의, 즉 고전적 미학의 수준에서 자신의 역량을 발휘한 결과가 전자의 경우라면, 후자는 영화가 자신만의 새로운 미학적 관점을 도모하는 것이기 때문이다. 따라서 우리가 전자의 경우를 폄하해서도 안 되지만, 역으로 후자의 경우를 간과해서도 안 된다. 두 가지 입장이 배제해야 비로소 '영화'의 진정한 오리지널리티originality가 완벽하게 드러난다. 그런데 문제는 바로 여기에 있다. 이에 이르는 새로운 논의의 가능성이 다름 아닌 '영화'의 초기 모습에 대한 주목에서 시작되었다는 점이다. 뤼미에르 형제가 틀었던 보잘것없는 일상의 조각들과 모든 사람이 폄하했던 조악하기 그지없는 영화적 환경 말이다.

　결국 이렇게 볼 때 우리가 1895년의 이 쓸모없어 보이는 단순한 일상의 조각들을 무시해버릴 수는 없지 않은가? '영화'의 이해에 가장 중요한 전초를 제시하는 네오리얼리즘과 누벨바그가 거기에서 출발하고 있으니 말이다.

실제로, 이 지점에서 모든 것이 출발한다. 물론 '영화'는 수많은 과정과 모방과 창조를 거쳐 지금에 이르렀다. 따라서 이 '영화'의 과정을 짚어보는 것은 여간 힘든 일이 아니다. 학문적 시각에서는 더더욱 그렇다. 하지만 그 출발 지점은 생각보다 힘들지 않다. 1895년의 그 단순한 조각들에 무슨 복잡함이 있단 말인가? 우리는 이미 모든 것을 말한 셈이다. 그때 그 영화들이 보여준 것은 너저분하고 볼품없는 일상의 조각들이었다고 함으로써. 그것이 바로 '영화적 재현'이었던 것이다. 그 단순한 일상의 재현 말이다.

역사를 두고 말할 때 가상치를 추정하는 것은 논리적으로 합당치 않지만, 영화가 만약 오늘날과 같이 처음부터 이야기를 구현하고 있었더라면 오히려 영화는 정말로 아무것도 아닌 것이 되어버렸을지도 모른다. 연극은 행위화 됨으로써 마치 독자적인 부분을 지닌 듯이 보이지만, 미적으로는 여전히 문학 커다란 테두리 안에서 수용된다. 마찬가지로, 영화 역시 그 정도에서 문학과 연관이 맺어지고 말았을 것이다. 오히려 '서사'가 아닌, 아주 단순하며 무의미하기 이를 데 없는 일상을 재현했다는 사실은 영화로서는 자신의 존재근거를 확립하는 계기가 되었다는 점에서 무척 중요하다. 현실 또는 현상을 드러내 보이는 것, 그것이 바로 새로운 '방법'의 시작이기 때문이다.

현실이 눈앞에 나타난다. 그러나 그것은 더 이상 심적인 눈(문학)이나 연장의extended 눈(회화나 사진)에 나타난 것이 아니라, 생생한 우리의 두 눈앞에 나타났다. 다시 말해, 우리 앞에 일상의 생생한 움직임이 고스란히 담긴 채로 시각 이미지가 펼쳐진 것이다. 그 때문에 이 재현은 이전에 우리가 경험하던 것과는 질적으로 완전히 다른 단계가 된다. 그것은 움직이는 이미지에 의한 재현이었고, 우리는 그에게 '영화적 재현'이라는 이름을 붙였다.

물론, 여전히 의문은 남을 것이다. 왜냐하면 움직임을 보여준다고 해서, 다른 것들과 구별되는 '영화적 재현'이라는 용어를 사용한다고 해서 '영화'가 다른 재현 도구들과 도대체 어떤 수준에서 구분될 수 있단 말인가? 오히려 다른 것들이 인간에게 의사소통은 물론, 고도의 의미를 표현하는 방편으로 사용되는 데 반해, '영화'는 아직도 그 단계에 이르지 못했잖은가? 따라서 재현의 한 방법이라고 거침없이 말하는 것은 어쩐지 지나쳐 보인다. 단지 현실을 적절한 방식으로 모사할 수 있게 된 것일 뿐, 새로운 의식을 우리에게 선사한 것은 아니기 때문이다. 재현은 우리와 현상의 관계를 규정하는 방식이고, 현상에 대해 사고하는 방식이다. 그렇다면 그것은 자연히 현상을 해석하는 의식의 단계로 나아가게 마련이다. '영화'가 과연 여기까지 이르렀을까?

'영화'에 대해 이야기할 때면, 우리는 때때로 전후좌우에 대한 면밀한 고찰 없이 무시하곤 하는 경향이 있다. 이러한 질문들은 검증의 과정으로 볼 때 당연해 보이지만, 지나치게 성급한 것이기도 하다. '영화'는 언어와 그림, 소리처럼 의사 표현의 자연스러운 단계로까지 나아간 것은 아니다. 그렇더라도 이 경우에는 새로운 가정이 필요하지 않을까? 이를테면 '영화'와 함께 커뮤니케이션의 의미가 바뀌고 있다는 가정 말이다. 이렇게 보면 문제는 다시 아주 커다란 부분으로 내닫는다. 그러나 오늘날 전통적 의미의 커뮤니케이션이 변모하고 있는 현실도 기억하자. 우리는 3장에서 영화가 세계와 우리의 관계를 새롭게 바꾸어버렸으며, 그에 따라 커뮤니케이션의 전통적 방식 또한 변화하고 있다는 점에 대해서 살펴볼 것이다. 그것은 단지 가정에 불과하며, 아직 충분치 않다고 해도 상관은 없다. 그것을 완벽하게 증명하지 못하더라도, 영화가 이미 새로운 의식을 우리에게 제공하고 있다는 것만큼은 의심할 여지가 없기 때문이다. 문제는 다만, 우리가 지나치게 영화를 무시한 나머지 그것과 의식이 관계를 맺고 있다는 사실조차 인정하려 들지 않는 것이다. 그러한 관계가 어제오늘도 아니고 이미 100년 전에 시작된 것인데도 말이다. 그럼, 이제부터 '영화적 재현'의 의미들을 살펴보기로 하자.

움직임과 근대

“근대과학은 무엇보다도 시간을 독립적인 변수로 보고자 하는 열망에 의해 정의되어야 한다”[4]고 했을 때, 이 말은 무엇을 의미할까?

근대과학은 운동을 더 이상 특수한 순간들이 아니라, 불특정한 순간에 연관시킴으로써 이루어졌다. 운동의 재구성이 이루어지더라도, 그것은 초월적인 형식적 요소들(포즈)로부터가 아니라, 내재적인 물질적 요소들(단면)로부터 이루어졌다. 운동에 대한 인지적 종합 대신, 감각적 분석이 이루어졌다.[5]

들뢰즈가 이처럼 운동에 대한 해명과 이해의 변화로부터 근대가 시작되었다고 했을 때, 대체 어떤 내용을 전제로 하는 것일까? 그는 자신의 저작들을 통해서 줄기차게 이 문제를 물고 늘어진다. 그러나 놀라

---

4)질 들뢰즈, 『운동이미지』, 13면.
5)같은 책.

운 것은 사고의 변화와 근대성을 묶는 작업이 단지 철학적 목적에 그치지 않는다는 점이다. 그는 철학이 맞이한 시대적인 변화에 주목하면서 느닷없이 영화에 관한 이야기로 나아간다.

> 철학이 운동에 대해 사유하려고 하던 순간, 그와 동시에 영화가 탄생했다. (…) 영화가 운동을 이미지 안에서 구현했듯이, 철학은 운동을 사유 안에서 구현해야 했던 것이다.[6]

우리가 이 진술에 동의하든 그렇지 않든, 우리는 이 문장을 통해서 들뢰즈에게 '영화'가 어떤 의미를 지니는지 어렵지 않게 짐작할 수 있다. 들뢰즈에 따르면, '영화'의 탄생은 운동에 관한 사유와 연관을 지니고 있으며 그것은 다시 근대적 사유의 문제와 결합되고 있다. 이 점에서 그는 우리가 이제까지 막연하게 품고 있던 '영화'의 존재에 관한 피상적인 질문들로부터 고개를 돌려버린다. 일반적으로 '영화'의 존립 근거를 예술적 성취의 여부에 두었던 데 반해, 그는 완전히 다른 방향의 논의를 제시하고 있는 것이다. '영화'가 근대적 사고의 결실이며, 증거물이라고 말함으로써 말이다.

사람들은 대체로 이러한 들뢰즈의 입장에 대해서 여러 가지 이유로 반감을 보이기도 했는데, 우선, 단순한 발명품인 '영화'에 이러한 역할을 부여하는 것은 지나치게 논쟁적이라고 생각했다. 왜냐하면 '영화'가 과연 '새로운 관점'을 우리에게 전달해주었는가에 대해 못내 의심스러워했기 때문이다. 하지만 두어 가지 면에서 이러한 생각들은 오류

---

6) 질 들뢰즈, 『담판』, 82면.

를 범하고 있다. 초기에 엿보인 또는 지금까지 계속해서 '영화'의 발목을 붙잡고 있는 저속함에 눈이 가려 영화를 폄하하는 선입견을 지니고 있는 것이 그 첫 번째라면, 두 번째는 그런 나머지 당시 사유의 관점에 일어난 변화를 구체적으로 현시해주는 증거물이 '영화'라는 사실을 무시했던 것이다(좀 더 정확히 말하면, '영화'는 증거물인 동시에, 철학이 주목하기 이전에 사유의 변화가 실제로 세계에서 먼저 발생함으로써 촉발되고 모습을 드러내게 된 '새로운 재현 방법'이다).

이것은 철학적 사유에 있어 나름 심각한 오류일 수 있다. 왜냐하면 사유가 변화한 것을 실천적으로 증명하는 증거물들을 무시하고, 여전히 오직 추상적 범주 안에서 세계를 이해하고 바라보고 있는 태도이기 때문이다. 관념의 매혹은 때때로 구체를 우리에게서 빼앗아버리는 경향이 있다. 하지만 철학은 현실과 현실성의 증명으로부터, 다시 말해 구체적으로 드러나는 세계에 대한 의혹에서 출발하는 것이 아니던가? 관념의 해결이 가장 중요한 문제로 떠오르면서, 고전적 사고는 어느 틈엔가 목적을 상실해갔던 것이다. 바로 이러한 관념과 구체의 히야투스(충돌)가 근대적 사고로의 이행이라는 자연스러운 변화를 끌어내기에 이른다. 관념이 해결하지 못하는 지점들이 나타나며, 어느 순간엔가 구체가 추상을 소멸시킨다. 사람들은 더 이상 '정지(본질)'의 검은 핵으로 빨려 들어가 해석의 세계에 머무는 것이 아니라, '움직이고 살아 있는 것들(현상)'에 관심을 가지기 시작했다. 대상의 속성을 관념을 통해서만 포착할 수 있는 것은 아니라는 점을 철학이 언어로 밝혀내기 이전에 실제 질료의 삶에서 먼저 발견한 것이다. 움직임을 실현하고 그것을 재생하고자 하는 욕구들— 비록 저속하고 천박해 보일지라도

─안에서 이미 이러한 근대적 사유의 싹이 자라고 있었던 것이다. 그 것을 포착해서 다시 관념과 구체의 균형을 파헤치는 것은 철학자들의 몫이며, 그것을 무시하는 것도 그들의 몫이다. 문제는 그것을 무시하 는 순간 철학은 종이 위의 논술로 전락하고 만다는 점이다. 애초부터 철학이 사유의 대상으로 포착한 것은 사소하고 보잘것없어 보이는 인 간들의 행위들이었으며, 거기서 의식과 관념의 세계로 나아갔다. 그러 던 것이 스스로 벽을 세우고, 구체를 무시한다? 이렇게 되면 철학은 사 실 아무것도 할 수 있는 일이 없으며, 실천적으로도 적용되지 않는 '법 칙'이 되어버린다.

들뢰즈가 말하고자 한 것은, 1895년이 근대에 해당하므로 그 시기 에 만들어진 '영화'가 근대의 산물이며 근대적 특성을 어느 정도 간직 하고 있다는 정도가 아니다. 그는 아주 과감하게도 '영화'가 시기적으 로 근대와 관련을 맺기 이전에, 속성이라는 측면에서 근대적 사고로의 변화를 보여주고 있다고 말한다. 즉 근대성의 산물이라 진술한다. 앞 서 말했듯이, 언뜻 보기에 이 진술은 지나친 듯싶다. 하지만 우리 스스 로도 자연스럽게 영화에 그런 가치를 부여하고 있음에도 불구하고, 이 진술을 어색하게 받아들인다는 것은 무척 놀라운 일이다. 사고를 동원 하는 작업을 하면서도 언어에 그토록 무관심할 수 있단 말인가?

'영화적 재현'이라는 표현도 그렇다. 우리는 그 용어를 사용함으로써 이미 의식 안에서 그것이 새로운 재현이라는 것을 인정하고 있다. 그 렇지 않다면 특별히 '영화적'이라는 현대적 수식어를 붙일 필요가 없 을 것이다. 문제는 오히려 다른 곳에서 출발한다. 무의식적으로 사용 하고는 있지만, 과연 영화가 보여주는 것이 '재현'이라는 수준에서 평가될 만한 것들인가 하는 점 말이다.

사진과 영화는 근본적으로 다르고, 영화가 사진으로부터 이어받은 것도 별로 대단할 것이 없다. 사진의 입장에서는 대단히 서운할 테지만, 분명한 사실이다. 사진과 영화는 아주 밀접한 관련을 지닌 듯 보이지만, 실은 오히려 아주 다른 것이기도 하다. 들뢰즈가 지적한 대로, 우리가 영화적 재현이라는 표현을 사용할 때 거기에는 특별한 의미가 담겨 있다.

그것을 추적하기 위해서 먼저 다음과 같은 도식에서 출발해보자.

〈표 1〉

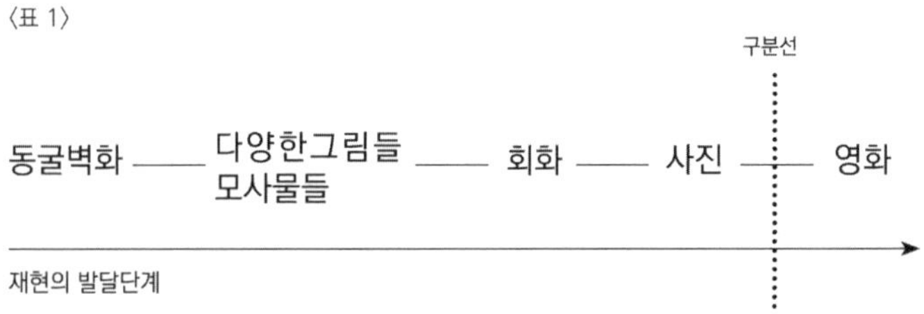

이 도식은 영화가 근대성의 산물이라는 이유와 '영화적 재현'이라는 표현이 가능한 이유를 한꺼번에 설명해준다. 재현의 방법들을 살펴볼 때, 사진까지 이어지는 도구들은 모두 같은 개념의 선상에 있는 반면에 영화는 그것들과 차별되는 개념을 지닌다.

어떻게 이러한 도식이 가능할까? 사실 〈표1〉의 이 구분 선은 사진 앞에 놓여야 할 것이다. 왜냐하면 회화에 이르기까지의 재현은 인간의 손에 의해 만들어진 것인 반면에, 사진과 영화는 재현의 바탕과 방법

등 모든 면에서 현상을 그대로 담는 도구이기 때문이다. 회화와 사진
은 근본적으로 다르며, 같은 관점에서 수용될 수 없다. 따라서 도식은
다음과 같이 그려져야 할 것이다.

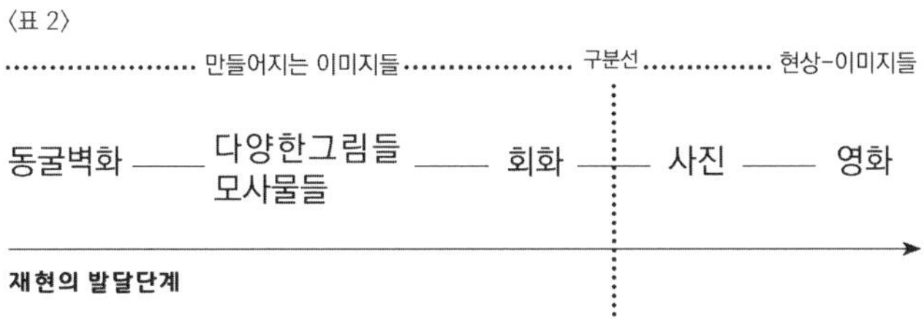

　　이렇게 이해할 때 비로소 구분이 명확해진다. 사진과 영화는 물질성
을 담아내는 반면, 그 이전의 예술들은 바로, 이 물질성을 해체한다.[7]
이전의 예술들의 경우, 물질은 본질이 나타난 어떤 상에 지나지 않기
때문이다. 현상은 본질이 나타나 보이는 모습일 뿐이다. 그래서 예술
은 물질을 빌어오지만, 결코 물질 그 자체의 의미를 실현하지는 않는
다. 오히려 본질이나 주제, 나타내고자 하는 바를 위해 물질성을 해체
하고 물질이 가진 의미들을 개편하여 새로운 의미를 부가한다. 그래서

7)물질성의 해체와 물질성의 재현은 사실 보는 입장에 따라서는 서로 반대의 경우를 가리킬 수
　도 있다. 우리가 뒤에서 '영화'가 지닌 의미들을 파악하고 난 뒤에 다시 이야기하게 될 테지
　만, 영화는 물질성을 재현하면서 동시에 그 물질성을 해체한다. 마치 의식이 물질에 대해 작
　용하는 것처럼, '영화' 역시 이 물질을 다른 방식으로 쪼개고 재구성한다. 하지만 우리가 주
　의해야 할 것은 '영화'가 자신의 방법으로 물질성을 해체한다고 할 때, 영화 이전의 예술들이
　해체를 위해 작용한 방식과는 다르다는 것이다. 다시 말해, 이 두 가지 방향의 해체는 의미하
　는 바가 서로 다르다. 이런 관점에서 우리는 지금부터 서로 다른 두 가지 사고가 지닌 패러다
　임의 차이들을 면밀하게 따라가볼 필요가 있다.

언제나 물질은 사라지고 의미들만 남아 추상화된다. 그러나 영화와 사진은 물질 없이는 성립되지 않는다. 그것들은 자기 눈(카메라)으로 물질을 바라보고 포착하며—그렇기 때문에 이것은 의식하는 눈이 아니라 포착하는 눈이다—그 자체를 우리에게 드러내 준다. 그런데 어떻게 사진과 영화를 갈라놓을 수 있단 말인가?

이 경우 해답을 제공하는 것은 바로 '영화적 재현'이라는 표현이다. 즉 '영화'라는 방식에 의한 재현 말이다. 물론 여기서 우리는 재빨리 대답할 수 있다. 그것은 곧 움직임의 문제라고.

움직임의 첨가 여부가 차이를 만들어낸다는 점에서 잘못된 답은 아니다. 하지만 그 순간, 어쩌면 우리는 물리적인 현시만을 의식하고 있는 것은 아닐까? 움직임을 이미지로 구현한다고 하는 것이 어떤 의미를 지닌 사건이며, 심지어는 '움직임'이라는 개념이 당시로서는 얼마나 민감하고 중요한 사안이었는지는 고려하지도 않은 채 말이다. 만일 단순히 움직임을 보여주는 단계 정도로 '영화적 재현'이라는 개념을 사용할 수 있다면, 우리는 '영화'까지 오지 않아도 되었을 것이다. 영화의 전사(前史)가 증명하는 수많은 기계들과 그들이 보여준 이미지들은 분명히 움직이는 이미지의 기본단계로 고려될 수 있기 때문이다. 하지만 재현이란 표현을 사용하고 있다면, 그것은 단순한 물리적 현시 단계로 치부되고 마는 것이 아니다. 모든 재현은 현시적인 수준의 것들만을 대상으로 삼지 않기 때문이다. 그 현시로부터 시작해서 다른 곳으로 나아가고, 그렇게 됨으로써 '재현'이 되는 것이다. 재현은 그에 의해 만들어진 이미지가 대상과 관계 맺는 방식이며, 따라서 대상을 자신의 틀로 사고하는 방법이다. 바로 이런 점에서 '영화적 재현'이라는 표현은 아주 커다란 문제를 안고 있는데, 그것은 다름 아니라 대상에 대해서 취하는 새로운 사고방법의 출현을 가리키는 표현이기 때문이다. 따라서 문제의 핵심은 이미지가 움직임을 담고 있다는 사실이 도대체 어떤 의미를 지니는가에 있다. 그것을 파악해야 첫 번째 도식이 나오는 이유를 이해할 수 있다.

　1895년을 전후로 베르그송은 '운동을 사유하는 것'의 중요성을 지적하는 일련의 저작을 발표했다.[8] 이 저작들은 바로 근대적 사고가 열리는 지점인 19세기 말을 전후로 이루어지는 사고의 변혁에 대해 설명해준다. 왜냐하면 베르그송이 말하는 '운동에 대한 사유'란 말 그대로 단순히 움직임을 사유하는 사고의 탄생을 가리키는 것이 아니기 때문이다. 그것은 전근대와 근대의 교차를 보여주는 사고의 패러다임에 일어난 변화를 가리키고 있다. 다름 아닌 합리주의와 비합리주의의 새로운 관계 말이다. 물론 전근대가 사라진 것이 아니듯이, 합리주의적 사고가 폐기되고 비합리주의가 모든 것을 대체했다는 말이 아니다. 문제는 그렇게 갈라서는 것이 아니다. 이 지점은 서로서로 역할을 바꾸고 다

---

8) 여기서부터 우리는 들뢰즈가 베르그송을 빌어서 전개하는 '영화'의 존재가치에 대한 해설 방향을 따라갈 것이다. 그러나 여기에서 알아두어야 할 것은 이러한 '영화'의 의의가 결코 들뢰즈로부터 출발하는 것이 아니라는 점이다. 다음 장들에서 차근히 설명하겠지만, '영화'의 의의는 1960년대로 이어지는 영화학의 초기 단계에서 이미 정리되기 시작했으며, 나아가서는 이미 '영화'의 초기 단계에서 창작가들에 의해서 의식되기 시작했다. 들뢰즈의 『운동-이미지』는 그러한 '영화'를 다만 색다른 방법으로 깔끔하게 설명했을 뿐이다. 물론 우리에게 그것은 많은 과정을 생략한 채 전개되고 있어서 전혀 깔끔해 보이지 않는다. 여기서 하는 설명 역시 인문과학에 관한 독자들의 기본적인 이해를 전제로 하기에 이러한 제반사항에 대한 지식이 없는 사람에게는 매우 까다롭겠지만, 그래도 들뢰즈가 자신의 책에서 별다른 설명 없이 지나간 것들을 나름대로 부연하고자 애썼다. 그런 점에서 이 부분은 『운동-이미지』의 첫 장에 관한 개념적인 설명이라고 생각해도 무방할 것이다. 물론 그 책에 대한 해설서를 쓴다면 전혀 다른 곳에서 다른 방식으로 서술하게 될 테지만 말이다.

시 다른 길로 돌아서는 지점이 아니라, 새로운 사고의 가능성을 두고 교차상태를 이루는 지점이다. 실제로 전근대라는 시기를 살아보지도 않은 우리의 의식 안에서 수많은 전근대가 얼마나 첨예한 근대와 함께 공존하고 있는가? 따라서 차이를 구별하는 동시에, 이 두 가지 사유가 의식 안에 공존한다는 것을 명심해야 할 것이다.

사물을 대하는 우리의 기본적인 태도는 어떤 것일까? 우리는 현상으로서의 사물 자체를 수용하지 않으며, 언제나 경험 또는 속성 따위의 기억된 요소들과 결합시킨다. 나아가, 우리는 그 사물들로부터 나열될 수 있는 것들, 즉 관념의 이미지가 허용하는 선을 따라 끊임없는 항해를 한다. 마치 "원숭이 엉덩이는 빨개, 빨가면 사과, 사과는 맛있어, 맛있으면…" 하는 식으로 말이다. 즉, 어떤 대상을 인지했을 때, 우리는 그것을 현재의 모습으로만 파악하지는 않는다. 대신에 과거의 기억이 온전히 제공하는 정보들과 함께 파악하고자 애쓴다(냉정히 말하면, 오직 '현재'뿐이라면, 파악은 불가능하다. 그것은 말 그대로 '난생처음'이 되기 때문이다). 달리 말하면, 이 과거의 정보들은 일종의 고정관념 또는 선입견으로 작용하고 있다. 이 선입견이란 곧 우리가 사물에 대해서 정지시켜놓은 관념이며, 이미 정리된 속성이 아닌가? ('선입견'을 그렇다고 나쁜 의미로 사용하는 것은 아니다) 우리는 언제나 대상을 보면서 그 대상이 보이는 모습이나 현상과는 상관없는 어떤 기준에 의해서 판단하고 있는 셈이다. 합리주의에서 말하는 본질의 세계란 여기에서 그리 멀지 않다. 그것은 대상들로부터 현시되는 것이 아닌 무언가를 인지하고 관념적으로 결정한 어떤 것이기 때문이다(물론, '선입견'이라는 개념을 즉시 적용할 수는 없지만). 이러한 태도에 바탕을 둔

채 우리는 '습관적으로' 본질을 발견하고자 애쓰며, 그것을 추구해나
간다.

사유의 세계에서 이런 사고방식에는 아주 오랜 역사가 있다. 일반적
으로 그것은 플라톤에까지 거슬러 올라간다. 그의 사고는 많은 부분에
서 교정되고 번복되지만, 합리주의적 사고의 바탕을 이루고 있는 것
이 사실이다. 이런 사고방식으로 보면 세계는 가지계와 가시계, 영원
한 것과 변화하는 것, 본질과 현상 등과 같이 언제나 두 개로 구분된
다. 즉 우리가 눈으로 보고 감지하며 살아가는 이 세계는 현상이며, 그
와는 다른 세계가 존재한다. 이 '현상'이라는 표현에 주목하자. 이 세계
가 현상적으로 드러난 것이라는 표현은 현상으로 드러나야만 하는 무
언가가 따로 존재한다는 의미를 담고 있다. 왜냐하면 초기의 합리주의
자들이 보기에 이 세계는 쉴 새 없이 변화하며 한순간도 멈추지 않는
것이었고, 따라서 불명확한 것이었기 때문이다. 그럼에도 불구하고 드
러나는 보편성이 합리주의자들로 하여금 자연스럽게 이 세계가 무언
가를 본성적으로 모방하고 있다는 생각을 가지게 했다. 그래서 그들은
인간의 감각이나 지각에 의해서 파악되는 것이 현상의 세계라면, 그
현상의 세계가 담고 있는, 정확히 말해서 현상의 세계 너머에 있는 어
떤 본질의 세계가 존재하며, 이성의 순수함만이 그 세계의 모습을 판
단할 수 있다고 생각한 것이다. 가지계와 가시계, 본질과 현상이란 개
념은 이러한 사고를 반영하고 있다.[9]

---

9) 하지만 이같은 설명과 반대방향에서 접근하는 것도 가능할 것이다. 왜냐하면 인간은 자연스럽
　게 대상에 대해 의문을 품게 되기 때문이다. 대상의 의미란 도대체 무엇일까? 대상을 그것이
　나타나는 이미지와 그 이미지 안에 숨겨진 의미로 쪼갤 수 있다면 그것은 이미지 너머에 무언
　가가 존재한다는 것을 가리키고, 따라서 그것이야말로 대상의 실재요 실체가 될 것이다.

이러한 사고가 진전되어(과정이라는 측면에서 생각해보았을 때) 합리주의자들은 현상은 실체와 상관없는 모방의 세계에 지나지 않는 것이라고 생각하게 된다. 플라톤이 '실재한다'라는 개념을 가지계 쪽에 두었다는 사실은 이 점에서 흥미롭다. 플라톤은 진짜로 존재하는 것(우리가 사는 세상이 아니다)을 '실재'(to on; realitas; realité)라고 불렀다. 이는 곧 형이상학적 의미에서의 실재이고, 따라서 현상으로서의 우리가 사는 세상을 넘어선 '본질'(to ti en einai; essentia; essence), '실체'(ousia; substantia; substance)의 세계를 가리킨다.

〈표 3〉

← 가지계; 실재계	가시계; 현상계 → (가지계를 모방한 세계)
형상: 본질	질료: 본질의 그림자
질서: 정	카오스: 동
완벽한 규정성: 변화가 없는 정적인 상태	무규정성: 변화 → (이 방향의 극단에는 변화 그 자체 인 사건이 놓여 있다)
자기동일성: 자기 안에 본질을 갖춘 것	타자성: 형상과의 통일성을 상실한 존재로 서, 항상 가지계의 것에 의해 판단 되는 존재
영원성: 본질이기기 때문에 시간과 상관없이 영속한다	순간: 질료이기 때문에 시간에 따라 변화한다

오늘날의 시점에서 이러한 사고를 바라볼 때 눈앞의 진짜 세계를 현상에 불과한 것, 즉 무언가를 모방한 세계로 판단했다고 해서 우스꽝스러운 것으로 생각해서는 안 된다. 이는 오늘날에도 우리의 태도 안

에 자연스럽게 자리잡고 있을 뿐 아니라, 인간이 사물을 대할 때 취하는 기본적인 태도이기 때문이다.

어쨌든 이러한 사고는 늘 존재를 관념적으로 인식한다. 왜냐하면 우리가 말한 대로 사물 또는 세계는 다만 현상에 불과하므로, 그것의 원형 또는 본질에 해당하는 무엇은 언제나 이성에 의해서만 파악될 수 있기 때문이다. 따라서 이 관념이란 〈표3〉에서 볼 수 있듯이, 변화할 수 없는 불변의 성질을 지니고 있다. 이 문제는 우리에게 상당히 중요한 것들을 시사해준다. 오랜 역사와 사고의 변화를 거치는 동안 어느 정도의 교정이 이루어졌지만, 궁극적으로는 사물에 대한 합리주의적 태도를 버리지 못한 이유를 설명해주기 때문이다. 변화하는 모든 것들은 무가치하다고 여기며, 모든 것을 변화하지 않는 모습, 고정된 단면 아래 판단하려고 하는 태도 말이다.

바로 이 지점에서 들뢰즈가 베르그송을 빌어 교정하려고 한 것이 무엇이었는지가 드러난다. 어찌 되었건 이 고정된 단면은 사물의 정수에 해당하는 것들은 설명해주지만, 그것은 결코 실제로 이루어진 변화에 대해선 아무런 지표도 제공하지 않는다(정확히 말하자면, 합리주의는 이 변화를 설명해야 하는 목표조차 지니고 있지 않았다). 따라서 실제로 '있는 것'과는 별개로 '존재'하는 사물의 정체만을 가리킬 뿐이라는 이야기이다.

결국 '눈앞의 세계'는 무시되어버린다. 그러나 이 부유하며 모호하게 떠도는 세계를 어떻게든 설명할 필요가 있었기에, 합리주의는 이 세계, 즉 변화하는 것에다 환상에 불과한 개념을 부여했다. 언제나 위치와 함께 고정된 단면이기 때문에, 운동을 설명하기 위해서 실제의 시간이 아닌(실재로서 변화를 고려하는 사고가 아니기 때문에) 개념상의 추상적 시간을 부여했던 것이다. 그래서 운동은 언제나 '고정된 단면+추상적 시간'으로 설명되었던 것이다.[10]

이러한 운동은 참 운동이 아니다. 거기에는 실제로 지나가고 있는 지속의 상태, 계속해서 변화를 거듭하는 운동의 참모습이 제거되어 있으며, 운동의 관념적인 모습만이 나타나기 때문이다. 변화란 이럴 경우, 오직 추상적으로만 존재하지 않는가? 이러한 이유에서 베르그송은 이 공식을 환상의 재생산이라 명명했던 것이다.

우리는 지금 운동에 관해서 말을 하고 있지만, 그것은 '변화'를 가리키는 또 다른 표현이다. 즉 변화하고 있는 것에 대해서, 현상에 대해서 이와 같은 생각을 하고 있었기 때문에(세계 자체에 대한 판단이 결국 이러했기 때문에) 이 사고는 세계(우리가 눈으로 보고 있는)를 수용할 수 없었고, 언제나 실재를 관념화할 뿐이었다.

근대로 통하는 혁명, 사고의 혁명에 대해 살펴볼 때 가장 핵심이 되는 것은 다름 아닌 현상에 대한 이런 식의 사고에 일대 전환이 일어났다는 점이다. 우리가 본질의 모방, 관념의 물질화된 모습, 따라서 늘 본질의 감축인 '현상'을 과소평가해왔다고 하더라도, 현상이란 얼마나 중요한 것인가? 플라톤이 '실재한다'는 개념이나 '존재'를 관념적인 내용으로 채운 것과는 달리, 적어도 우리에게 있어 '실재'는 곧 현상들이다. 따라서 현상을 파악하는 것은 중요한 사고의 한 축이 된다. 과격하

---

10)운동에 관한 이 공식과 이러한 개념의 도출을 이해하기 위해서는 베르그송의 『물질과 기억』과 함께 특히 『창조적 진화』를 보아야 한다. 하지만 더 간편하게 이 공식에 대한 이해를 정리하고 싶다면 들뢰즈의 『운동-이미지』1장을 참조하기 바란다

게 말한다면, 본질은 이 현상과 관계를 맺지 않고서는 성립할 수 없다. 그렇기 때문에 현상과 관념은 의식을 통해서 서로 관계를 맺을 수밖에 없다.[11)

고정된 단면들을 취하고 거기에 추상적 시간을 부여해서 운동을 설명하는 것은 결국 실재의 운동은 늘 제외한 채 의식 안의 운동만을 설명하는 공식일 뿐이다. 그것을 통해 현상을 파악할 때는 언제나 실제로 있는 현상에 대한 것이 아니라, 의식이 작용한 결과라고 할 수 있다. 어느 틈엔가 우리는 지나치게 현상을 제외한 본질(혹은 의미)에 몰두하게 되고 만 것이다. 따라서 우리의 목표는 수정되어야 했다. 눈앞에 실재하는 현상들을 파악하는 것으로 말이다. 현상도 사고의 대상이라는 것을 깨달아야 하는 이유가 바로 여기에 있으며 이러한 변화는 근대에 이루어졌다.

그래서 근대는 운동에 관한 정의를 교정할 것을 요구했다. 베르그송은 고정적 단면들이란 움직이는 것들을 정지시켜놓고 범하는 오류의 연장일 뿐이라는 점을 지적한다. 그러한 고정적 단면을 취함으로써 우리가 실제 지속을 배제한 채(그 단면들 사이에서 나타나는 '간극interval-le'은 고려하지 않으며) 관념만을 그려내고 있으므로 환상을 계속해서 재생산하고 있다고 말이다. 움직임이란 끊임없는, 단절되지 않는 지속이 아닌가? 따라서 우리는 이 운동에 관한 고정관념들을 변경해야 한다. 우리가 취하는 단면들은 더 이상 고정된 것이 아니라, 움직이는 단

---

11) 우리는 의식이 하는 일을 알고 있다. 그것을 이미지로 받아들여 쪼개고, 자신의 작용에 따라서 새로운 이미지로 만들어내 이전과는 전혀 다른 새로운 내용을 첨가한다. 이러한 의식의 작업에 대해서 베르그송은 그의 책『물질과 기억』의 1장「재현을 위한 이미지들의 선택-육체의 역할de la sélection des images pour la représentation-le rôle corps」에서 자세히 설명하고 있다.

면들(변화하는 단면들)임을 잊어서는 안 된다. 그래서 운동이란 움직이는 단면들의 모임이고, 단절된 것이 아니라 지속되는 것이다. 근대는 결국 과거 합리주의가 변화와 운동에 대해 던진 설명을 교정하는 데서 출발했으며, 그것은 생각보다 아주 커다란 변화를 초래했다. 가지계에서 가시계의 수용으로, 본질에서 현상의 수용으로 넘어왔기 때문이다. 달리 말하면, 세계관이 바뀐 것이다. '영화'가 재현하는 방법으로서, 즉 대상과 새로운 관계를 맺고 그것에 관해 사유하는 방법으로서 가능성을 지니게 되는 것은 바로 이 대목에서이다. 우리가 앞에서 인용했듯이, 철학과 영화의 관계를 규정하는 들뢰즈의 문구는 바로 이러한 입장에서 진술된다.

인간들이 처음으로 운동을 사유의 덕목으로 삼고 세계와의 관계를 재구축하는 지점에서 '영화'는 그 운동을 우리에게 보여주고 재현하고 있었다. 그것은 곧 '영화'가 변화를 재현하는 도구임을 말해주는데, 결국 '영화'는 처음으로 우리에게 '변화'를 대상으로 제시했던 것이다.

우리가 도식을 통해 영화와 다른 것들 사이에 구분선을 그은 것은 바로, 이 때문이다. '영화'는 분명 우리가 현상과 이전과는 질적으로 다른 새로운 관계를 맺게 해준 재현 방법이기 때문이다. '영화'는 우리에게 변화/움직임/현상을 있는 그대로 던져주었으며, 그래서 처음으로 현상을 조명할 수 있는 가능성을 열어주었다. 마치 근대적 사고가 현상에 다가가듯이 말이다. 이것으로부터 시작되는 '영화'의 의의, 엄밀히 말해 영화적 재현의 의의는 놀라운 것이다. 즉 '영화'는 세계를 우리 눈이 보는 것과 같은 방식으로 보며, 이 눈과 지각이 어떻게 작용하는지를 묘사하고 드러내는 도구이다. 그렇게 볼 때 '영화'는 인간의 삶을 이전의 것과는 완전히 다른 곳으로 이끌고 가는 출발점이었던 것이다. 이것이 최초의 '영화'가 지닌 의의라고 할 수 있다.

'영화'는 이처럼 분명하게 우리에게 새로운 대상을 안겨주었다. 버젓이 눈앞에 있었지만 주시하지 않았던 대상, 곧 변화하는 현상들이었다. 이 현상들이야말로 철학이 새로운 사유의 항목으로 수용하고자 했던 것이 아닌가? '영화'는 결국 이런 자기 능력을 인식함으로써 우리에게 새로운 경험을 제공하기 시작했다. 예컨대 지난 세기 동안 영화가 우리에게 보여준 것들을 생각해보자. 그것들은 이야기들이고, 우리 삶의 투영들이다. 우리는 그것을 보며 생각하고 판단한다. 고정된 개념의 덩어리로 이해하는 것이 아니라, 실제화된 이미지들을 보면서 받아들이는 것이다. 이는 다른 것들과 구별되는, 전적으로 새로운 경험이다. 이로 인해 '영화의 탄생'이 새로운 경험(지각)을 발생시키고, 새로운 의식의 전개 과정(사고)을 가져다준 '새로운 재현 방법의 탄생'이라고 말하는 것이다. 우리는 개념들이 아닌 현상들(영화 이미지)을 보면서 세상과 삶에 대해 사고하고 교정해나간다. 새로운 삶의 방식이 출현한 것이다.[12]

---

12) 오늘날, 우리가 과연 이처럼 사유의 역사에서의 패러다임을 잡고 있는지는 물론 의문이다. 몸과 의식은 분명히 그러한 상태를 살아가고 있음에도 실제로 역사적 패러다임을 잡는 일은 여전히 이전의 사고방식이 고착화한 구분선에 머물고 있다. 들뢰즈는 이십 세기 말, 세계에 대해 뚜렷한 사유를 선보인 대단한 철학가로 주목받았지만 위와 같은 점에서 생각할 때, 덜 평가받은 면이 있다. 왜냐하면 그가 '영화'에 대해 말한 것은 이러한 인간의 삶의 방식에 관한 거대한 변화지점에 주목했던 결과이기 때문이다. 즉, 그는 결코 '영화'를 칭송하지 않았다. '영화'도, 여타 전통적인 예술로 분류되던 것과 비교적인 관점에서 특별한 지위를 지닐 수는 없다. 그것은 그저 '새로움', 세계에 대해서 인간이 가져보지 못한 '의식'의 출현이며, 백여 년이 흘러 실제로, 인간들은 완벽하게 새로운 의식들과 더불어 살고 있다. 하지만, 이 엄청난 변화를 역사적으로 새롭게 규명하는 일은 여전히 벌어지지 않는다. 20세기까지 살아온 인간의 의식이 21세기의 새로움 속에서 역사적으로 완전히 재편성되기에는 아직 우

리 사고가 여물지 않았다고나 할까. 그러나, 지금 21세기 초입에 진행되고 있는 '시간과 공간'에 대한 재구성은 조금의 세월이 더 흐른 후에, '인간'에 대한 의미론, 그리고 '인간사'를 바라보는 새로운 패러다임이 분명히 대두할 것이라는 점을 명확하게 보여준다. 학문은 원래, 이 가능성과 문제들을 캐고, 조망하며, 현재를 바꾸고자 하는 노력이 아니던가 ? 그런데 한편으로는 '학문'의 이러한 가치조차 무너져가는 듯하다. 21세기가 신나게 열어젖힌 변화들 자체에만 침을 흘리며 탐닉하는 방식이 되어버린 듯해서 말이다. 이에 대해서는 마지막 장에서 좀더 다루기로 하자.

존재 의 진화

- 첨가되는 개념들

존재와 대상

존재는 일단 시작하고 나면 진전을 거듭한다. 존재는 최초의 상태로 머무르는 법이 없다. 다른 것들과 관계를 맺어나가면서, 자신의 새로운 '존재성'을 하나하나 발견해나간다(존재의 가치일 수도).

우리는 영화의 탄생이 새로운 재현 방법의 탄생이며, 그것을 통해 세계와 우리가 새로운 관계를 맺게 될 것이라고 말했다. 하지만 여전히 문제는 남아 있다. 그 관계가 도대체 어떠한 방식으로 전개될 것인가 하는 점이다. 만일 존재가 단순히 최초의 상태에 멈추어 있다면 생존하기 어려울 것이다. 영화는 이제 탄생과 함께 하나의 대상으로 사회 안에 던져졌을 뿐이다. 따라서 사회가 그것을 인식하기 시작하면서 서서히 예기치 못한 (관계의) 변화들이 발생하는데, 그것이 생존이다.

우리는 지금까지 오로지 '영화' 자신에 대해서만 말해왔으며, 그가 다루는 대상의 문제는 끼어들 틈이 없었다. 오직 새롭게 던져진 재현의 '방법'으로서의 '영화'에 대해서 말했을 뿐, 재현을 넘어서서 표현의 방법으로 나아가는 '영화'에 대해서는 이야기하지 않았다. 자신의 대상을 만나고 그 대상과 함께 호흡함으로써 만들어지는 '영화'가 아니라, 운동-이미지를 보여주며 시대의 전환(전근대에서 근대로)을 '암묵적으로' 지시하는 '영화'에 대해서만 말했다. 하지만 우리가 '영화'에 대해서 좀 더 알고 싶다면, 이제는 완전히 새로운 과정을 겪는 '영화'에 대해서 말해야 할 것이다. 그리고 그것은 앞에서도 지적했듯이, 하나의 예술적 표현이 되어가는 과정이기도 하다.[13]

따라서 지금부터는 따옴표로 둘러친 '영화'와 일반적 통칭에 해당하는 영화를 반드시 구분해야 한다. 왜냐하면 존재는 일단 탄생하고 나면 스스로 생산자가 되어서 자신의 생산물들, 사회와의 교환물들을 만들어내기 때문이다. 그것이 영화들이다. 하지만 이 영화들을 말하려면, 우선 우리는 자신의 대상을 취하기 이전의 '영화'에 대해서 충분히 이해해야 한다. 생산물이 만들어지면서 이제는 그 생산물이 생산자에게 거꾸로 영향을 미치고 그의 '도구성'(그렇게 부를 수만 있다면)을 새롭게 수정해나갈 것을 요구할 테지만, 생산자의 의지가 완전히 사라져버리는 것은 아니기 때문이다. 그것은 여전히 생산물에 작용한다. 어떻든 생산물은 생산자의 의지와 욕망을 반영할 수밖에 없지 않은가?

물론 이 진술은 조심스럽게 검토할 필요가 있다. 왜냐하면 계속해서 강조해온 것처럼, 적어도 '영화'는 처음부터 자신의 목적을 깨닫고 있

---

[13] 앞서 말했듯이 '영화'가 '예술'과 연관되기 보다는 인간의 의식을 표현하는 도구라는 것에 더 중요한 의미를 둔다. 여기서 '예술적'이라는 표현은 따라서 '영화'의 이러한 의미를 강조하기 위한 편의적 표현인데, '영화'의 가치를 예술적 표현도구로써 자리매김하려는 태도가 일반적이기에 사용한 표현이라고 보면 된다. 즉, '고도의 표현방식'이라는 측면으로 이해해주면 좋겠다.

지 못했기 때문이다. '영화'가 명확한 자신의 입장, 그러니까 자신의 존재를 알고 있었다면 베르그송도 처음부터 영화를 두고 환상의 재생산일 뿐이라고 폄하하지 않았을 것이다.[14] 사유가 대상에 대해 취하는 것처럼, '영화'가 사물에 대해 취하는 작용들에 주목할 수도 있었을 것이다. 그러나 '영화'는 자신의 힘을 스스로 지나치게 과소평가하고 있었으며, 아무것도 모르고 있었다. 정확히 말해, 자신이 무엇을 할 수 있는지를 모르고 있었다. '영화'는 생산물들을 만들어가면서, 즉 '과정'을 통해서 자신의 역할을 점진적으로 깨닫게 된다. 자기가 무엇을 하고 있는지 그리고 무엇을 대상으로 하고 있는지를 말이다.[15]

예술이, 아니 어떤 존재가 존재이기 위해서는 자신을 제외한 대상들

---

14) 베르그송이 영화적 환영이라고 이름 붙인 이 가짜운동-이미지의 개념에 관해서는 그의 책, 『창조적 진화』를 참고하기 바란다. 4장과 5장에서 영화적 절개découpage cinématographique와 그에 따른 영화적 움직임의 문제를 설명한 부분을 특히 주의 깊게 살펴야 한다.

15) 비록 초기에 사람들이 '영화'가 단지 발명품이며 신기한 장치일 뿐이라고 폄하하고 당시 영화에 참여했던 사람들이 오늘날과 같이 체계적인 이해를 가지지는 못했지만, 자연스럽게 움직이는 이미지가 지니는 효과들을 하나하나 발견해 나가면서 동시에 자신의 작품들 안에 적용하기 시작했다. 적어도 초창기에 영화는 이론과 비평보다 늘 앞서 있었다. 이같은 입장에서 한 가지 흥미로운 것이 있다면, 이러한 시간적 간극은 예술이 지닌 고유한 특성 중 하나를 우리에게 암시해준다는 사실이다. 즉 언제나 포착하고 나서야 비로소 그 포착에 대한 주시가 이루어지는 과정이 그것이다. 작품이 있고 나서야 비로소 그 작품에 대한 '눈'들이 작용한다. 물론 비평의 역사가 쌓이고, 이론과 비평이 생산과정에 간섭하게 되면서 이 순서가 역전되기도 한다. 하지만 그것이 앞서 말한 예술이 지닌 고유한 속성을 파괴하지는 않는다. 오히려 이제 예술과 그 예술을 보는 '눈' 사이의 광범위한 교환 또는 교차가 '영화'에서도 발생하는 것으로 이해해야 하지 않을까? 예술은 처음에는 감성적 발화로 시작해서 사회 안의 한 존재가 되어가면서, 자연스럽게 이 개인적인 감성적 발화를 사회라는 체계적 조건 안으로 밀어넣고, 그렇게 됨으로써 비로소 진정한 새로운 발전단계를 밟아나간다. 창작과 이론 그리고 비평이란 그렇게 역사적 계기에 의해서 형성되는 자연스러운 과정인 것이다. 그렇기 때문에 예술은 단순히 자신의 존재를 넘어서 관계를 형성하는 존재로서 가치를 지니게 되며, 이론과 비평은 평가가 아니라 그 관계를 맺어주는 또 하나의 예술적 장치가 되는 것이다.

과 서로 만나야만 하며, 그 만남은 언제나 단계나 과정으로 나타난다. 자신의 진정한 정체성은 외부와 관계를 맺음으로써 주어진다. 존재는 어떤 경우에도 자기 자신만으로 완결되는 법이 없다. 존재가 규명되기 위해선 다른 존재와 관계를 맺어야 하며, 그것이 바로 우리가 존재의 불완전성이라고 부르는 것이다. 하지만 이 용어는 부정적인 개념이 아니다. 이것은 언제나 존재가 관계를 통해서 드러나며, 관계에 의해서 자신을 확증 짓는다는 사실을 일깨워주는 개념이다. 사실 예술이 지닌 가치 중 하나도 바로 이 관계의 끈에 작용하는 도구라는 데 있다.

'영화'도 마찬가지이다. 게다가 '영화'가 오늘날에도 쓸모 있는 도구라면, 그것은 바로 자신의 목적과 유용성이 자신에게서 나오는 것이 아니라 대상과의 만남으로부터 빚어진다는 것을 잘 알고 있기 때문이다. 이 만남의 단계를 통해서 영화의 개념이 조금씩 만들어지고 우리에게 다가왔음은 물론이다.

따라서 우리가 어떤 존재의 개념을 이해하기 위해서는, 먼저 그것이 대상으로 취하는 것들에 관해서 말해야 할 것이다. 즉 '영화'의 대상은 무엇일까 하는 질문 말이다. 우리는 이러한 질문을 할 때 항상 영화가 담고 있는 것들을 떠올린다. 대상이라면 존재가 수용하는 것으로서, 존재의 편에서만 규정되는 습관이 있기 때문이다. 그래서 '영화'의 대상은 세상이었다. 틀린 말은 아니지만 적어도 그것은 '영화'가 이야기를 수용하기 시작하면서부터 나타난 대상이었다. 최초의 순간에 영화는 결코 이것들을 수용하고 있지 않았다.

우리가 '내용'이라고 말할 때, 그것은 '의미를 지닌 것'이라는 뜻을 지니고 있다. 그런 측면에서 볼 때, 이 최초의 영화들은 결코 그러한 내용을 보여준 일이 없다. 의미가 있다면 그들이 보여주는 무언가가 아니라, 차라리 제시 자체에 있을 것이다. 게다가 내용이란 존재의 지대를 통과해야 하지 않는가? 내용은 언제나 존재가 대상을 이용할 때 발생한다. 즉 존재의 의식이 대상에 투영될 때 말이다.

그런 점에서 이때의 영화들은 아무것도 아니다. 이 최초의 '영화'는 결코 자신이 이미지로 담은 사물, 사람, 거리 등 어떤 것에 대해서도 시선을 보내지 않았다. 단지 '영화' 자신의 기능을 보여주기 위한 것일 따름이었다. '영화'의 눈은 아직도 규명되지 않은 상태였으며, 그저 보이는 것들을 기록하는 육체만이 존재하고 있었을 뿐이다(나중에는 이 때문에 더더욱 '영화'가 중요해긴 하지만). 그래서 이 상태의 운동-이미지, 즉 영화적 재현은 단지 그 사실들의 제시에 관한 의미만을 확보한 셈이다. 왜냐하면 '영화'는 아직 현상들—도착하는 기차, 커피를 마시는 사람들, 퇴근하는 직공들—을 대상으로 취하고 있지 않았기 때문이다. 정작 이 순간 '영화'가 대상으로 삼고 있던 것은 전혀 다른 것이었다.

도구로서의 '영화'에 주어진 첫 번째 대상, 그것이 바라보고 있는 대상은 다름 아닌 관람객들, 즉 '눈'이었다. 그들은 '영화'를 바라보고, 제시되는 것을 본다. 바로 그 순간, 정확하게 '영화'가 발명품의 창고를 벗어나 '눈'과 만날 때, 즉 대중 앞에 상영되는 순간, 미약하긴 하지만 시선의 교환을 통해서 대상과 관계를 맺는 놀라운 광경이 벌어지는 것이다.

에디슨의 키네토스코우프가 결여한 것은 바로 이 만남이다. 에디슨은 존재가 대상과 시선을 교환함으로써 자신을 발견하고 구축해나간다는 것, 즉 존재가 대상을 통해서 자신을 형성한다는 것을 알지 못했다. 그는 영화가 창고나 기계 안에서 벗어나야만 하는 이유를 전혀 알지 못했다. 그렇다고 뤼미에르 형제가 이 진지한 고리를 깨달았다는 말은 아니다. 하지만 그들은 움직이는 이미지를 내부에 간직한 요지경 기계를 판매하려고 한 것이 아니라 그것을 보여줌으로써 오늘날 우리가 '영화'라고 부르는 시스템의 첫발을 내디딘다. 이런 의미에서 볼 때 뤼미에르 형제가 더 중요할 수밖에 없다. 그들은 '영화'를 외부와 만나게 해주고, 그것에 대상을 제공했기 때문이다.

사실 '영화'가 짧은 기간 동안 급속도로 발전하게 된 것도 바로, 이 관계를 통해서였다. 그것은 자신의 대상들을 만났고, 그들과 시선을 교환했으며, 곧 그들을 바라보기 시작한다. 그래서 대상(관객)에게 대상에 관한 이미지(내용)를 제시하기에 이른다. 영화가 '커뮤니케이션의 도구'라고 말할 때[16] 또는 병을 치료하는 도구라고 말할 때[17], 그것은 영화가 대상과 시선을 교환하며, 그 교환 안에서 서로를 수정하고 보완하는 기능을 수행하고 있음을 가리키는 것이다.

어제 나는 그림자의 왕국에 있었다. 아, 만약 내가 당신에게 그 세계의 기이함을 보여줄 수 있다면. 색도 소리도 없는 세계. 모든 것—땅이나, 물, 공기, 나무들, 사람들—이 그저 회색으로만 나타나는. (…) 거기엔 삶이 없다. 단지 삶

---

16) 고다르의 작업이 중기(1960년대 말~1970년대 후반)로 접어들면서 특별히 중요한 주제는 커뮤니케이션의 불가능함이었다. 그는 참여영화 시대를 막 지나면서 영화라는 도구의 정체성을 바로 이 커뮤니케이션의 문제에 두게 된다. 그 시대를 통해서 잠시 고전영화의 특성을 수용했던 그는 시대적 전환기를 따라 자연스럽게 영화의 커뮤니케이션 문제에 천착하게 된다. 1980년대 이미지의 실험들은 이렇게 해서 탄생되었다.
17) 장-뤽 고다르, 『트라픽』No. 18, 31면

의 그림자만 있었다. 삶의 활기는 사라져버린, 일종의 소리 없는 망령이라고나
할까. 그런 것들만 있었다. (…) 이 그림자들의 움직임은 보기에도 끔찍했다.
다른 것은 아무것도 없이 오직 그림자들, 망령들, 유령들뿐이었다. 나는 전설
을 생각했다. 어떤 악한 존재가 마법을 걸어 마을 전체를 끝없는 잠으로 몰아
넣었다던. 나는 마치 마법사 멀린이 우리 앞에서 그의 주술을 걸고 있는 듯한
생각이 들었다.[18]

　　고리끼는 아주 정확했다. 그는 다만 성급했을 뿐이다. 자신이 겪은
놀라운 충격 때문에 이러한 글을 남겼겠지만, 아직 영화들은 여기에까
지 이르지 않았다. 적어도 주술이란 우리가 잘 알듯이 일방적인 작업
이 아니다. 그것은 주술을 거는 이와 주술에 빠지는 이 사이에 이루어
지는 일종의 이미지 교환이다. 따라서 '영화'가 마술이나 주술적 행위
에 이를 만한 생산물들을 내놓았다고 생각하는 데는 무리가 있다. 왜
냐하면 '영화'는 아직까지는 대상과 어떤 것도 공유하지 않았기 때문
이다.[19] 그는 오늘날의 영화들을 말할 때처럼 최면을 거는 장치, 즉 최

---

18) 이것은 영화가 상영된 첫날에 씌어진 글은 아니다. 초기 루미에르 영화들이 세계를 순회할
　　때 그것을 보고 난 뒤 쓴 고리끼의 일기중 한 대목이다(엠마누엘 뚤래, 『영화, 세기의 발명』
　　135~138면). 이 글은 앞으로 3장에서 영화에 대한 고리끼의 폄하와 관계없이 다시 중요하
　　게 다룰 것이다.
19) 그럼에도 불구하고 이것은 아주 놀라운 진술이다. '영화'가 그런 수준에 머물러 있는 상태에
　　서도 아주 정확하게 앞으로 진행될 방향을 가리키고 있기 때문이다. 오늘날 '영화'란 바로
　　이러한 주술이 아닌가? 어떻게 그가 이 하찮은 상태의 '영화'로부터 그런 것들을 미리 예측
　　할 수 있었을까? 아주 단순한 상태의 제시에 불과한 것 안에서 고리끼가 정확하게 '영화'의
　　기능, 정체를 읽어낸 것은 아마도 그가 이미지를 자신의 도구로 활용해 작업하는 사람이었
　　기 때문일 것이다. 문학은 언어를 매개로 하고 있지만, 그것이 그려내는 것은 언제나 이미지
　　이며 이미지로부터 언어를 풀어나간다. 그 작업은 물론 이미지 자체를 생산하지는 않는다.
　　하지만 작가는 자신의 의도를 풀어나가기 위해 추상적 언어를 통해서 개념을 이미지에 묶
　　어나간다. 그렇기 때문에 문학도 이미지의 문제와 매우 깊은 관련을 맺고 있다. 이런 이유에
　　서 고리끼는 아주 쉽게 이 그림자 놀이의 숨겨진 의도, 유령처럼 배후에 가려져 있는 기능을

면-기계는 아니다. '영화'가 재현하고 있는 현상들은 아직 의도를 간직한 것이 아니며, 단순히 우리 눈앞에 걸어놓은 것에 불과하다. 주술이라면 현상들을 넘어선 어떤 것, 정확히 말해 현실과는 다른 세계를 풀어놓아야 하는 것이 아닌가? 오늘날 우리가 보는 영화들처럼 말이다. 그러나 이 최초의 영화들은 우리를 또다른 세계로 이끌고 가는 것이 아니라, 우리가 살아가는 세계의 모습을 가감 없이 펼쳐놓은 것에 불과하다. 그렇기 때문에 우리는 이것을 단순한 제시라고 한 것이고, '영화'가 취하는 대상들을 차연différance을 두고 구분하려고 하는 것이다.

우리가 설명하듯이 이 제시는 현실/현상의 제시에 불과하다. 첫 번째 대상을 관객으로 놓은 이유도 거기에 있다. '영화'는 아직 관객들의 세계를 바라보지 않았다. 따라서 평가하거나 해석하지도 않았다. 그저 저장하고 보여줄 따름이다. 그래서 관객들이 여기서 보고 있는 것은 오직 '영화'라는 장치의 능력이었다. 만약 이때의 영화들이 최면을 거는 기계로서의 역할을 수행하고 있었다면, '영화'는 이미 세계를 대상으로 가지고 있었다는 이야기가 된다. 우리가 영화들과 '영화'를 구분해야 하는 것처럼, 이 영화들은 적어도 아직은 영화들로서 기능하는 것이 아니라 '영화'의 기능을 보여주는 움직이는 이미지들에 불과했다. 그래서 이때의 제시를 두고 관객들을 대상으로 자신을 드러낼 뿐이었다고 말하는 것이다. 존재가 최초의 순간에 대상들에게 자신을 드러내는 것으로 시작되듯이.

관객들은 대상이 되었다. 이 대상은 단지 존재('영화')가 제시하는 것들을 통해서 존재와 관계를 맺는 그런 대상이다. 거기에서도 시선의

교환이 이루어지지 않는 것은 아니지만, 사실 내용에 관한 것이 아니라 오로지 제시된 사실 그 자체에 관한 것이다. 제시된 것들을 현실로 착각하는 수준의 교환 말이다.[20] 그렇다고 이 교환을 지나치게 폄하해서는 곤란하다. 미약하기는 하지만, 이 순간을 통해서 '영화'는 놀라운 단계로 진입하게 되기 때문이다.

우리는 이 관객들이 '영화'를 바라보았을 때 — 분명히 말했듯이, 그때 제시된 것은 단지 '영화'일 뿐이다. 따라서 관객들이 본 것도 영화들이 아니라 '영화'이다 — 그들 안에서 무언가 섬광이 번뜩이는 것 같은 놀라운 일이 일어났다는 사실을 알고 있다(다가오는 기차를 보고 놀란 것과 같은). '영화'가 세계를 보거나 사람을 보는 자신의 '눈'을 발견해내기 전이라 할지라도, 그래서 모든 영화가 세계를 보는 '눈'의 역할을 수행하기 이전이라 할지라도, 그러한 것들이 가능하게 해주는 자신의 존재성을 과시하고 있었기 때문이다. 존재가 무언가를 나타내고자 할 때, 제시를 넘어서서 어느 순간엔가 과시가 되는 것이 아닐까? 고리끼가 발견한 것은 바로 이 과시였을 것이다. 그것은 비록 조악한 상태이기는 했지만, '영화' 자체에 녹아 있는 영화적 재현이 가지는 권력을 암시하기에는 충분했다. 고리끼의 불안함은 여기에서 출발한다. 하지만 그는 이 부정적인 시각에서 속박이요 권력이라고 본 영화적 재현이 동시에 어떠한 가능성을 제시하고 있었는지는 보지 못했다. 단지

<hr>

20) 그래서 이것을 오로지 부정적으로만 설명한다면 이 순간부터 관객들은 대상이 됨으로써 '영화'라는 존재의 권력에 사로잡힌다고 말할 수도 있을 것이다. 어떤 것이 내용을 염두에 두지 않고 자신을 드러낸 때 그리고 관객이 그 드러난 것을 무작정 수용하고만 있을 때, 그것이야말로 완전한 속박이 아닌가? 관객은 '영화'가 자신을 제시하고 투영하기 위한 목적이며, 철저하게 대상화된 존재이다. 이것이 우리가 '영화'의 탄생 이후 '관객'의 개념과 의미를 수정해야 하는 근본적인 이유이다.

과시된 것에 놀라서, 우리로 하여금 단순히 대상에 머물게 하고 존재의 과시를 수용하는 맥없는 존재가 되게 하는 '영화'에 대해서만 말했던 것이다.

그렇다고 고리끼가 틀렸다는 말은 아니다. 이것은 또한 영화적 재현이 지니는 엄연한 기능으로서, 오늘날까지도 꾸준히 영화들이 목적으로 삼고 있는 것이다. 그는 다만 이것과 함께 비집고 나오는 또 다른 가능성을 보지 못했을 따름이다. 바로 작용과 반작용을 통해서, 서로 순간적인 행위들을 주고받음으로써 나타나는 새로운 사실들 말이다.

사실 존재가 대상에 대해서 하는 일은 두 가지이다. 단지 자신을 알리고 받아들일 것을 요구하는 것—이것이 독재이고 독트린이다—이 첫 번째라면, 대상도 자신과 마찬가지로 엄연한 존재의 일부라는 것을 인정하고 그 대상과 자신을 교환하는 것이 두 번째이다. 앞에서 지적했듯이, '영화'의 현대성은 바로 자신과 외부를 똑같이 동등하게 놓고 바라보는 혁명적 사고에서 출발한다.[21]

관객들은 자신도 모르는 사이에 반응을 했다. 이 반응은 수용을 통해서 이루어진 것만은 아니다. 존재가 오로지 자신을 과시하는 상태에 머물 때 대상이 취할 수 있는 반응이 바로 그런 경우일 것이다. 그

---

21) 주의 깊은 독자들은 어느새 근대성이라는 말을 버리고 현대성이라는 말을 사용하고 있다는 것을 알아차렸을 것이다. 여기서 말하는 현대성을 사실 '영화'가 자신의 정체성을 전면적으로 재구성하는 시기, 즉 네오리얼리즘과 누벨바그의 시기에 가서야 논할 수 있는 종류의 것이다. 그렇다고 그 현대성이 우리가 이제까지 말한 근대성과 완전히 다른 것은 아니다. 용어의 차이가 미묘하게 발생하는 이유는 바로 '영화'가 탄생했을 때부터 도구로서 지닌 근대성이 실제로 변화를 요구하는 제2차 대전 이후에 해당하는 현대라는 시기를 만나면서부터 또 다른 방식으로 '영화'에게 적용되기 때문이다. 속성이라는 면에서 근대성과 현대성은 별 차이가 없지만, 이렇게 '영화'라는 도구의 육체에 어떠한 방식으로 나타나고 있는가에 따라서 보면 이야기가 달라진다. 좀더 자세한 내용은 이 책의 4장을 보기 바란다.

때 벌어진 반응에는 또 다른 측면이 자리하고 있었다. 그것은 바로 제시 자체에 대한 것으로, 수용이 아닌 만남에 대한 반응이었다. 이 반응은 교환의 순간에 발생하는 것이고, 따라서 '영화'의 독특한 의미를 설명하는 중요한 열쇠가 된다. 이 부분에 대해서는 현대영화를 설명하면서 자세하게 다루게 될 것이다(이 책의 4장을 참조하라).

일상을 보여주는 '영화'

관객들은 자신들에게 제시된 것에 대해 반응을 했다. 그러나 내용에 대한 것은 아니었다. 이미지 안에서 기차가 다가오고, 노동자들이 공장에서 쏟아져 나오며, 사람들이 카페에서 차를 마시며 포커를 친다. 하지만 이것이 과연 관객들에게 '내용'으로 작용하고 있었을까? 이미지에 의한 어떤 내용은 허구와 사실의 관계 속에서 파악되는 것이고, 그 관계를 통해 의미를 형성한다. 하지만 이 기차는 내용이 아니라, 현실에 대한 재현력을 과시하기 위한 소재에 불과했다. 범인이 탄 기차도 아니고 연인이 탄 기차도 아닌, '진짜' 플랫폼으로 다가오는 '진짜' 기차이면 족했다.

허구에 대해 보이는 반응과 이 기차의 현실적 재현에 대해 보이는 반응은 언뜻 보기에 놀라움이라는 측면에서 같은 것으로 간주할 수도 있다. 그러나 이 반응들은 근본적으로 다르다. 뒤에서 다시 이야기하겠지만 하나가 제시된 공포에 대한 반응이라면, 다른 하나는 그 자체로 공포를 야기한다. 전자가 결코 공포에 대한 직접적인 경험으로 나아가지 않지만, 후자는 아주 직접적이다. 그래서 이 초기 영화에서 최면적 효과라고 하는 것은 '영화'가 자신의 장치로 활용하기 이전의 정제되지 않은, 직접적인 시지각적 체험 효과이다.[22]

따라서 이 최초의 반응과 오늘날 이루어지는 반응들이 일견 비슷해 보일지 모르지만, 실제로는 이 둘 사이에는 미묘한 차이들이 가로놓여 있다는 점을 알아야 한다. 이 단계에서 이루어지는 '영화'를 거칠게나마 이렇게 설명해보자. 무엇보다도 이때 관객들에게서 끄집어낼 수 있는 첫 번째 단계의 의미는 다음의 공식으로 나타난다.

'영화'를 본다. → 일상을 만난다.

오늘날 우리가 보는 모든 영화에는 연출이 있다. 다큐멘터리든 극영화든 간에 모든 영화에는 그것을 만들어가는 연출이 있으며, 이에 의해서 하나의 완성품이 되어간다. 다시 말하면, 바로 연출에 의해서 일상과 세계 그리고 사물들은 대상이 되고, 원래 있던 자리로부터 떨어져나와 전혀 별개의 것이 된다. 당연히 그 겉모습이 달라진다는 말이 아니다. 여전히 같은 모습이지만 대상이 됨으로써 이제 현상 속에 있던 그대로가 아니라, 서사가 요구하는 의미들을 담은 것이 된다.

현상이 내용이 된다는 것은 애초 있었던 현상 자신과 결별하고, 어떤 '의미'—결국에는 이야기가 주도하게 될—를 가지고 있는 서사 속

---

22) 그럼에도 불구하고 이 최면적 효과가 '영화'가 앞으로 자신에게서 발견해갈 효과나 능력 등과 깊은 연관을 지니고 있음은 물론이다. 이 문제는 3장에서 집중적으로 다룰 것이다

의 현상들로 자리 잡는것을 가리킨다. 연출이 하는 역할이 바로 이런 것이다. 연출이 하나의 장치로 이해되고, 연출가가 일종의 조작하는 기계로 간주되는 것은 이처럼 원료를 받아서 새로운 어떤 것을 만들어 내는 작업이기 때문이다. 이러한 면에서 연출은 의식이 사물에 대해서 행하는 작업과 동일하다. 마치 데꾸빠쥬découpage가 의식의 맨 처음의[23] 작업과 비교될 수 있는 것처럼 말이다. 모든 것은 의식의 작용에 의해서 쪼개지고 분할된다는 사실을 우리는 알고 있다. 그처럼 연출도 사물들에 대해서 새롭게 시도하는 의식의 행위라고 할 수 있다. 연출은 대상들을 이리저리 쪼개며 분할하고 재구성하며, 결국에는 이 대상을 원래와는 다른 것으로 만들어버린다.

우리가 초기 뤼미에르의 영화들이 어떤 내용도 가지고 있지 않으며, 다만 관객들을 대상으로 삼고 있을 뿐이라고 말한 것은 이러한 입장이다. 뤼미에르의 영화들이 지닌 내용에는 실제로 이야기의 내용이 될 때와 같은 연출의 가장 단순한 단계조차 적용된 바가 없다. 그저 일상[24] 을 우리 눈앞에 가져다 놓은 것에 불과했을 뿐이며, 그것이 뤼미에르의 유일한 목적이었다. 결국, 이 경우에, 오로지 장치, '영화'의 힘만이

---

23) '데꾸빠쥬'라는 이 용어는 영어로 이에 상응하는 단계를 말한다면 컨티뉴이티continuity에 해당한다. 그러나 오늘날 영화이론에서 데꾸빠쥬는 컨티뉴이티처럼 기술적인 단계의 의미가 아닌, 미학적인 전개과정의 단계로 이해된다. 즉, 데꾸빠쥬는 컨티뉴이티 단계의 작업이 담고 있는 미학적 의미를 지시하는 단어이다. 그래서 이론의 경우, 영어권에서도 컨티유이티와 구분하기 위해서 때때로 데꾸빠쥬라는 불어를 그대로 사용하곤 한다. 데꾸빠쥬의 개념에 관해서는 4장을 보기 바란다.

24) 뤼미에르는 분명히 연출을 했다. 자신이 원하는 일상을 보여주기 위해 상황을 만들고 사람들에게 그 상황에 맞는 행위를 하도록 요구했다. 그러나 이 연출은 적어도 당시에는 정확하게 기계로서의 '영화'가 할 수 있는 능력을 보여주기 위한 것이었다. 그가 한 연출은 의미를 만들어내거나 '극'을 구성하기 위한 것은 아니었다. 그런 점에서 우리는 결코 뤼미에르의 작업에 오늘날 극적 구성을 위한 연출이라는 개념을 적용할 수는 없다.

드러난다. 다름 아닌 일상을 그렇게 다른 시간과 공간에서 실재처럼 재현하는 일 말이다. 초창기 어느 상영에서 빚어졌던 놀라운 일을 상기해보자. 며칠 뒤,《열차의 도착》이라는 영화가 상영되었다. 멀리 플랫폼에서 한 기차가 도착하고 있었는데, 문제는 기차의 머리가 플랫폼에 들어오며 프레임을 벗어났을 때였다. 관객들은 기차가 자신들을 향해 돌진한다고 여겼고, 혼비백산해 영사기를 엎어버릴 정도로 소동을 빚었다.

무슨 일이 발생한 것일까? 사실 이 사건은 '영화'를 파악하는 데 있어 상당히 중요했지만, 사람들의 신기한 반응에 대한 소문 외에는 당시에 별로 주목받지 못했다(어떤 면에서는 여전히 이 사건의 가치를 제대로 인식하지 못했다). 이 사건을 둘러싼 세세한 이해를 풀어놓기 전에, 여기서는 당장의 관심사에 대해서만 말하기로 하자. 우리는 지금껏, 이 초창기 영화들에는 '이야기'로 작동하는 내용은 없었다고 말을 했다. 하지만 이 사건을 들여다보면, 그렇다고 해서 이 공간에, 스크린과 관객들을 에워싼 공간에 '이야기'가 없었다고는 선뜻 말할 수가 없다. 왜냐하면 이 스크린의 이미지들이 애초 자신의 의도(현실 혹은 진짜의 재현)와는 상관없이 관객들에게 '이야기'를 발생시켰기 때문이다. '영화'가 이야기를 가지고 있지는 않았지만 영화는 어떻든 그것을 발생시켰다.

이것은 아주 중요한 차이이다. '영화'가 하나의 기계로서 우리에게 작용하는 두 가지 중요한 기능을 말해주고 있기 때문이다. 즉, 이야기를 가지고 있을 때 '영화'는 일반적으로 서사가 수행하는 것과 같은 작업을 한다(서술하는 일). 그러나 이야기를 만들어낼 때 '영화'는 서사에 관심을 두지 않는다. 그것은 자신을 바라보는 관객들의 반응을 통해서 완성되기 때문이다. '영화'로서는 어떤 순서가 더 좋았을지는 말할 수 없다. 어쨌든 '영화'는 후자의 기능을 먼저 발견했다. '영화' 자신이 이야기를 담아낸 것이 아니라, 관객들 편에서 이야기가 만들어졌다. 관객들은 현실 속에서 반응을 통해 자신의 이야기를 만들어내듯, 이 공간 안에서, 눈앞의 현실을 통해 그 장소에서 일어날 수 없는 새로운 이야기를 만들어냈다 : 기차가 나를 향해 돌진해 온다!

　다시 말하면, 관객들에게 이 '영화'라는 현상은 그들 편에서 하나의 대상이 된 것이다. '영화'라는 현상에 관객들은 반응을 했다. 마치 이 그림자 덩어리가 '진짜로' 자신들 앞에서 펼쳐진 듯이 말이다. 마치 생물이 지각을 거쳐 그것을 수용하고 해석하고 판단하는 과정을 거쳐 행동으로 새로운 결과를 뽑아내듯, 이들은 평범한 일상에서 일어나는 지각의 반응을 보여준 것이다.

　기차가 다가오는 것을 보고 있다. 저것은 진짜일까, 아닐까? 아니, 나를 향해 다가오고 있지 않은가? 나는 도망가야 한다. 아니면 큰일이 날 것이다. 일어나 그 지하 카페에서 뛰어나가려 한다.

　감각과 행동으로 나타나는 것, 그것은 지각을 내용으로 그리고 이야기로 수용했을 때 벌어지는 일이다. '영화'는 아직 이야기를 스스로에게서 만들어내지는 못했지만, 어쨌든 자신의 대상들에게 이야기를 발생시키는 존재였던 것이다.

　존재는 대상에게 자기를 던진다. 그리고 대상은 그 존재에게 반응을 보인다. 이 반응이 있고 난 뒤에야 비로소 존재의 새로운 역할이 나타나기 시작하는 것이 아닐까?

　여기서 조금 별개의 문제일 수도 있지만, 부록 삼아 몇 가지 문제를 더 지적하기로 하자. 우리가 궁극적으로 영화사를 통해 이해하고자 하는 '영화'의 바탕이 될 만한 것들이니까.

1. 우리는 전사轉寫된 이미지라고 말했다. 실제로 관객들이 본 것은 자신들이 사는 그대로의 세상이었다. 그러나 이것은 결코 전사가 아니다. 엄밀하게 따지자면 이것 또한 왜곡이다. 단지 이제까지 인간이 지닌 표현 도구 중에서 일상을 가장 있는 그대로 포착한 근접치의 이미지였을 뿐이다. 하지만 한계는 명백하다. 그것은 흑백의 그림자놀이이며, 격자(프레임) 안에 갇힌 세계일 뿐이다. 거기엔 소리도 없었으며, 실제와 닮은 것은 단지 형상뿐이었다. 게다가 엄연한 이차원적 평면이다. 따라서 그곳에 세계가 있는 것은 아니었다. 그런데도 관객들은 이 불완전함을 인식하지 못했다. 그들은 자신들의 눈앞에 이런 것들이 펼쳐지고 있다고 믿었고, 그에 따라 반응을 했다. 그들에게 그 장소는 진짜 현장, 기차가 도착하는 플랫폼이자 철로였던 것이다.

　이처럼 왜곡은 때때로 실재를 대체한다. 앞에서 언급한 고리끼의 발언도 이러한 실재와 왜곡의 치환에 대해서 말한 것이다. 이미 지적했듯이 스크린 위의 모든 것은 전부 '가짜'였다. '진짜'가 아닌 '가짜.' 그런데도 관객들은 일시적으로 실재라고 느꼈다. 이러한 느낌이 고리끼로 하여금 고민을 안고 일기를 쓰게 한 것이다.

　어찌 되었든 이것은 '영화'의 능력이다. 이러한 것들을 어떻게 이용할 수 있는지 알 수 있게 되기까지는 상당한 기간이 걸렸지만, 처음부터 영화는 왜곡을 통해 실재를 만들어내는 데 탁월한 능력을 지 닌 도구였던 것이다. 이 때문에 우리는 '영화'를 일컬어 세계를 만 들어내는 도구라고 말하는 것이다.

2. 영화는 일상을 벗어나지 않았다. 영화는 처음엔 허구가 아니라 기 록이었다. 그래서 다음과 같은 진술이 가능하게 된다. "우리는 우리 를 보게 되었다."

이제까지 우리가 우리를 보는 방식은 전사가 아니었다. 앞에서 말 했듯이, 영화의 이미지도 전사는 아니다. 그것 역시 왜곡이다. 하지 만 이제까지 있던 것과 같은 왜곡은 아니었다. 미술이나 사진은 어 떤 부분을 포착해서 '표현'한다. 이제까지는 있는 그대로의 '재현' 은 아니었던 셈이다. 그래서 우리는 늘 이미지들로부터 의미를 취 했으며, 작가가 남긴 주관성을 찾았다. 즉 작가가 포착한 이유, 작 가가 포착한 세계에 대해 해석함으로써 의미를 발견했다. 그런데 영화의 이미지는 그러한 해석이 필요하지 않았다. 그것은 관객들에 게 있는 그대로의 모습이었다. 우리는 어떤 이미지를 볼 때 해석을 가할 필요가 없는 실재의 재현을 처음으로 경험하게 된 것이다. 이 것을 다른 말로 하면, 우리가 우리를 기록할 수 있게 되었다는 말이 고, 우리를 관찰할 수 있게 되었다는 말이다.

물론 사진에 대해서도 마찬가지로 이야기할 수 있다. 그러나 여기 서 다시 한번 문제를 짚어보자. 사진은 시간을 정착시킨다. 그것은 고정된 시간에 머물러 있을 뿐이다. 사진은 결코 시간을 현시하지 않는다. 그것을 바라보는 우리가 그것에 시간을 부여할 뿐이다. 사진의 경우, 이처럼 흐르는 시간은 바라보는 이의 것이다. 따라서 우리는 영화의 출현 이전에는 한 번도 도구에 포함된 시간이라는 개념을 만난 적이 없다고 해야 옳다.

영화는 '우리와 함께 흐르는 시간'을 보여주었다. 즉 시간은 우리의 것만이 아니라, 영화 자신의 것이기도 하다. 이러한 이유에서 영화의 기록성이 의미를 지니게 되는 것이다. 리얼리티(reality)의 개념은 이때부터 변화를 겪게 된다. 이제까지 사진이나 미술의 표현으로부터 끌어낸 실재의 관념은 영화의 출현과 더불어 다른 것으로 변화한다. 비록 하루아침에 이루어진 것은 아니지만, 영화의 출현은 분명 미학의 지형을 바꾸어놓은 중요한 요인이 되었다. 물론, 다른 것들과 비교해 영화가 우위에 있다고 말하려는 것은 결코 아니다. 나는 그저 미학적 사실들을 두고 말하는 것일 뿐이며, 영화의 한 기능을 지적하는 것일 뿐이다. 영화 홀로 모든 미학적 사고를 바꾸어놓은 것은 아니다. 그러한 필요는 이미 영화가 출현하기 이전부터 제기되었으며, 영화는 다만 그것을 구체화해서 실현한 도구였을 뿐이다.

그래서 우리는 이 존재와 대상 간의 만남에 관해서 이야기할 필요가 있다. 왜냐하면 존재는 이 만남을 통해서 자신의 역할을 찾아가기 때문이다. 물론 우리는 그 의미들을 이미 알고 있다. 하지만 우리가 새롭게 알아야 할 것은, 이 역할의 발견은 여러 단계를 통해 서서히 이루어진다는 점이다. 제시와 만남이 되풀이되면서 '영화'는 자신에게서 새로운 가능성을 발견해나가기 시작한다. 이제까지 존재가 스스로 내부의 것들을 통해서 자신을 알아갔다면, 이제는 대상에게 투영된 자기를 통해서 새로운 '자기'를 발견해나가는 단계로 옮아가는 것이다. '영화'는 그저 신기한 발명품으로 얼마 동안 자신의 역할을 다하고 슬그머니 사라지지 않았다. 계속해서 자신을 발전시켜 나갈 수 있었던 데는, 이러한 만남을 통해 서서히 밝혀진 가능성도 큰 몫을 했을 것이다. 우리는 실제로 이 시기에 주목할 만한 발견들, 당시로서는 대단한 것이 아니었겠지만, '영화'를 설명하고 그 개념을 발전시키는 데 아주 중요한 역할을 하는 발견을 만나게 된다.

'영화'는 자신이 지닌 폭발력—관객들로부터 놀라운 반응을 이끌어내는—을 알아차리면서 다음 단계로 이행한다. '영화'의 가능성에 고무된 루이 뤼미에르와 수많은 개척자는 이제 세계 곳곳을 돌며 관객들에게 보여줄 만한 것들을 찾아다녔다. 일본, 중국, 이집트에 이르기까지 모든 이국적인 풍경들, 이제까지 다가가기 힘들었던 광경들이 카메라에 담겨 사람들의 눈앞으로 날라졌다.

이런 과정에서 아주 새로운 문제가 발생한다. 이 새로운 문제는 오늘날 영화가 제기하는 문제들과는 조금 다른 위상에서 언급해야 하지만, 근본적으로는 같은 지점에서 출발한다. 왜냐하면 '영화'가 이러한

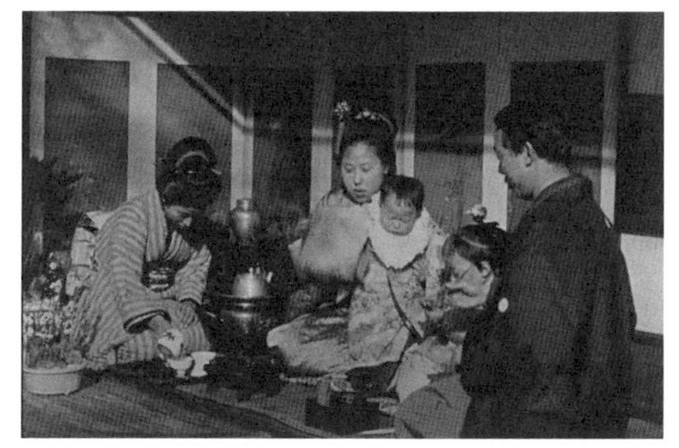

뤼미에르 형제는 자신들이 직접 외국을 여행하며 기록 필름을 찍거나 다른 사람들을 고용해서 세계 곳곳을 다니며 구체적인 풍광을 영상에 담아오도록 했다. 이 사진은 일본의 풍물을 기록한 필름 중 하나로, 당시 영화는 이런 외국의 풍물을 보여주는 것만으로도 상당한 인기를 끌었다. 이는 이제까지 눈으로 볼 수 없던 미지의 세계를 직접 볼 수 있는 기회였기 때문이다.

작업을 수행하면서 발견해낸 가능성 안에서 자라난 것이 바로 오늘날의 영화들이기 때문이다. 그래서 나는 특별히 이 '특파원 영화들'에[25] 대해서 언급하고자 한다. 이 영화들은 단지 기록/저장의 기능을 지닌 '영화'를 제시하는 데 머무르는 것이 아니라, 앞으로 진행될 다음 단계의 제시로 이어질 가능성을 열어주고 있기 때문이다.

제시는 자신을 던지는 것이다. 이 '던짐'이 자신을 숨기고 모호하게 하고 추상화시키는 것이 아닌 이상, 그것은 어쨌든 자신을 구체화하는 작업이라고 말할 수 있을 것이다(이를 우리는 '존재의 물화 物化'라 말할 수 있다). 존재가 대상에게 자신을 알리기 위해서 하는 작업은 곧 자신을 세상 안에서 구체화하는 작업이기 때문이다. 존재는 비록 자신의 전부를 한꺼번에 다 제시하지는 못하지만, 가능한 한 자신의 '존재'를 알리기 위해서 어떻든 구체화의 길을 걸어야만 하는 운명을 지니고 있다.

존재가 자신의 존재가치를 실현하기 위해서는, 다시 말해 세상에서

---

25)이것은 공식적인 용어가 아니다. 이 시기에 외국을 기록한 필름들에 대해서 글쓴이가 편의상 붙인 이름일 뿐이다. 실제로 뤼미에르 형제는 외국까지 직접 가는 경우도 있었지만, 많은 경우에는 다른 사람들에게 부탁해 기록 필름을 찍어오도록 했다.

자기 '존재성'을 확보하기 위해서는 자신을 구체적으로 확실하게 제시해야 한다. 이는 상당히 흥미로운 사실이다. '영화' 또한 하나의 던져진 존재(발명된 존재)로서, 자신의 가치를 실현하는 과정에서 가장 처음 발견한 기능이 바로 '구체화'이기 때문이다. 이제까지 상상을 통해서만, 그림엽서를 통해서만 접근할 수 있었던 세계를 이미지로 명확하게 보여주는 것, 그것이 곧 구체화가 아닌가? 그 이미지가 눈앞에서 구체적인 '현실'로 되살아나고 있다고 상상해보라. 오늘날의 영화가 전혀 존재하지 않는 세계를 눈앞에서 만들어내고 창출함으로써 얻게 되는 '상상의 구체화'도, 결국 그 기원을 캐고 들어가면 이러한 초창기 '영화'가 진전시킨 구체화로부터 비롯되고 있음을 알 수 있다.

이제 우리는 예술이 추상을 통해서 자신의 가능성을 획득한다는 것을 알고 있다. 예술은 현상/현실의 구체성을 파괴하고 의미가 첨가된 추상적 존재로 그것들을 재구성해나가기 때문이다. 하지만 우리는 그 추상이 이루어지기 위해서, 아니 그 추상을 넘어서서 예술이 가야 하는 길이 있다는 것을 알아야 한다. 추상되는 것, 즉 추상으로서의 예술품이 결국 우리에게 제시하고자 하는 것은 '파악된 현실(의미화된 현실)'이다. 그래서 예술 안에는 언제나 그 추상을 통해서 드러나는 구체의 모습들이 담겨 있다.

달리 말하자면, 예술은 오히려 추상 덩어리인 의미/개념에 실체를 제공하고 현상의 옷을 입힘으로써 구체적으로 드러나도록 해주는 작업이다. 왜냐하면 추상은 구체화되지 않고서는 자신을 내보일 수 없으며, 그런 과정을 거치지 않고서는 되살아날 수 없기 때문이다. 머릿속의 구성으로 머물러 있을 때, 상상의 단계에서 머물러 있을 때, 정신의 단계에서 그칠 때, 그것은 생각일 뿐 예술이 아니다. 예술은 드러나는 것이며, 표현되어야만 하는 그 무엇이다. 그래서 나는 이 구체화야말로 예술의 가장 중요한 부분이라고 말한다. 의미의 단계에서 머무는 것이라면, 추상의 단계에서 머무는 것이라면 그것은 언제나 모호한 기체처럼 세상을 겉돌 뿐이다. 이것은 한데 모여야만 하며, 구체적으로 드러나야만 한다. 예술은 바로, 이 추상을 서로 다른 형태로 다양하게 드러내는 방법이기 때문에 표현이 되고, 창조가 된다.[26]

'영화'는 이 '구체화의 기능'을 가지게 됨으로써(정확히 말해서, 구체화의 개념을 가지게 됨으로써) 자신을 이제 더 이상 신기한 발명품이 아닌 전혀 다른 단계로 이끌어줄 위대한 발견을 하게 된다. 정신적 이미지에 옷을 입히고, 상상적 이미지에 육체를 제공하고, 보이지 않는 것에 보임을 제공하는 능력, 즉 추상으로만 떠도는 것들에 구체성을 입히는 능력을 얻게 되었다.

정신은 육체를 통해서 나타나고, 육체는 정신에 물질적인 삶을 제공한다. 우리는 추상과 구체가 결코 반대라고 생각할 수 없다. 그것은 정신과 육체가 반대일 수 없는 것과 같다. 이해를 위해서 그 둘을 갈라놓

---

26)참고로 말하면, 예술가들만이 예술성을 지니고 있지는 않다. 그들은 예술로 생각들을 뽑아내는 자신만의 표현능력, 한때는 기술이라고 불리던 것을 지닌 이들일 뿐이다. 그러한 단계로 나아가기 이전 상태의 생각들은 어느 누구나 할 수 있는 종류의 것이다. 다만 발화하는 순간, 그 발화의 상태가 다른 이들과 구별될 뿐이다. 물론 이것은 예술가들이 지닌 놀라운 능력이기는 하지만, 그것이 그들을 다른 이들과 구별되는 특별한 존재임을 보장하는 수준은 아니다. 그렇다고 예술에 대해서, 그 생각들을 실체화시키는 힘에 대해서 폄하해서는 결코 안 될 것이다. 그러나 예술이 외부를 향해 자신의 그러한 가치를 '존재'의 차원에서 주장하게 될 때 그것은 권력이 된다. 그것은 자신을 구별해달라고, '존재'로서의 특별함을 인정해달라고 주장하는 것에 지나지 않기 때문이다. 예술가가 조심스럽지 못할 때 어느 순간 계급적 자의식에 휘말려버리는 것은 이 때문이다.

고 생각한다고 해도, 언젠가는 반드시 그것들을 다시 하나의 틈에 끼워놓고 말해야 한다.

'영화'가 현실을 우리 눈앞으로 끌어들인다는 것, 그리고 나아가, 모호하고 추상적인 이미지에 불과한 다른 세계를 현실 안으로 끌어들인다는 것은 아주 중요한 의미를 지닌다. 유령이 육체를 입고 나타나는 것처럼, 이 '볼 수 없던 이미지들'은 이제 보이는 옷을 입고 우리 앞에 등장한다. 그것은 (사진처럼) 정지한 현상, 즉 현상의 정지된 단면이 아니라 진짜 현상으로 살아난다. 물론 우리는 오늘날, 이 영화가 그 단계보다는 훨씬 더―단계로 말하자면, 이제 겨우 한 꺼풀 벗겨낸 것에 불과하지만―진보했다는 것을 알고 있다. '영화'가 미지의 세계에 이미지라는 옷을 입혀서 우리 앞에 드러내 보인다. 그것은 우리의 시선에서는 일상적인 현상과 똑같은 명백한 현상이며, 명백한 물질이다. 그러나 이것은 만져지지 않는 '현실'이며 현상이다. 그런 점에서 완전히 새로운 종류의 물질이 우리 앞에 등장한 것이라고 보아야 하지 않겠는가? 물질성을 지니기는 하지만 일상적 차원에는 존재하지 않는 이상한 물질화. 우리는 뒤에서 이 문제를 심도 있게 다룰 것이다.

이집트 나일강의 모습이 정지된 사진이나 풍경화가 아니라 눈앞의 현실로 다가올 때, '영화'가 가진 능력은 이미 대단한 것이 되어 있었다. 우리가 말했듯이, 그것은 구체화된 것이고 물질화된 것이기 때문이다. 그런데 이것이 의미를 지니고 있었을까? 그것은 분명 풍경화나 풍경 사진과는 다르지만, 여전히 단순한 풍경화가 우리에게 제공하는 것처럼 멈추어 있는 정경의 정서에 머물러 있다. 물론 그것이 '현실'인가 아닌가는 중요한 문제이다. 지금까지 이야기한 '영화'와 다른 재현 방법들의 차이는 결국 이것으로 통하기 때문이다. 하지만 의미 없는 정경의 측면에서 보자면, 어떤 점에서 그것은 사진이 하는 역할이나 회화가 우리에게 제공하는 것(정경에 대한 해석, 정서적 환기 등)에 비해서 아직은 훨씬 덜 여물었다. 단순한 기념사진이나 우편엽서 이상이 아니기 때문이다.

친구가 낯선 타지에 가서 우리에게 엽서를 보낸다. 친구가 끄적거린 글을 제외하면, 거기에는 외지의 그림이나 사진이 있을 뿐이다. 그것이 지시하는 내용이라고는 고작 '나는 여기를 지나왔다', '나는 여기에 있다', '여기는 이렇게 생겼다' 정도일 것이다. 정경이란 그렇다. 단지 제시된 언표이며, 언표임에도 단순함 이상의 아무런 의미도 지니고 있지 않다. 우리가 만약 그 정경에 대해 새로운 내용을 구성한다면, 그것은 전적으로 친구가 써놓은 뒷면의 언어들 때문이다. 물론 언어가 없거나 언어가 작용하기 이전에도 정경이 정서를 전달할 수 있다. 그러나 그때는 우리 내면의 기억이나 지식이 작용한 결과이지, 결코 그 정경 자체가 정서를 제공하는 것은 아니다.[27]

물론 '영화'가 엽서의 단계보다야 훨씬 더 많은 정보(그 정경 자체에 대한)를 제공한다. 하지만 거기에는 여전히 이제껏 보지 못했던 것의 구체화만이 존재할 뿐, 조금 전에 설명했던 의미의 구체화(추상을 통해서 드러나는)까지 나타났다고는 볼 수 없다. 바로 이러한 이유로 '영

---

27) 우편엽서의 경우 우리는 인쇄된 것을 사는 일이 대부분이지만, 기술의 발달 덕분에 자신의 모습을 집어넣은 즉석 우편엽서도 가능하게 되었다. 그런 엽서를 구하기 어렵다면 서툴게 자신의 모습을 직접 붙여넣을 수도 있을 테고. 이렇듯 우리는 가끔씩 이 언표들이 그림 안에서 작용을 하게끔 우리의 모습을 정경과 함께 집어넣는다. 이것이 영화가 하는 작업과 같다면 틀린 말일까?

화'는 초기에 '새로운 형태의 예술'이라는 이름을 부여받았음에도 사실상 예술과는 전혀 관계가 없는 것으로 종종 무시당했다. 하지만 별 주목할 것 없는 단순한 발견 속에 새로운 내용이 지나가는 법이다. '영화'가 관객뿐만 아니라 현상들을 대상으로 삼을 수 있게 되는 미묘한 순간이 지나가고 있는 것이다.

앞서 나일강 이야기를 했지만, '영화'가 나일강을 찍어내고자 했을 때 흥미롭게도 정지된 정경으로서의 나일강이 아닌, 현상으로서의 나일강을 담아내고자 했다는 사실에 주목해야 한다. '영화'는 나일강의 길이와 그 물살의 유유함을 보여주고자 했다. 이제까지 모든 대상 앞에서 정지되어 있던 카메라는 배 위에 올라가 나일강을 따라 서서히 '함께' 흘러 내려갔다. 카메라가 움직일 수 있다는 사실을 발견한 것도 새로운 내용이지만, 여기에는 그보다 훨씬 중요한 의미가 담겨 있다. 바로 '영화'가 정지화면(프레임의 고정)의 상태를 벗어났다는 점이다. 그렇게 함으로써 카메라는 나일강의 정경을 구체적으로 보여주기에 이른다. 보는 이들에게 '나일강'의 어떤 속성을 체험시킨 셈인데, 화면을 흘러가게 함으로써 현상이 지닌 가장 중요한 특징인 시간의 경험으로 이끌었다. 그러나 여기서 내가 주목하는 것은 단순히 시간의 흐름을 겸비한 현상의 실현/구체화가 아니다. 그보다 중요한 것은 나일강이 어느 순간 파악해야 하는 대상으로 전환되었다는 사실이다. 카메라가 움직임으로써 어떻게 되었는지 생각해보라. 강물의 흐름과 모양, 즉 나일강의 속성이 드러난다. 어느새 영화 이미지는 자신도 모르는 사이에 나일강을 하나의 대상으로 놓고 속성을 부여했던 것이다. 그에 따라 나일강은 '영화'의 시선이 바라보는 대상이 되었다.

결국 우리는 그러한 카메라의 움직임을 통해서 이루어진 일시적이고 단순한 구체화가 결과적으로 다음과 같은 두 가지 암시를 던지고 있다는 것을 알아야 한다. 하나는 대상의 속성—결국에 그것은 의미이다—을 쫓아가는 구체화가 '영화'의 목표가 될 것이라는 점이고, 다른 하나는 그렇게 됨으로써 '영화'가 이 '세계'를 새로운 대상으로 취하게 될 것이라는 점이다. 이런 과정을 거치면서 '영화'는 처음에는 전혀 알지 못했던 '대상을 다루는 방법'을 알게 된다.

조작된 상황을 보여주는 '영화'

존재가 대상에 대해 처음으로 취하는 행위가 곧 자신의 제시이다. 존재는 이 제시 자체를 반복함으로써 대상에 다가가는 법과 대상을 바라보는 법, 그리고 대상과 소통하는 법을 배운다. 그래서 이 제시는 하나의 단계에서 다음 단계로 점진적으로 이어진다. 비록 초기 영화들에 대해서 우리가 이야기할 수 있는 것들이 고작 트릭, 마술 쇼, 코미디, 조악한 특수 효과들뿐이라 할지라도, 그들을 통해 우리는 '영화'가 아주 중요한 단계로 이행하는 과정을 지켜볼 수 있다. 왜냐하면 '영화'는 이제 새로운 대상들, 즉 의식되어야 할 내용으로서의 대상들을 발견했기 때문이다. 우리가 앞에서 말한 구체화라는 것을 통해서 '영화'는 자신을 구체화하는 법을 하나하나 발견해나가다가 마침내 완전히 새로운 방법을 찾아낸 것이다. 자신 앞의 현상들을 대상으로 다루는 방법들 말이다.

‘영화’를 본다. → 조작된 상황을 본다.

‘영화’를 본다는 것은 완전히 새로운 내용을 뜻한다. 그것은 ‘영화’ 자체를 보는 것이 아니라, 그 ‘영화’ 안에서 내용을 보는 것이기 때문이다. 우리가 나일강의 정경을 볼 때 그것은 ‘영화’ 자체를 보는 것이 아니라, 나일강의 모습, 길이, 유유함 등을 함께 보게 된 것이 아닌가?

나는 일상의 재현이 관객들 쪽에서 이야기를 형성하게 만들었다고 말했다. 관객들은 의도한 바와 전혀 다른 반응을 보여준 것이다. ‘영화’의 개척자들은 비록 이 사실이 얼마나 중요한 것인지는 깨닫지 못했지만, 그 놀라운 현상들만큼은 주목했다. 이 신기한 도구 ‘영화’는 반응을 끌어낼 줄 안다!

나일강은, 그러나 그냥 스쳐 가버렸다. 나일강을 대상으로 다루고자 하는 시도가 카메라의 운용법을 의식한 명확한 선택이라기보다는 우연에 의한 것이었듯 이러한 시도들은 죄다 특별하게 주목받지 못했다. 비록 분명하게 카메라에 대한 작동법을 깨닫지는 못했지만 이러한 이미지들은 아주 서서히 쌓여갔을 것이다. 자연스럽게, 그러니까 카메라의 운용법에 대한 특별한 자각 없이 그저 움직임 속에서 말이다. 뤼미에르 형제의 후기 필름에는 나일강의 예와 비슷한 이미지가 있었는데, 그 역시 기차였다. 하지만 이번에는 플랫폼으로 들어오는 가치가 아니라, 플랫폼에서 떠나는 기차였고, 기차 위에서 플랫폼을 바라보게 했다. 의미론적으로 본다면, 이러한 우연한 시도들은 아무튼 카메라의 움직임과 그에 따른 카메라에 포착된 현상들의 대상화라는 두 가지 측면에서 새로운 전기였지만 그에 대한 명확한 의식이 없었기에 아직

'내용'을 다루는 방법으로서는 활용되지 않았다.

우리가 오늘날 초기 영화를 말하면서 단막 소극笑劇을 떠올릴 때, 거기에는 그 두 가지 방향의 중요한 변화들이 내포되어 있다. 물론 대부분의 소극은 정지된 카메라 시점에서 촬영되었다. 아직도 '영화'는 움직임을 이용할 줄 몰랐기 때문이다. 나일강의 예에서 알 수 있듯이, 그 움직임이란 오히려 카메라가 대상을 다르게 보는 하나의 기술로서 적용된 것이 아니다. 그것은 단순히 두 번째 내용, 즉 현상들의 대상화라는 방향에서 시작된 것이었다. 탈것 즉, 배 위에 올랐기에 강의 속성이 부여된, 우연히 탄생한 이미지였다. 감독이자 제작자들인 카메라맨들은 카메라의 움직임이 가져다줄 변화들을 정확히 이해하지는 못하고 있었다.

최초의 순간에 '영화'가 감행한 조작의 단계는 오직 관객을 대상으로 한 것이었다. 왜냐하면 아직 '영화'는 내용을 지니지 않았고, 앞서 언급했듯이 이야기란 '영화'가 아닌 관객의 소유였기 때문이다. 따라서 최소한의 조작이 이루어졌다 할지라도, 그것은 '영화' 자신의 위치에서 이루어진 것이 아니라 관객의 위치에서 이루어진 것이다. 관객들 자신이 가짜가, 그림자가, 이미지가 현실을 대체하도록 했을 뿐이다. 하지만 우리는 이제 아주 놀라운 '영화'의 변화, 자신에게 조작을 가하는 '영화'를 보게 된다. 우리는 여기서 '영화'가 새로운 대상을 취했다는 사실, 내용을 가지기 시작했다는 사실에 주목해야 할 것이다. 사실상 오늘날 '영화'가 가지는 의미들이 바로 이 지점에서 출발하고 있다. 비록 이 단계의 영화들이 조악하고 유치한 수준의 웃음과 놀라움, 신기함 따위를 목적으로 한 조작을 보여주고 있었다고 할지라도 말이다.

처음에는 모든 것이 그렇게 시작한다. 하지만 그렇게 진전되다가 어느 순간 갑자기 대상들을 전과 비교할 수 없는 깊이 있는 시선으로 바라보게 되지 않는가? 대상들로부터 특질과 의미와 속성들을 끌어내면서 개개의 대상 간에 새로운 연관을 끄집어내기에 이르고, 또 그것을 조절하고 재편해서 다시 새로운 연관을 제시한다. 그때 우리는 비로소 예술이 모든 것을 바라보고, 모든 것에 대해서 말하는 위치에 가 있음을 알게 된다.

때문에 '영화'가 이 단계에서 발견한 반응과 세계의 대상화에 대한 가능성은 스스로 새로운 길을 가게 한 아주 중요한 계기였다. '영화'의 개척자들은 최초의 대상이었던 관객들의 반응을 끌어내기 위해서 현상을 조작하기 시작한다. 즉, 현상을 조작의 대상으로 취급한 것이다. 이 조작의 단계가 오늘날의 연출과 같은 역할을 수행한다고 보기는 힘들지만, 얼마나 면밀하고 정확하게 방법을 사용하는가는 여기서 중요하지 않다. 어쨌든 그들은 이 현상을 원래와는 다른 무엇으로 만들었다는 사실, 이점이 시작이니까. 초창기 영화인들은 비록 자신들이 하는 작업이 지닌 놀라운 의미를 알지 못했지만, 이러한 과정을 통해서 오늘날의 '영화'로 이행할 수 있는 단계들을 마련해왔던 것이다.

하지만 우리는 이 조작을 영화가 대상을 다루는 '방법'을 발견한 증거라고 생각해서는 안 된다. 만약 그렇다면 영화는 대상을 재구성하고 재편성할 방법을 가지고 있다는 점에서 이미 예술적 장치가 되어버린 셈이니까 말이다. 이 조작은 아직 그에 이르지는 못한, 단지 관객들이 살고 있는 세상 자체를 대상으로 다룰 수 있게 되었다는 발견이었다.

우리는 초기 상태의 예술에 관해 이야기했다. '영화'에 또 하나의 의

의를 부여할 수 있다면, 그것은 '영화'를 통해서 우리가 표현 도구, 즉, 예술의 탄생과 진전과정을 지켜볼 수 있다는 점이다. 예술과는 전혀 상관없이 시작해서 서서히 자신 안에서 예술로서 갖추어야 하는 것들을 발견하고 점차 예술이 되어가는 것, 우리는 이러한 과정을 본 적이 없다. 모든 것은 '우리 이전'에 이미 주어졌고, 우리가 주목하기 전에도 존재했다. 하지만 영화는 다르다. 영화는 '우리 이후'에 나타났다.[28] 그러므로 이 과정은 한편으로는 인간에게 있어 재현과 표현의 고리들, 나아가 예술적 의식의 적용과정을 밝혀주는 아주 중요한 전거들을 제시할 수 있다. 설령, 이 '영화'가 제공하는 제시의 두 번째 단계, 즉 조작된 상황을 보여주는 것 자체가 예술로서의 '영화'를 말해주지는 않더라도 이 지점에서 '영화'의 새로운 가능성이 불거졌음은 물론이다. 그때까지 '영화'는 세상에 있는 것들을 완벽하게 있는 그대로만 담으려고 해 오지 않았는가? 예술이 대상에 변조를 가하고 그것을 가지고 고도로 조직화하는 기술이라면, '영화'는 이제 막 첫걸음을 뗀 셈이다. 이렇듯 대상에 조작을 가하는 것이란 이제까지의 '영화'에는 없었던 작업이다. 여기서 우리가 다음 단계를 말하기 위해서는 이때의 조작이 얼마나 평범하고 단순했는지를 알고 있어야 한다. '영화'가 근대 이후

---

28) 모든 것은 언제나 '우리 이후'이다. 여기에서 '이전'과 '이후'란 예술의 성립 여부를 20세기 조건에서 보았을 때의 표현에 지나지 않는다. 전통적 예술의 의미와 가치는 그 시대 우리 '이전'에 이미 존재했다. 나아가, 우리는 과정은 추적해볼 수 있지만 실제로 하나의 의사표현의 장치에서 의미있는 예술적 표현의 장치로 전환되는 과정을 엿보지 못한다. 반면, '영화'는 완벽하게 '표현'과는 반대편에서 시작했으되, 지금 우리가 보는 장치가 되었다. 이 과정에서 우리는 어떻게 예술이 되어갔는가를 엿보게 된다. 그래, '영화'는 문학이, 회화가, 조각이, 건축이, 몸(무용)… 이들이 어떻게 예술이 되어갔는가를 짐작하게 해주는 장치이기도 하다.

에 나타난 장치이기에 인간의 삶의 발전 속도에 편승해서 짐작보다 빠르게 변화했지만, 여타 예술 장치들에 있어서 이 과정은 아마도 엄청난 기간의 문제였을 것이기 때문이다. 즉, 단순한 조작에 대해 알게 되고, 한참 지나서야 그 조작이 지닌 새로운 가능성을 깨닫게 된다. 실제로 영화들에게는 불과 2-3년 안쪽에서 벌어질 변화지만 말이다.

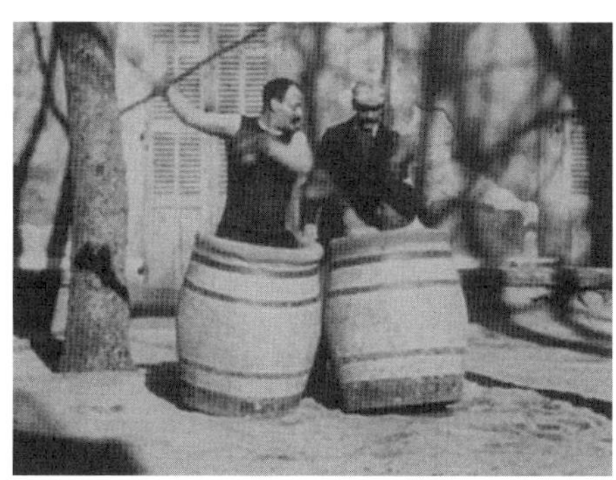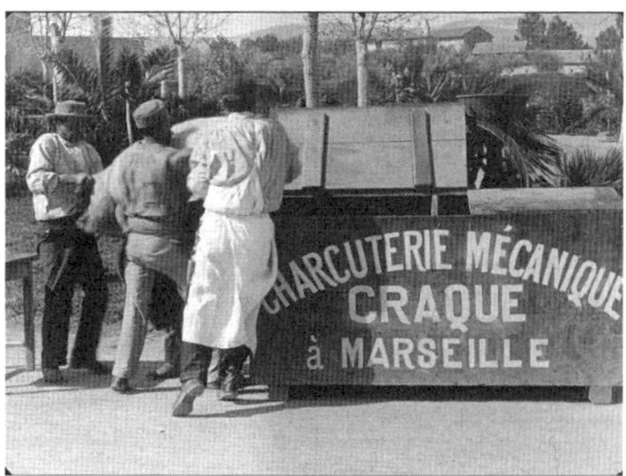

이렇게 볼 때 이제 이 단계에서 '영화'가 지니는 한계는 명백해진다. 우리는 이 단계에서 '영화'가 예술이 될 가능성을 말하지만, 그것은 아직 예술이 아니다. '영화' 자신이 발견한 재현의 새로운 차원을 전개하고 있는 것에 불과하다. 예술의 편에서 보면 조악하고 단순하기 그지없는 단 1분짜리 웃음, 유혹 따위 말이다.

1. 뚱뚱이와 홀쭉이가 작은 나무 원통 안에서 권투를 한다. 빠르게 주먹을 주고받다 급기야 서로 엉켜서 넘어지고 만다.
2. 돼지가 자동 소시지 제조기라고 쓰인 상자 안에 들어간다. 그 기계를 작동하는 사람이 몇 명 서 있고 돼지가 들어감과 동시에 그들은 한쪽 문을 위로 쳐든다. 그러고는

그 안에서 이미 빠르게 분해된 돼지고기 덩어리를 꺼낸다. 고기가 나오고, 창자가 이미 순대처럼 묶여서 나오고, 햄이 만들어져 나온다. 돼지로부터 인간이 취하고자 하는 것들이 줄줄이 이어져 나온 뒤 마지막에는 오줌보가 나오는 것으로 끝이 난다. 이것은 자동 소시지 제조기이다.

여기에서 상상력의 구체화와 대상에 대한 조작이 지속적으로 펼쳐지지는 않는다. 아직 '영화'가 조작의 방법들을 모르고 있었기 때문에, 이는 당연했다. 이런 상황에서 카메라는 고정될 수밖에 없다. 왜냐하면 대상들을 면밀하게 간파하고, 그것의 속성들을 통해서 내용을 만드는 단계가 아니기 때문이다. 모든 것은 한순간에 대상들의 움직임을 통해서 재빠르게 펼쳐진다.

상황은 언제나 단순했다. 이 조작이란 복잡한 의미들을 분해하고 재구성하는 것이 아니라, 애초부터 정해진 채로 던져지는 것이기 때문이다. 상황의 현실적인 지속이란 것 자체가 없었던 탓에, 거기에는 그러한 상황이 빚어져야 하는 이유도 당위도 없었다. 모든 것은 전제되어 있는 것이며, 단지 상황일 뿐이다. 그래서 아직까지는 그저 '제시'일 뿐이라고 말한 것이다. 그런 까닭에 여기서 눈에 보이는 움직임은 아무것도 아니다. 비록 현상의 조작이 웃음을 겨냥하고는 있지만, 움직임에 의해서 웃음이 발생하는 것은 아니다. 웃음은 상황에서 나오고 있기 때문이다. 그러므로 여기서 진정한 '영화'에서의 움직임을 말하기에는 다소 문제가 있다. 움직임으로써 새로운 상황이 발생하고 새로운 의미가 추가되고 있는 것이 아니기 때문이다(슬랩스틱 코미디는 언제나 상황과 함께 움직임을 통해 의미를 만들어냈다. 그래서 그것은 단순한 조작의 단계가 아니다). 이 단계에서 '영화'는 거기까지 나아가지 못했다. 다만 그 가능성만을 비춰주고 있을 뿐이다.

그러나 분명히 달라진 하나의 상황이 있다. 그것을 재현의 대상으로 취한다는 말은, 이제 '영화'가 제시라는 측면에서 새로운 단계로 들어섰음을 의미한다. 그는, 단순히 자기 능력을 과시하는 것이 아니라, 내용을 대상으로 취함으로써 자신과 외부와의 관계를 찾아 나갈 것이다. 외부(세상)에 대한 자신의 역할을 깨달아가기, 그렇게 미약하나마 '영화'가 서서히 드러나기 시작한다.

편집을 보여주는 '영화'

인간이 어떤 방법을 정확히 알고 있다면 오류는 발생하지 않는다. 우리가 방법을 알게 되는 시점은 언제나 '이후'이다. 새로운 것을 맞닥뜨리는 그때, 우리는 늘 캄캄할 수밖에 없다. 아무런 방법도 알고 있지 않기 때문이다('공포'가 바로 여기서 비롯된다). 그러나 예술가들은 이때 평범함을 넘어선다. 그들도 힘겨워하며 무던히 애를 쓰지만, 결국엔 언제나, 거기에 접근하는 '방법'을 찾아낸다. 이 방법에 따라서 모든 것이 바뀐다. 따라서 모든 방법은 시도이며, 새로운 전환을 내포한다고 말할 수 있다. 그러한 시도가 이루어지지 않는다면, 우리는 결코 대상에 대한 새로운 시각이나 새로운 접근을 감행할 수 없다.

이를테면, 붕대에 묶여 있는 시체에 불과한 미라를 기대감을 가지고 이리저리 들여다본다 한들 달라질 것은 없다. 미라는 여전히 붕대 밑에 갇혀 있는 시간이며, 꽁꽁 묶인 행위이다. 대상들은 바라보임으로 끝나는 것이 아니라, 자신에게서 어떤 방법을 발견해주기를 원한다. 마치 뱀파이어들이 그렇듯, 미라는 갑자기, 우연한 기회에, 그것이 어떤 결과를 몰고 올지 모르는 어느 순간에 어떤 주술적 행위가 이루어짐으로써 깨어난다. 미라는 깨어나고 나서야 발화가 가능하고, 자신을 말할 수 있다. 우리는 그것을 붕대로부터 해방시키지 않고서는 어떤 것인지 알 수 없다. 붕대 밑에 어떤 얼굴이 있으며, 어떤 욕망이 잠자고 있는지를.

그래서 방법이 중요하다. 그저 대상을 막연히 바라보고 있을 때 '영화'는 아무것도 아니다. 오늘날의 '영화'는 '방법'을 가지고 대상을 다룬다. 대상이 그렇게 정확한 방법과 만날 때, 마치 미라가 깨어나듯 새로운 상태로 되살아나며 새로운 존재가 된다(《미라mummy》, 칼 프로인트, 1932).

'영화'가 이전 단계에서 아주 서서히 자신을 알아나갔고 그 진전이 지나치게 더디어 보였음에 비해, 이 제시의 세 번째 단계에서 '영화'는 이제 표현의 세련됨이나 유연함을 제외하고는 모든 것을 깨우치게 된다. 우리가 이 '더디다'라는 표현을 사용할 때 그것은 개념적으로 그렇다는 것이지, 실제 시간의 경과를 일컫는 것은 아니다.

'영화'는 새로운 대상을 취하게 되었지만, 그 대상을 어떻게 바라보아야 할지는 몰랐다. 그러므로 자신이 알고 있는 유일한 방법인 제시와 재현을 통해서만 대상을 보여주었다. 그래서 모든 것은 상황일 뿐이고, 아직 움직임은 정상적이 아니라고 말했던 것이다. 움직임이 없는 것은 아니지만 상황에 귀속될 뿐, 자신의 역할을 알아채지는 못했다. 대상에 대한 전시만이 '영화'의 유일한 방법이었다.

이제 '영화'에게 필요한 것은 대상을 바라보고 다루는 방법이다. 우리는 흔히 바라보는 방법을 카메라와 연결 짓고, 다루는 방법을 몽타주와 연결 짓는다. 틀리지는 않았다. 카메라야말로 '영화'의 중요한 기능 중 하나인 '간파'의 무기이며, 그것을 통해서 모든 현상이 의미를 새롭게 획득한다. 그래서 의미를 할당하는 방법까지 손에 넣게 되면서 카메라는 권력이 된다. 하지만 카메라가 그렇게 되기 전까지 '영화'는 어떠한 권력의 장치도 없었던 것일까?

일반적으로는 사물을 바라보는 방법이 먼저이고, 그것들을 어떻게 다룰지를 결정하는 것이 다음이다. '영화'도 마찬가지이다. 카메라가 세상을 나름대로 바라보면서 그것을 이미지로 날라오면, 그다음에는 편집이 이것들을 '다룬다.' 앞의 언급과는 별개로, 실은 이 과정이야말로 진짜 권력이 자리하고 있는 곳이 아닐까? 모든 것은 행동을 모으는 단계에서 결론이 난다. 편집이 하는 역할이 있다면 바로, 이 행동을 결정짓는 것이고, 그런 점에서 카메라의 권력을 뛰어넘는다. 대상들을 다루는 방식으로서의 편집은 그래서 '영화'에서 가장 중요한 장치일 것이다. 바로 이 장치가 '영화'에게 먼저 주어진다. 이것은 우리가 이야기했던 일반적인 과정에 어긋난다. 언제나 다루기 전에 먼저, 보는 것이 순서가 아닌가? 마치 갓난아기들이 보는 것에서 출발하여, 나중에 의식이 자라나면서 자신의 '봄'을 결정짓듯이 말이다. 그런데 '영화'는 편집이 먼저였다.

하지만 이 상반된 과정은 이상한 것이 아니다. 이미 말했듯이 그는 살아남아야 했고, 그러기 위해서는 관람객들에게 '볼거리'를 제공해야 했다. 처음에는 카메라의 '봄'에 역점을 두는 듯해서 이것저것 찾아다 녔지만, 여기에는 분명한 한계가 있었다. 늘 어떻든 진짜로 있는 것을 담아내는 데 불과했기 때문이다. 그러나 위의 두 번째 단계를 거치면서 대상에 조작을 가할 수 있음을 알게 된다. 그렇다면 어떤 조작일까? 카메라의 시각視角과 움직임을 아직 깨닫지 못한 단계에서는 담아온 것들을 대상 삼아서 무언가 볼거리를 창출하는 일이었을 것이다. 즉, 대상들을 다루는 방법 말이다. 오히려 이제 카메라의 역할은 후반작업에서 겨냥되는, 대상을 다루는 방법에 따라 규정된다. 이것과 저것을 이어야 한다. 그래서 카메라는 이음이 요구하는 대로 대상을 포착해나간 것이다.

따라서 편집은 적어도 이 수준에서 '영화'에게는 모든 것의 실현이다. 실제로 '영화'는 거꾸로, 이 편집을 통해서 '영화'는 카메라의 사용법을 알게 된다.[29] 상황을 있는 그대로 전사하든, 연극처럼 프레임은 정지되어 있고 면밀히 조작된 상황만이 그 프레임 안에서 한꺼번에 펼쳐지든 간에, '영화'는 바로, 이 편집으로 인해 다른 길을 걷게 된다. 대상들은 이제 일상적인 상황이 아니라, 특별한 전달 사항을 스스로 만들어내는 상황들로 분해되는 것이다. 하지만 처음부터 편집이 주도면밀하게 '영화'의 방법들로 자리 잡은 것은 아니다. 앞서 말했듯이, 모든 것은 우연에서 출발했다. 마술사 출신의 조르쥬 멜리에스가 촬영을 하는 도중 기계가 오동작을 일으키는 바람에 발견한 것이 편집이었다.

우연이 필연으로 정착되는 과정은 길다. 멜리에스는 불행히도 필연적인 이유도 알지 못한 채 편집을 사용했다. 물론 그것을 이유로 이 초

---

29) 이는 오늘날도 마찬가지이다. 시나리오 작가가 이야기를 써내고 있을 때, 그는 자신에게 이미 익숙한 '영화'라는 방법에 의존해서 장면들을 분할하고 연결시킨다. 즉, 편집은 어떤 줄거리를 영화적 이야기로 써내는 과정에도 이미 존재한다. 정작 실제로 장면을 만들어내는 감독은 더 말할 나위도 없다.

창기의 편집을 폄하할 수는 없다. 그것은 어떻든 방법이고, 가장 중요한 장치였기 때문이다. 편집이 생기면서 '영화'는 가장 흥분된 전기를 맞이한다. 마치 미라가 우연히 발견된 주문으로 깨어나 흥미진진한 모험이 펼쳐지듯이.

미라에게 주문이란 무엇인가? 그것은 어떤 얼굴들, 새로운 얼굴들로 무수히 쪼개지는 육화가 아닌가? 주문은 미라를 잠/죽음/정체에서 깨어나게 하고, 새로운 표정들을 가지게 만든다. '영화'가 편집을 발견하는 순간도 마찬가지이다. 이 우연히 발견된 방식에 의해서 '영화'는 자신의 대상들에게 이제까지와는 완전히 다른 얼굴들을 부여한다. 대상은 편집에 의해 쪼개지고 분산됨으로써 원래 현상 안에서 지니는 자신의 속성을 변경하게 되는 것이다. 이 편집은 결국 현상에게 새로운 얼굴들과 표정들을 입힌다.

이제 관객들에게 '영화'를 보는 것은 전혀 새로운 내용이다.

영화를 본다.→ 편집에 의해 만들어지고 조작된 연속 이미지를 본다.

어느 날, 이제 막 카메라를 구입한 멜리에스는 거리에 나가 촬영을 한다. 그러다 카메라가 우연히 멈춘 것을 발견한 그는, 다시 카메라를 작동시켜 거리를 계속 촬영했다. 집에 돌아와 필름을 영사하던 그는 아주 놀라운 발견을 하게 되었다. 거리의 마차가 갑자기 영구차로 바뀌어버린 것이다. 이것이 편집의 발견이다. 물론 이 멜리에스의 편집은 앞으로 언급할 그리피스의 편집과는 다르다. 그는 이 편집을 마술 쇼를 위해 사용한다. 편집이 의미를 새롭게 창출하고 부여한다는 것까지는 몰랐던 것이다(그러니까 엄밀히 말해 이는 몽타주로서의 편집이 아닌, 컷팅이다).

하지만 거기에도 의의는 있다. 마술 쇼에는 형상과 형상의 충돌/대체라고 하는 아주 중요한 내용이 담겨 있기 때문이다. 형상과 형상은 충돌 또는 흡수/병치를 통해 의미를 만들어낸다. 그가 카메라의 문제인 오버랩을 편집의 관점에서 접근한 것은 바로 이러한 측면에서 설명할 수 있다. 그는 마차와 영구차의 대체를 시간의 생략이라는 차원이 아니라, 형상의 측면에서 이해했던 것이다.

애초 마술이 그 수준에서 작동하지 않는가? 마술은 이러한 형상 간의 문제이며, 공간의 문제이다. 마술은 상황을 좀 더 복잡하게 포개놓으며, 좀 더 흐려놓는 방법이다. 멜리에스가 마술사로서 편집을 발견했을 때, 이 방법을 공간적 장치로 이해한 것은 당연한 일이었다. 따라서 이것은 이야기를 진술하는, 즉 대상들을 통해서 서사를 구성하는 방식이 아니라, 그저 신기한 효과였을 뿐이다.

하지만 적어도 조작의 측면에서 볼 때, 이 편집은 '영화'가 대상을 다루는 방법을 깨닫게 되는 아주 중요한 전기가 된다. 왜냐하면 편집이 등장함으로써 일상은 이제까지와는 다른 방식으로 조작될 수 있게 되었기 때문이다. 상황 전체가 한 프레임 안에서 조작되는 것이 아니라, 부분들로 나뉘고 연속적으로 구성된다. 이것은 생각보다 중요한 내용이다. 왜냐하면 여기에는 관객들의 참여가 조심스럽게 이루어지고 있기 때문이다. 관객들은 '영화'가 제공하는 상황의 절개와 이음을 자연스럽게 받아들였다. 그들은 '사이'를 이을 줄 알았으며, 추상할 줄 알았다. 멜리에스가 애초에 의도한 바는 아니지만, 그의 조악한 편집 안에서도 이미 절개된 이야기들이 나타나고 있었던 것이다. 물론 당시로서는 아무도 그 중요성을 인식하지 못했다. 그러나 이 일상의 조작이란 실제의 시공간이 생략되어 다른 시공간과 결합됨으로써 얻어지는 것이기에, 이 생략은 영화가 이야기를 구사하는 데 가장 중요한 방법—자기 편에서는—이었다.

이것은 또한 연출의 의미를 바꾸어 놓았다. 단일한 상황을 조작하는 연출에서 이제 그 상황 자체의 의미를 조작하는 연출, 의미를 편집하는 연출이 이루어지기 시작한 것이다. 편집(절개와 이음)이 목적으로 삼는 것은 결국 의미가 아닌가? 그것에 의해서 연출은 생산작업이 되고, 행위가 된다. 우리가 간과하고 있는 것은 편집이 출현함으로써 연출이 단순한 상황을 조작하는 기술에서 오늘날의 역할로 변화되었다는 사실이다. 연출은 주어진 상황을 찍어가는 것이 아니라, 상황을 만들어내고 그것을 통해서 의미를 만들어내는 행위이다.

이제까지 조작이 어떻게 이루어져 왔는지 돌이켜보자. 그것은 우리가 여러 차례 언급했듯이 단순한 연출, 그저 있을 수 없는 상황에 대한 단순한 묘사였다. 여기에 편집이 나타나면서 변화가 일어난다. 편집을 계기로 '영화'는 주어진 상황을 기록하는 도구에서 어떤 상황을 만들어내는 생산자로 탈바꿈할 수 있었다. 이전의 연출은 철저하게 '영화' 외부의 것이었다. 왜냐하면 연출은 '영화'를 대상으로 이루어진 것이 아니었기 때문이다. 하지만 편집은 '영화' 내부의 것이다. 그것은 상황을 '영화' 안으로 끌어들여 그 안에서 조작되도록 만든다. 이것은 상당히 중요한 진전이 아닐 수 없다.

내부의 방법을 터득함으로써, 즉 대상을 이제 자신의 편에서 다루게 됨으로써 표현의 문제가 발생한다. 절개와 이음이란 대상을 쪼개는 방법이다. 그래서 나는 이 단계에 이르러서야 비로소 '영화'가 진정한 의식의 단계로 나아가게 되었다고 말한다. 의식의 진정한 역할은 대상의 이미지를 쪼개고 분할해서 대상의 특성과 가치를 뽑아내고 수용하는 것에서 그치는 것이 아니라, 이렇게 수용된 지각으로부터 새로운 내용과 새로운 의미를 창출하는 데 있다. 마찬가지로 편집 역시 단순히 이미지를 수용함으로써 이루어지는 쪼갬과 분할과는 다른 결과를 뽑아내는 장치이다. 이와 같은 관점에서 이해할 때 우리는 비로소 편집이 '영화'가 지닌 가장 중요한 미적 장치라는 것을 알 수 있다. 그것은 전체 과정을 담당하는 장치이기 때문이다.

'영화'는 이제 상황으로부터 의미를 끌어내는 수단을 손에 넣게 되었다. 물론 이 수단이 자신의 진정한 역할을 깨닫게 되기에는 아직도 시간이 필요하다. 하지만, 그렇다고 해도 이 조악한 순간에 깃들어 있는 편집의 의의가 사라지는 것은 아니다. 이를 통해서 '영화'는 비로소 대상을 다루는 여러 가지 다양한 방법을 터득하게 되었기 때문이다.

이야기를 보여주는 '영화'

　우리는 이 단계를 무시할 수도 있다. 좀 더 거시적인 안목에서 보면 이것은 편집의 발견과 영화적 이야기의 창출이라는 단계 사이에 있는 과도기이기 때문이다. 하지만 우리가 구분하는 각 단계는 '영화'가 오늘날까지 걸어온 도구로서의 진전과정을 살펴보기 위한 것이며, 그 점에서 두 단계 사이에 미묘하게 위치한 이 중립적 단계는 나름대로 중요한 의의를 지닌다. 왜냐하면 이 단계는 '영화'의 개념적인 변화를 함축하고 있는 과정이기 때문이다. 그런 면에서 우리는 이러한 구분들이 시간적인 편차와 전혀 무관한 것은 아니지만, 그렇다고 오직 시간적인 관점에서 접근할 문제만은 아님을 명심해야 한다. 그것은 시간적인 편차의 문제라기보다는, 각 단계를 거치면서 나타나는 개념의 차이들의 문제이다.

　'영화'는 하나의 발명품이다. 따라서 최초의 순간에 발명품이 할 수 있는 일은 '자신'을 보여주는 것뿐이다. 그러나 그렇게 자신을 내보이는 순간 새로운 사건이 발생하는데, 다름 아닌 그 제시를 바라보는 관객들의 반응이다. 이 반응은 '영화'에 최초의 역할을 부여했다. 그것은 바로 조작이었으며, 이를 통해 '영화'는 단순한 복제로서의 재현을 넘어서게 된다. 물론, 아직 조작하는 대상으로부터 의미를 끌어내는 데까지 이르지는 못했다. 단순한 왜곡 자체가 유일한 목적이었으니까 말이다. 그러나 이 과정이 거듭되는 가운데 우연히 조작하는 대상의 속성을 파악하게 되었고, 그와 비슷한 시기에 놀랍게도 편집이라는 조작 기술이 나타나게 된다. 그때부터 조작은 연출로 전환되고, 현실은 새로운 질료가 되었던 것이다. 성급하게 말한다면 '영화'는 이제 세상을 재현하지 않는다. 그것은 세상을 만들어간다. 뒤에서 다시 논의하겠지만, 이것이야말로 진정한 '방법'으로서의 재현이다.

초기 단계에서 '영화'는 현실을 그대로 채록했다. 상황을 조작했건 아니건 거기에는 현실이 오롯이 담겨 있었다. 그러나 편집은 현실을 조각내고, 그 현실에 극이 원하는 시간을 투입하며, 극이 원하는 의미를 투영한다. 우리는 편집된 것들을 보면서 현실이라고 철석같이 믿지만, 그것은 우리가 편집이라는 방법을 자연스럽게 받아들이기 때문이다. A 다음에 B는 사라지고(생략되고), C가 나타난다. 결국 A에서 C로 이어지는 이야기가 구성된다. '영화'는 어느새 현실의 부분을 덜어내고 이야기를 재현하고 있었던 것이다!

진짜 이야기는 그렇게 상황을 만들어낼 때 가능한 것이다. 시간을 제거하고 다른 시간과 이음으로써 필요한 것만을 취해서 환기시키는 것, 그것이 바로 이야기가 아닌가? 물론 개념적으로 보자면, 편집이 이루어지면서부터 이미 이야기가 시작되었다고 말할 수 있다. 상황을 보여주는 것이 아니라 상황을 다룸으로써, 비로소 관객의 편에서 구성되는 이야기(반응을 일으키는 요소)를 넘어서서 관객에게 제시하는 이야기가 성립하기 때문이다. 하지만 우리는 앞에서 편집은 아직 자신의 역할을 몰랐다고 지적했다. 그것은 우연이었다. 그렇기 때문에 필연으로 가는 과정이 필요했다.

자, 우리는 여기까지 말했다. 이것 역시 시간적 과정에 관한 서술이기는 하지만, 좀 더 중요한 의미가 들어 있다. 앞서 말했듯이 '영화'는 인간에게 도구가 어떻게 탄생하며, 그 도구가 어떠한 과정을 거쳐 성장하는지를 보여준 최초의 예술 형태이다. 따라서 여기서 눈여겨볼 것은 시간적 흐름에 따라 어떻게 발달해갔느냐가 아니라, 어떤 인과적 흐름에 따라 예술로서 모습을 갖추어갔느냐이다.

예술은 제시한다. 예술의 첫 번째 역할은 표현하고 제시하는 것이다. 그러나 이것은 먼저 두 가지 대상이 있어야 한다는 것을 알아야 한다. 그 첫 번째가 관객이다. 만약 예술이 관객을 대상으로 취하지 않는다면 그것은 성립할 수 없다. 존재를 바라보는 이가 없다면, 그것은 단지 물질적 수준에서의 '있음'에 불과할 뿐이다. 다른 존재, 곧 자신에게[30]

---

[30] 본문 뒤쪽에서 말하겠지만, '영화'에 대한 생각들 중 어떤 것은 아주 묘하게도 성경이 펼치고 있는 개념들과 유사하다. 이는 종교적 의미에서 하는 말이 아니라, 성경, 곧 기독교의 논리가 펼치고 있는 의미들을 잘 알고 있다면, 같은 방식으로 '영화'에 대한 이해가 수월해지기도 한다는 뜻이다. 예컨대, '신'이 있다. 그는 홀로 있는 자이다. 이 '홀로'는 기독교에서는 외로움이 아니라 완전체라는 의미를 지닌다. 그런데 세상에서는 그러한 완전체가 없다. 그러니까 기독교에서 말하는 '신'은 세상과 별개의 완전체로서의 의미이다. 하지만, 세상과 관련해서 드디어 '성경'의 세계가 나온다. 그 성경은 '세상' 이야기와 관계를 지닌 그를 말하고 있다. 아뿔싸, 그래, 여기, 인간이 나타난다. '신'과 '인간'의 관계가 펼쳐지는 데, 그것이 곧 존재의 관계이며, 소통이며, 존재함의 가치가 된다. '세상'에서 존재의 공감은 필수이며, '영화' 역시, 스스로가 아니라, 이 관계 속에서 우리가 아는 영화가 된다.

외부가 되는 대상이라는 존재(이 경우에는 관객)가 있으므로 해서 커뮤니케이션이 성립하고, 자신의 '존재'가 비로소 가치를 얻는 것이 아닐까? 세계와 별개로 자신이 존재한다는 생각은 지극히 잘못된 것이다. 모든 존재는 서로 간에 '존재'를 공유한다. 마찬가지로 예술이라는 존재는 관객이라는 대상을 가짐으로써 성립된다.

　하지만 이런 관계만으로 예술이 성립될 수는 없다. 어떤 존재와 다른 존재 사이에 대상화라는 관계가 이루어지는 것은 당연한 과정이다. 예술은 인간이라는 존재들 사이에 나타난 새로운 존재일 뿐이다. 주의 깊게 생각해보면, 하나의 예술이 자신의 존재를 과시한다는 말은 단순하게 자기 자신이 있다는 사실을 표현한다는 것에 불과하다. 하지만 이것만으로는 부족하다. 진정한 존재가 되기 위해서는 다른 존재들과의 '관계'가 필요하다. 그 관계는 서로가 존재성을 공유할 때 나타나는 것이고, 서로가 서로를 대상으로 인식해서 서로에게 비춰줄 때 가능한 것이다. 그렇기 때문에 단순하게 자신을 내보였던 존재는 자신의 존속 가치를 실현하기 위해서 자기를 투영하고 표현할 만한 적절한 대상들을 발견해야 한다. 그 대상들이 곧 다른 존재들이다. 그들을 받아들이고 자신의 방식으로 그들을 비추는 것, 그것이 바로 예술의 내용이다. 거기에 이름으로써 예술은 비로소 완성된다. 왜냐하면 하나의 내용을 구축하기 위해서는 자신만이 지니는 독특한 방법을 활용해야 하는데, 바로 그 나름의 고유한 체계에 의해 오리지널리티originality가 부여되기 때문이다.[31]

---

31)이런 점에서 오늘날 어떤 예술품들이 오직 작가 자신의 과시를 위해서만 만들어질 때 그것이 과연 우리가 알아왔던 예술인가하는 질문을 던질 수 있다. 아무리 흥미로워보인다고 해

다시 한번, 지금까지 짚어온 단계들을 정리해보자. 처음에 '영화'는 존재의 성립조건이 되는 대상=관객을 알게 되었다. 그러고는 존재가 대상을 의식하게 되듯, '영화' 역시 이제 대상들에게 나아가는 방법들을 터득한다. 그 단계에서 조작이라는 것을 알게 되고, 그렇게 해서 '영화'는 또 하나의 대상인 내용이라는 것을 가지게 된다. 그 다음에 우연히, 아주 우연히 내용과 부단히 접촉하는 와중에 갑작스레 표현을 얻게 된다. 편집이, 탄생했다!

하지만 내용과 표현을 알게 되었다고 해서 바로 그것을 활용하는 단계로 직행할 수 있을까? 애초에 우연으로부터 시작했듯이, 그것들은 하나하나 또 다른 시도를 거듭하면서 자신의 역할을 알아나가야 하지 않을까?

존재는 대상들을 모방한다. 스스로 주체성을 알아나가기 전까지 존재가 시도하는 방법이라고는 모방하고 흉내 내는 것뿐이다. '영화'가 발견했던 처음의 조작은 사실 마술이나 상상력이 이미 이루어왔던 것들을 모방한 것에 지나지 않았다. '영화'가 가지게 된 편집이라는 놀라운 장치가 처음에 했던 역할도 마술을 모방하는 것이었다. 오버랩, 디졸브, 페이드인/아웃 등 거의 모든 방법이 '영화' 자신을 설명하기 이전에, 다른 것들에 대한 모방의 방편으로 개발된 것들이다.

우리는 지금까지 방법이라는 말을 사용해 왔지만, 실제로 이 '방법'이라는 것이 과연 '영화'에 존재했던가에 대해서는 유심히 생각해보지 않았다. 왜냐하면 엄밀히 말해서 방법이란 이미 목적을 포함하고 있는

도 우리가 역사 속에서 추인해온 예술개념으로부터 떠나고 있는 셈이니까. 예술이라는 개념의 변화가 그런 방식으로 또 주어지고 있는 것은 아닌지 생각해볼 필요가 있다는 점이다.

것이고, 그런 면에서 보면 이 시기, 아직 '영화'는 아무런 방법도 지니지 않은 셈이기 때문이다. 어떤 과정이나 일련의 행위들이 방법이 되기 위해서는 먼저 그러한 것들이 무엇에 대해서 어떻게 작동하는지를 알고 있어야 한다. 그런 점에서 편집에 대해서 말한 것, '영화'가 상황에 가하는 조작에 대해서 말한 것은 약간 성급한 감이 있다. 이 당시에 편집은 오늘날처럼 행위를 시간을 통해 미분하는 진짜 방법이 아니었으며, 그나마 이야기하는 방법도 아니었기 때문이다. 조작도 마찬가지여서, 그것은 반응을 끌어내기 위한 것이었지 웃음을(의미를) 전달하기 위한 것이 아니었다. 따라서 전달될 것은 여전히 존재하지 않았다. 주어진 어떤 상황으로서만 작용하게끔 가해지는 조작에 불과했던 것이다.

이처럼 아직 존재가 자신을 알지 못할 때, 자신의 '있음'에 대해서도 알고 있고 그 '있음'을 바라보는 대상들도 있다는 것을 알고 있지만 서로 간의 접촉과 만남을 위한 적절한 방법을 모르고 있을 때, 이 존재는 먼저 무엇을 하겠는가? 우리는 갓난아기가 성장하면서 가장 먼저 차용하는 방법이 모방이라는 것을 알고 있다. 아기는 자신과 비슷한 유형, 외관, 체계를 지닌 다른 인간들로부터 대상과 접촉하는 방법, 대상을 다루는 방법, 대상을 보는 방법 따위를 배워 나간다. 그리고 모든 것을 체계적으로 배울 수 있게 되기 전까지는 오직 모방에 의해서 습득되고 버려진다.

존재 자체를 보여주는 것이 첫 번째 방법(동시에 이것은 첫 번째 제시에 해당하는 것이기도 하다)이라면, 다음 단계에서 그는 대상들의 반응을 알아차리게 되고 그것을 끌어낼 목적으로 자신이 택한 이 최초의 표현들에 어떤 조절을 가하게 된다(두 번째 제시). 그러고는 어느 순간엔가—물론 수많은 잠재된 시도 끝에 나온 것이겠지만—'말', 어눌하고 실제의 사용과 비슷한 데라고는 거의 찾아보기 힘든 '말'을 사용한다(세 번째 제시). 그래서 이 '말' 자체는 우연이자 습득이다. 그것의 발화는 우연히 이루어지지만, 그것을 위한 수도 없는 습득의 과정이 존재한다. 이때부터 우리는 이미 모방을 발견할 수 있다. 존재가 자신의 방법을 터득하는 과정 그리고 그것들을 정제하는 과정은 모방의 지대를 먼저 통과한다. 이 '말'이 정상적인 수단으로 자리 잡기 위해서 얼마나 많은 모방의 단계들이 필요한가? 암기는 나중이고, 습관이 먼저이다.

그런 면에서 존재가 방법을 어디에 사용해야 하는지를 정확히 알기 위해서 취할 수 있는 수단은 모방밖에는 없다. 제아무리 발전했다 하더라도, 이 단계에서 '영화'의 페이드인/아웃은 연극의 단락을 모방하는 것이었으며, 오버랩은 상상력을, 편집은 이야기를 모방한다. 그래서 나는 '영화'가 맨 먼저 '보이는 것'으로써, 쇼를 모방하고, 그로부터 욕망 되는 연극, 오페라, 미술, 소설 등을 모방하는 것은 조악한 파노라마가 아니라 일련의 중요한 시도들이라고 말한다. 이 과정이 없었다면 '영화'는 오늘날과 같은 '스펙터클'이 아니라, 그저 일상에서 죠트로프[32] 가 보여주었던 것과 유사한 발명품의 쇼에 불과했을 것이다.

이제 '영화'는 어떤 것을 눈앞에서 이러저러한 시연을 통해 드러낼

---

32)움직이는 영상을 만들어내는 발명품의 하나로, 영화의 전사를 이야기할 때 빼놓을 수 없는 것이기도 하다. 이것을 오늘날도 장난감 가게에서 그 변형을 찾을 수 있을 만큼 유럽 전역에서 인기를 모았다. 더 자세한 내용은 일반적인 세계영화사 책들을 참고하기 바란다.

방법들을 알게 되었다. 여기에 이르면 자연히 그것은 그동안 욕망해오던 것들을 모방하기 시작한다. 《햄릿》이나 《베니스의 상인》, 《카르멘》, 《쿠오바디스》 등 비록 전체가 아닌 지극히 단편적인 부분만이 재연되었지만, 이 모방은 '영화'로서는 상당히 중요한 것이었다. 물론 그때의 영화들을 보면서 이미 있는 것을 재현한 것 이상은 아니었노라고 여전히 말하는 사람도 있을 것이다. 하지만 그것은 지나치게 단순하게 생각한 결과가 아닐까?

그것들은 더 이상 원래의 것이 아니기 때문이다. 비록 부분이라 할지라도 그것은 이미 다른 햄릿이며, 다른 오필리어이며, 다른 카르멘이다. 좀 더 원색적이라고도 말할 수 있고, 좀 더 평범하다고도—왜냐하면 상상적 존재가 아니라, 실체화되고 구체화된 존재로 나타나기 때문에—말할 수 있지만, 나는 그 상태를 말하는 것이 아니다. 중요한 것은 그것들이 기존의 상태를 떠나 '영화'라는 것에 의해서 나타나고 있다는 점이다. 모방이 아주 중요한 미적 과정인 이유는, 바로 재생산reproduction을 꾀하고 있지만 어느 순간엔가 새로운 방법('영화') 안에서 새로운 자신을 드러낸다는 사실 때문이다(production). 그래서 우리는 이 과정을 독립된 단계로 보는 것이다. '영화'는 서서히 독립된 하나의 존재가 되어갔으며, 그 수준에서 다른 존재들을 모방하기 시작했다. 이것은 존재의 입장에서 아주 중요한 지점이 아닌가?

그런데 이 모방 때문에 '영화'가 할 수 있는 일들이 많이 제한되기도 했다. '영화'는 종종 보존의 매체로만 여겨지곤 했다('필름 다르' 같은 운동을 떠올려보라[33]). 그렇지만 이것은 오히려 달리 해석할 필요가 있

---

33) Film d'art. 프랑스에서 1908년에서 1914년까지 존속했던 일조의 영화운동으로, 당시의 경제적

다. 어떤 점에서 이 모방은 '영화'의 저급함이 아니라, 오히려 그것이 하나의 존재로서 새로운 단계를 밟아 나가고 있음을 설명해주기 때문이다. 게다가 이것은 '영화'라는 존재가 어떠한 방법들을 자신에게 부여하고 있는가를 보여주는 중요한 부분이기도 하다.

하지만 이러한 부분을 지나치게 부풀렸다고 생각한다면, 그에 대한 의심은 뒤에서 자연스레 풀리게 될 것이다. 어쨌거나 '영화'가 이야기를 '알게 되었다'/'하게 되었다'는 것은 중요한 사실이다. 어떤 이야기를 어떻게 할 것인가 하는 것만이 정해지지 않았을 뿐, '영화'는 이야기를 하게 됨으로써 자신의 가능성을 발견한다. 무엇이 자신에게 맞는 옷인지는 일단 입어봐야 찾을 수 있는 것 아닌가? 그래서 '영화'에게 이야기란 다양한 방법들의 착용이고 시도이다. 이러한 시도를 이어 나가면서 '영화'는 장면의 전환이나 표현 방법들의 세밀한 사용을 하나하나 배워 나간다. 어색함에서 정밀함으로, 평범함에서 비범함으로, 이야기를 표현하는 자신만의 방법들을 차츰차츰 알아나가는 것이다.

그리고 이 이야기는 중요한 전환과 맞닿아 있다. 우리는 처음에 '영화'가 자신에게 놀란 것은 관객의 편에서 이야기를 발생시켰기 때문이라고 말했다. 그런데 이 단계에서 이야기는 질과는 상관없이 이미지의 편에서 제공된다.

어려움을 극복하기 위해 영화산업이 강구했던 생존방법 중 하나였다. 그러나 이것은 오늘날 제목이 우리에게 암시하는 의미와는 달리(번역하면 '예술영화'이다), 영화의 예술성을 강조한 것이 아니라 영화가 연극이나 공연물 따위를 고스란히 기록하는(물론, 부분적이긴 했지만) 것을 의미했으며 '영화'라는 장치의 가치를 그러한 보존매체로 간주하기도 했던 운동이다.

영화를 본다. → 이야기를 본다. 단면이 아닌, 전후가 있는, 구조가 있는 이야기를 본다.

　편집은 이야기와 만나면서 처음으로 '영화'에 구조라는 것을 제공한다. 지극히 단편적인 부분들을 모방하는 수준에서 이제 편집은 '영화'를 새로운 단계로 올려 준다. 편집이 쪼갬, 분할, 재통합이라는 것을 기억하자. 필요 없는 것들은 제거되고, 대신 이제까지 정상적인 형태로는 절대 끼어들지 않던 어떤 것들이 첨가되기도 한다. 이러한 과정을 거치면서 '영화'는 서술이라는 것을 알아나간다. 이것은 또한 '영화'가 생산물들을 좀 더 긴 호흡으로 이끌고 갈 수 있도록 해주었다. 하지만 이 길이의 연장 자체는 중요하지 않다. 정작 중요한 것은 비록 거칠고 조악할지라도 이야기가 생김으로써 '영화'가 서술과 구조를 알아나가게 되었다는 사실이다.

영화적 이야기의 탄생

익히 알고 있듯이, 하나의 방법이 나타나는 것 자체가 전부는 아니다. 그것은 말 그대로 방법이기 때문에, 계속해서 '영화' 자신 안에서 새로운 시도로 활용되어야 한다. 그리고 그렇게 됨으로써 자신만의 독특한 가치를 얻게 되는 것이다. 편집은 처음에는 단순한 전환 이상의 방법이 아니었고, 의미를 만들어내는 장치가 되지도 못했다. 후자에 이르러야 편집은 비로소 영화적 방법으로 편입되며, 그러한 역할을 하면서부터 특별한 가치를 획득하게 된다. 이러한 측면에서 보면 멜리에스처럼 대단한 사람도 없지만, 반대로 그처럼 불행한 사람도 없을 것이다. 사실 그는 편집뿐만 아니라 오늘날 '영화'가 기본적으로 사용하는 거의 대부분의 표현 수단을 만들어냈으면서도, 그것을 적절히 활용하는 방법을 알지 못했다. 가장 단적인 예가 편집으로, 그는 이것이 구성의 핵심 수단이 될 수 있다는 점을 인식하지 못했다. 그래서 그는 초기의 영화적 시도들이 그랬듯이 연극을 모방했다. 오직 장면전환의 경우 외에는 편집을 사용하지 않았던 것이다. 멜리에스의 놀라운 상상력이 드러난 영화《달세계 여행 Le voyage dans la lune》(1902)조차 그것이 암시하는 엄청난 가능성에도 불구하고 영화적 이야기의 단계로 추어올리기에는 힘에 부친다. 그것은 다만 어떤 구성을 담고 있는 영화일 뿐이다.

물론 '영화'가 이야기를 받아들이면서 순식간에, 그야말로 어떤 단계로 구분하기도 힘들 만큼 재빠르게 영화적 이야기에 대한 시도들이 이어진다. 에드윈 포터, 페르디낭드 제카 그리고 D. W. 그리피스 등의 영화들은 이제 '영화'가 어떤 단계에 와 있는지 잘 보여주고 있다. 물론 이들 역시 의식적으로 그러한 의미를 염두에 둔 채 작업을 한 것은 아니다. 대개는 상업적 목적에 충실했을 뿐이며, 그 과정에서 서서히 영화적 방법들을 활용하기에 이른 것이다.

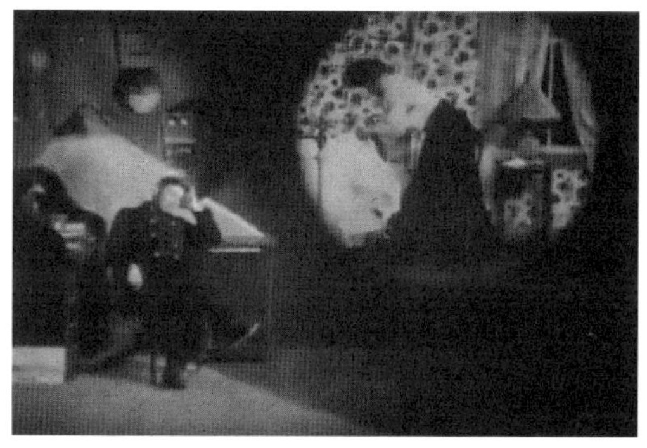

소방수가 꿈을 꾼다. 꿈을 꾸는 모습이 이중으로 인화되어 나타난다. 한 여자와 아기가 침실에서 불길에 갇혀 있는 모습이다. 이어서 화재경보기를 울리는 손이 클로즈업된다. 꿈을 꾸던 소방수를 비롯한 다른 소방수들이 바쁘게 움직인다. 화재경보가 울린 것이다. 소방수들의 움직임이 일련의 쇼트들에 의해 포착된다. 그리고 장면이 바뀌어 소방 마차가 프레임으로 들어오면 카메라는 패닝을 하고, 침실에서 연기에 싸인 여자와 아기가 등장한다. 소방수들은 그들을 구출한다.

우리는 영화적 이야기가 이전과는 다른 상태의 새로운 이야기라고 했다. 하지만 줄거리나 맥락이 그렇다는 것일까? 이제까지 문학이나 음악, 연극이 구성하지 않았던 내용을 일컫는 것일까? 영화적 이야기라고 부를 때, 그것은 분명히 이전의 이야기와는 다른 것이다. 하지만 다른 지점은 결코 내용이 아니다. 사실 영화다운 이야기란 존재하지 않으며, 다른 것들보다 영화가 훨씬 더 잘 다룰 수 있는 이야기는 없다. 만약 그랬다면 내용이 그것을 표현할 예술의 형식을 결정했을 것이고, 예술의 형식들은 내용에 따른 선택사항이 되어버렸을 것이다. 그러나 우리가 아는 한 그런 경우는 없다. 그렇게 볼 때 우리는 '영화답다'라는 말을 오독하고 있는 셈이다. 영화적 이야기는 영화다운 이야기를 말하는 것이 아니라, 영화적 방법들에 의해서 표현되는 이야기를 가리키는 것이다.

그런 면에서 저 에드윈 포터 감독의 《미국인 소방수의 삶Life of an American Fireman》(1904) 류의 영화들이 이 최초의 영화적 이야기에 해당한다고 볼 수 있을 것이다.[34] 이야기는 이제까지와는 전혀 다르게 전개된다. 시간은 패닝에 의해서 생략되고, 화면의 분할은 차원의 분할

---

[34] 그렇다고 해서 에드윈 포터라는 한 개인은 여기서 별로 중요하지 않다. 그는 당시 비슷한 작업을 감행한 많은 이들 중 하나일 뿐이며 아직 그리피스가 행한 일에 이르지 못했었다. 이는 성과에 대한 말이 아니다. 한 개인이 영화라는 작업을 할 때, 방법들에 대한 분명한 의식이 있고 없고의 문제이기 때문이다. 미국영화사가들은 종종 국수주의적으로 에드윈 포터에게 최초 편집의 발명가, 이야기의 전개자라는 칭호를 붙이는 데, 솔직히 침소봉대에 지나지 않는다.

로 나타난다.

　당시에도 대부분의 영화는 저급한 수준의 나레이션 자체에 치중하고 있었다. 이미지로 이야기를 풀어나가기 이전의 시절에는 언어적인 설명의 수준에서 이야기가 구성되었던 것이다. 거기서 자막은 서술의 영역을 담당하는 극단적인 장치였다. 하지만 에드윈 포터는 이야기를 전달하기 위해 '영화'의 방법들을 동원한다. 현실과 꿈은 서술의 논리대로 배열되는 것이 아니라, 한 장면에 병치되어 있다. 마치 우리가 꿈을 꿀 때 현실과 꿈속 세계가 같은 공간에서 구성되듯이 말이다. 예를 들면 당시의 일반적인 영화들은 꿈꾸는 소방수를 보여준 후, 다음 장면에서 그가 꾸는 꿈을 보여주었을 것이다. 그리고 그 다음 장면은 '한편 거리에서는…'이라는 자막과 함께 진행되었을 테고 말이다. 하지만 자막이 차지했던 많은 부분을 에드윈 포터는 순식간에 이미지의 치환으로 바꾸어버린다.

　이 영화는 아주 짧지만, 영화가 할 수 있는 모든 것을 암시해주었다. 꿈과 현실의 교차, 장면전환에서 편집과 카메라가 하는 역할, 병치에 의한 이야기 구조 등이 모두 담겨 있었다. 아주 단순한 설정이었지만, 그 안에는 영화적 표현이라는 것에 의해서 변조된 새로운 이야기가 탄생하고 있었던 것이다.

　결국 우리가 영화적 이야기라고 부르는 것은 '영화'의 방법들에 따라서 서술되는 이야기를 말한다. 존재가 자신이 가진 특수한 능력을 빌어서 자신을 표현할 때, 설사 그 모든 것들이 모방과 차용, 변조 따위를 통해서 이루어진다 할지라도 나름의 주체성을 지니는 존재, 자신만의 독특한 냄새를 발산하는 존재가 된다. 오리지널리티라고 하는 것이 그제야 비로소 모습을 드러내는 것이다. 이전 것으로부터 완벽하게 벗어난 오리지널리티는 존재하지 않는다. 자신만이 지닌 표현이라고 하지만 그것은 남들도 활용하고 있는 어떤 것이며, 모방을 통해 빌려 온 것에 지나지 않는다. 다만 그것을 바탕으로 해서 점차 자기만의 방법으로 개편되고 조절됨으로써 이 표현들은 자기만이 지닌 그 무엇으로 되살아난다. 줄거리라는 측면에서 볼 때 '이야기' 자체는 새로운 것이 아니다. 새롭다고 말하고 오리지널리티가 있다고 말할 때, 그것은 줄거리의 문제가 아니라 방법의 문제이다.

물론 우리는 에드윈 포터의 경우처럼 초창기에 영화적 이야기들을 시도한 영화들이 전적으로 이러한 가치들을 모두 실현한 것은 아니라는 것을 알고 있다. 하지만 그 영화들이 '영화'에 새로운 방향을 제시하는 역할을 했음은 당연하다.

영화들은 이제 새로운 대상(의미)을 찾는다. 그 대상들은 이제까지 일상 안에 숨어 있었지만, '영화'가 자신의 방법들로 포착하고 다루게 되면서 표면으로 부상한다. '영화'는 상황의 새로운 흐름과 전개 그리고 그 사이에서 나타나는 의미들을 바라보기 시작한 것이다. 따라서 우리가 영화적 이야기의 시도 또는 시작에 의미를 둔다면 그것은 '눈'의 출현 때문이다. 물론 카메라도 여기에 해당하지만, 여기서 '눈'이란 카메라가 그 눈의 물리적 창구 역할을 하는 것과는 다른 의미를 지닌다.

'영화'는 자신의 '눈'으로 이야기를 본다. 그래서 관객이 보는 것은 '영화'가 보았던 것이며, 그 '영화'가 논평하는 대상이다. '영화'가 정신적인 것과 만나는 접점이 바로 여기이다. 대상의 조작으로부터 새로운 가능성을 발견하고, 이런저런 시도 끝에 이 대상을 다루는 방법을 얻는다(편집). 그리고 그 방법이 일련의 시행착오를 거치면서 이제 또다시 새로운 전환점에 서게 되고, '영화적 방법'으로 태어나는 것이다. 대상을 다루는 데 그치지 않고 그것을 만들어내는 방법으로 그리고 그 대상의 의미를 생산하는 방법으로 나아간다. 이러한 단계를 거치면서 '영화'는 자신의 완성(개념의 완성)을 향해 달려간다. 존재가 대상으로부터 출발해서 그 대상과는 상관없는 새로운 의미들을 끄집어내고 다시 대상에 투입할 때, 정신적이고도 관념적인 세상이 열리게 되듯이 말이다.

영화적 이야기란 영화다운 이야기를 가리키는 것이 아니라, 영화적 방법에 따라서 제시되는 이야기를 의미한다. 그래서 이 이야기는 '영화'에 의해서 나타나는 허구인 셈이다. 이를테면 영화적 방법들에 의해서 '햄릿'이 재현될 때, 설사 연극이나 문학에서와 같은 내용을 담고 있다 하더라도 그것은 더 이상 같은 것이 아니다. 예컨대 쇼트의 크기에 의해 드러나는 햄릿은 이미 전신으로 나타나는, 따라서 행위로 표현되는 햄릿(연극)이나 정신적 이미지로 나타나는 햄릿(문학), 정지점에 멈춰서서 햄릿이라는 인물의 모든 긴장을 한꺼번에 보여주는 본질로서의 햄릿(회화 또는 조각), 운율의 효과에 의해서 파악되는 심리적 존재로서의 햄릿(음악 또는 무용) 등과는 완전히 다른 햄릿이다. 그것은 영화적 현상으로서의 햄릿이기 때문이다. 말하는 방식이라는 면에서, 육체의 모습이라는 면에서, 장면의 전환이라는 면에서, 순간의 포착이라는 면에서 극본 안의 햄릿이나 연극 안의 햄릿과 구별될 수밖에 없는 어떤 것이 '영화'를 관통하고 있다.

영화적 방법이란 이처럼 새로운 표현이다. 패닝에 의한 전환/편집은 이야기의 경과라는 측면에서 아주 새로운 방식이고, '영화'만이 취할 수 있는 그 무엇이다. 마찬가지로 꿈과 현실의 교차를 표현할 때 매트 촬영은 '영화'의 방법 중 하나이다. 이러한 표현들에 의해서 이야기가 개편되고 변형될 때 비로소 '영화'의 오리지널리티가 나타난다.

'영화'를 본다. → 영화적 방법으로 재창조된 세계를 본다.

세상은 이제 '영화'에게 다시 새로운 대상이 되었다. 그것은 영화적 방법들에 의해 절개당하는 대상, 분해되는 대상이 된 것이다. 영화적 이야기에 대한 설명으로 다시 돌아가 보자. 편집이 단순한 전환으로서만 자리하는 것이 아니라 의미를 만들어내는 것으로 자리하고, 카메라의 움직임이 보임/상황의 제시에 그치는 것이 아니라 그것을 생산하는 방식으로 자리한다면, 그것은 세계가 이제 '영화'에 의해서 절개되고 있다는 의미가 아닐까?

'영화'는 더 이상 세상을 있는 그대로 보여주지 않는다. 그 안에서 보이는 것들은 이미 우리가 보는 그대로의 세상이 아니다. 이것은 단순히 줄거리에 대해서만 하는 말이 아니다. 우리가 말하고자 하는 것은 바로 세계가 보이는 방식이다. '영화'는 이제 자신의 시각을 지니게 된 것이다. 그는 자신의 방법으로 이야기를 이어 나가며 만들어낸다. 내용은 그 자체로 이제 영화적 내용이다. 그것은 영화의 방식으로 우리에게 주어지기 때문이다.

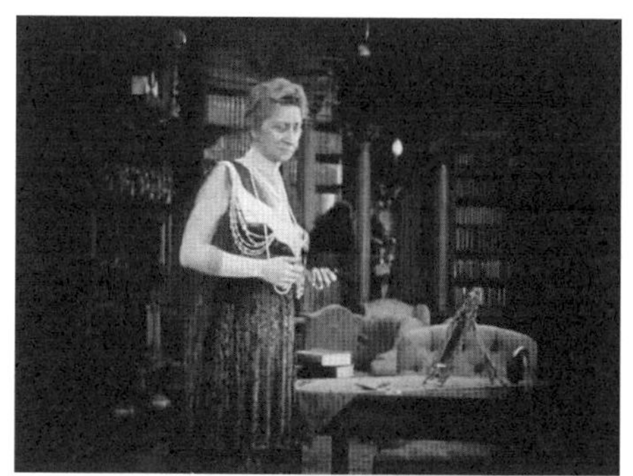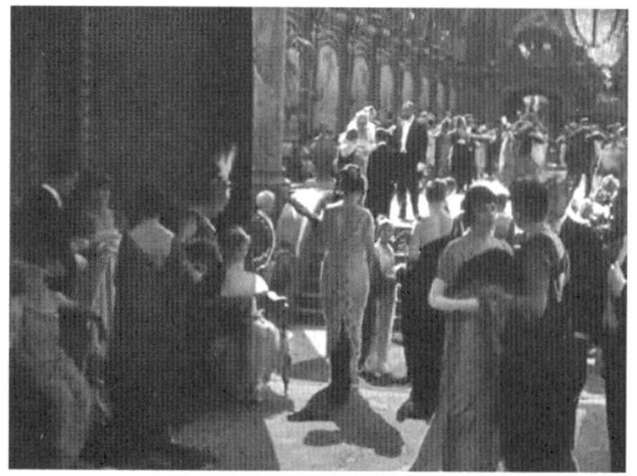

그리피스는 《국가의 탄생The Birth of Nation》을 통해 처음으로 선을 보인 공간의 활용을 《편협Intolerance》을 통해 한층 발전시켜 주된 의미표현의 수단으로 활용한다. 앞뒤로 이어지는 두 장면에서 보듯 감독은 늙은 여인의 외로움을 공간과 그에 따른 카메라의 거리감으로 처리하고 있다.

넓은 거실의 양쪽에 사람들이 있다. 한쪽에 젠킨스 양이 있으며, 다른 한쪽에는 서너 명의 사람들이 모여 있다. 한 사람이 젠킨스 양에게 다가와서 인사를 한다. 그러고는 다른 쪽으로 간다. 카메라는 그를 따라서 젠킨스 양을 놓아두고 반대편에 있는 사람들에게 접근한다. 그리고 젠킨스 양을 다시 보여준다. 이 공간의 분할에 의해서 두 부류의 대립이 이루어진다. 젠킨스 양이라는 노처녀와 한 무리의 젊은이들. 젠킨스 양은 더 이상 그 젊은이들과 어울릴 수 없다. 비록 그녀가 파티를 주관한 사람이라 할지라도. 이것은 다시 한번 되풀이된다. 그러면서 나중에는 젠킨스 양을 오롯이 꽉 차게 보여주고는 수많은 젊은이가 춤을 추고 있는 무도회장과 대비시킨다.(그리피스, 《편협》 첫 부분)

우리는 이 시기에 영화가 공간을 다루게 되었다는 사실에 먼저 주목해야 할 것이다. 이제까지 '영화'에게 공간은 그저 주어지던 질료 중 하나에 불과했다. 그것은 언제나 상황이 전개되는 장소였고, 그 상황이 펼쳐지는 데 필요한 질료 이상이 아니었다. 하지만 카메라, '영화'의 '눈'이라고 우리가 말하는 그것이 어떤 역할을 수행하기 시작하면서 이 공간에 대해서 '영화'가 취해오던 태도에 변화가 일어난다. 왜냐하면 카메라가 공간을 포착하는 방법에 따라서 의미가 달라지기 때문이다.

위의 예에서 공간은 의미를 담당하는 하나의 사물처럼 활용되고 있다. 그리피스를 비롯한 초기 영화인들이 공간의 사용에 관한 기본적인 틀을 만들고 난 뒤, 공간은 상황의 전개를 담당하는 단순한 역할에서 벗어나 중요한 의미를 담아내는 '사물'이 되었다. 어떤 점에서 우리는 '영화'가 편집보다 이 공간—이미지의 의미를 먼저 발견했다고 말할 수 있다. 편집에 의해서 의미가 배열되고 생산된다고 할 때, 그것은 시간조차 공간적인 의미로 수용되고 있다는 말이다. 사실 초기부터 '영화'는 시간과 밀접한 관계를 맺고 있었지만, 그 시간이 얼마나 공간적 의미들을 뛰어넘는 것인지는 한참 뒤에야 깨닫게 된다. '영화'의 완성이란 이전까지는 언제나 공간—이미지의 완성이었기 때문이다. 그것은, 이 단계에서 우리가 볼 수 있듯이, 공간이 먼저 대상/사물이 되었기 때문이다. 시간은 아직은 단지 사물에 대한 확신, 사물에 대한 의미의 흐름을 보장하는 보조장치였을 뿐이다.

'영화'가 시간의 의미를 알게 되기까지는 상당히 많은 시간이 필요했다. 시간-이미지에 관한 고려는 간간이 나타나고 있었지만, 현대영화가 나타남으로써 비로소 표면에 부상했기 때문이다. 하지만 그렇다고 '영화'가 이전까지 미완성된 존재였다고 생각해서는 안 된다. 현대영화에 대한 첫 번째 오해는 여기서 시작된다. 현대영화는 결코 고전영화를 대체하려 하지 않았다. 그렇다고 대안의 형식으로 나타나지도

않았다. '영화'가 공간 안에서 시간을 다루고 있었다는 것은 존재의 입
장에서 볼 때 당연했다.

모든 것은 모방을 통해서 이루어진다. 흔히 우리는 모방을 저급함의 증거로 취급한다. 하지만 대상을 모방하려면, 존재는 먼저 고도의 의식을 지니고 있어야 한다. 앞서 언급했듯이, 모방이라는 과정은 다음 단계로 가기 위한 중요한 징검다리이기 때문이다.

우리는 '영화'가 이제 자신만의 '눈'을 가지게 되었다고 이야기했다. 그 '눈'은 무엇을 바라보는 눈인가? 눈은 '보는 것'이고, 읽는 것이다. 눈이 단순히 보이는 것을 받아들이는 데 그칠 때, 즉 눈이 하나의 창구에 불과할 때, 존재는 대상과 별다른 관계를 지니지 못한다. 할 수 있는 것이라고는 그저 기록하고 수용하는 일뿐이다. 하지만 이 눈이 조금씩 자신의 역할을 알아가기 시작한다. 처음에 사물/대상이 단순하게 보여질 때, 그 사물 대상의 정체는 아직 희미한 상태이다. 존재에게 눈이 있는 이상, 어차피 그 눈을 통해서 들어오게 마련인 것, 그뿐이기 때문이다. 하지만 이 사물/대상이 명확해질 때를 생각해보자. 그것은 존재가 그것을 다룰 필요가 발생하고, 따라서 존재와 대상 간에 어떤 연관이 주어질 때 나타나는 현상이 아닌가? 즉 존재가 대상들을 취하고 그 대상들을 다루고자 할 때 말이다. 그처럼 존재가 대상들과 방법들 사이를 잇는 끈을 파악하기 위해 적절한 방법들을 활용할 때 존재에게 부여된 '눈'은 완전히 새로운 눈이다.

'영화'는 이 새로운 눈을 덧입는다. 이 눈은 존재와 대상 사이에 주어진 방법에 의해서 조절되는 눈이다. 따라서 단순히 보이는 것에 반응하는 눈이 아니라, 스스로 대상으로부터 무언가를 찾아내고 관련짓는 눈이 된다. 이 눈을 획득함으로써 존재는 이제 전과는 다른 방식으로 대상과 관계를 맺게 된다. 그것은 이제 대상들로부터 어떤 의미들을 파악하고, 그 의미들이 어떠한 연속들 안에서 드러나며, 어떻게 그것들을 표현으로서 조합해야 하는가를 늘 파악하려 애쓴다. 대상은 그대로 있지만, 이 눈에 의해 걸러지면서 그 이미지는 무수한 변형과 절개를 당하게 된다. '영화'가 자신의 방식으로 세계를 파악한다는 것은 곧 이렇게 대상을 파악하고, 대상으로부터 일상적인 것과는 다른 이미지를 퍼내는 것을 가리킨다.

따라서 존재는 어떻게 보면 대상으로부터 완전히 떨어져 나온다고 말할 수 있다. 그것은 자기 눈을 가지게 되었고, 자신만의 시선을 지니게 되었다. 그 시선은 대상을 바라보고 파악하며, 언제나 속성 또는 의미를 끄집어내고자 하는 시선이다. 이쯤 되면 더 이상의 일상적인 지각은 무의미해지고 만다. 이것은 자연적인 의식의 수행이 아니기 때문이다. 이것은 널려 있는 이미지들 안에서 특별하고도 비범한 어떤 이미지들을 추출하고자 하는, 언제나 특정한 의도를 지닌, 그런 의식의 수행인 까닭이다. 존재가 다시 대상들에게 던지는 것은 있는 그대로의 것이 아니라, 언제나 새로운 것, 시선에 의해서 의미가 부여되고 조합된 것이다. 이러한 방식으로 '영화'도 이제 세계를 보게 된 것이다.

'영화'는 이제 세계를 분해한다. 그리고는 이전과는 완전히 다른 세계를 만들어낸다. 영화에 등장하는 세계는 일상과 다를 것 없어 보이지만, 일상적인 세계와는 완전히 다르다. 그것은 의미가 부여된 세계이며, 드러난 어떤 것도 결코 의미와 동떨어져 존재할 수 없는 세계이다. '영화'는 그렇게 자신의 방식으로 세계를 만들어내고, 일상과는 다른 이미지들을 대상으로부터 취하는 것이다.

그렇다면 관객들은 이제 무엇을 보게 되는 것일까? 거기에서 그들은 자신들에 대한 '영화'의 판단을 바라보는 것이 아닐까? 그렇기 때문에 '영화'가 바로 예술일 수 있는 것이다. 그저 보여주는 것을 넘어서서, 보는 것들에 대해서 해석을 달고 새로운 질서를 잡아낸다. 우리는 그것을 봄으로써 우리 자신에 대해 생각한다.

영화를 본다. → 표현의 의미를 파악한다.

그래서 '영화'를 본다는 의미는 이제 해석의 차원으로 올라선다. 우리는 영화들을 통해 그 속에 투영된 우리의 모습을 발견하며, 이로써 세계의 문제들을 읽고 해석하기 시작하는 것이다.

이쯤 되면 영화적 이야기는 그다지 중요하지 않을지도 모른다. 왜냐하면 이제 표현이 이야기를 서사하는 단계에 이르렀기 때문이다. 그런 점에서 클래식은 마지막 종착지였다. 적어도 자신의 육체가 바뀌기 전까지는. 이 미학적인 수준에서의 '클래식'은 할리우드에서 시작하지 않는다. 이를 이해하기 위해서 우리는 먼저 북구영화로부터 시작된 의미화의 과정을 면밀히 짚어보아야 할 것이다.

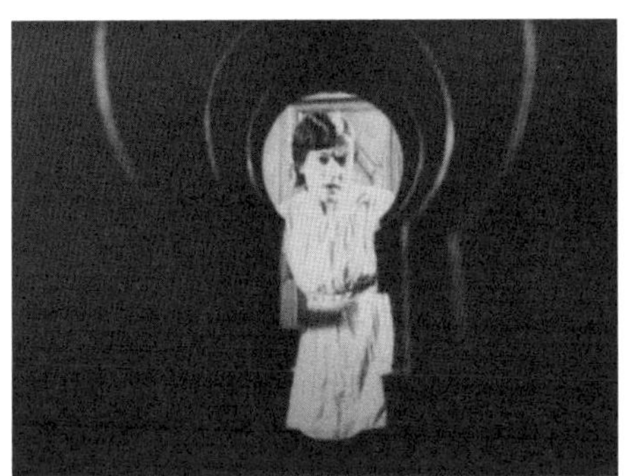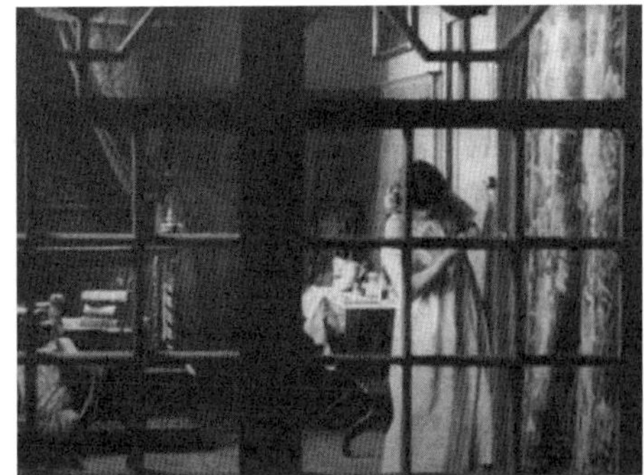

1910년대 표현의 수준에서는 다른 어떤 나라의 영화도 북구 영화들이 성취한 미학적 방법들을 따라잡지 못했다. 그들을 통해서 공간적 구성이나 사물들의 형태를 간접적으로 활용한 표현들이 의미전달의 중요한 수단으로 자리 잡았으며 오늘날 영화에서 빈번히 사용되는 일반적인 범례들이 되었다. 이 영화가 무성영화라는 것을 상기하자. 오늘날 영화에서 공포나 절박한 상황은 언제나 음향효과를 동반하고 있다. 그러나 이 영화는 소리의 도움 없이 열쇠구멍의 중첩과 창틀의 격자무늬를 통해서 급박한 상황을 충분히 전달하고 있다. 이러한 이유에서 우리는 무성영화가 유성영화 이전의 통과제의에 불과한 단계가 아니라, '영화'가 사실상 자신의 특징-시각화된 의미의 창출-을 완성한 과정이라고 말하는 것이다.

중첩된 열쇠 구멍 안으로 불안과 초조함에 떠는 여인의 모습이 웨이스트 샷에 가까운 화면으로 보인다. 카메라가 뒤로 조금 빠져가면서 열쇠 구멍은 천천히 닫히고 화면은 바뀌어서 이제는, 창문 바깥쪽에서 잠긴 문을 움켜잡고 나가려고 애쓰는 여인이 보인다. 창문에 나타난 범인은 안으로 들어가 여인을 공격한다.(벤자민 크리스텐센,《복수의 밤Night of Vengeance》,1915)

초기 단계에서 연기는 '영화'가 의미를 표현할 수 있는 유일한 방법이었다. 불안에 떠는 모습은 언제나 똑같은 방식으로 표현되었다. '영화'가 제시할 수 있는 것은 오직 행위의 과장된 표현뿐이었으며, 카메라는 그것을 바라보고만 있었다. 그렇기 때문에 감정이나 의미를 확장시키기 위해 공간이 끼어들 여지는 없었으며, 배우와 카메라 사이의 다른 요소들은 모두 제거되었다. 그래서 언제나 '영화'는 표정보다 행위를, 공간보다 상황을, 요소들보다는 전체를 선호했다. '영화'가 나름의 방법을 발견한 뒤에도 사정은 달라지지 않았다. 앞서 지적했듯이, 모든 것은 언제나 상황을 벗어나지 못했다. 비록 편집이 하나의 상황을 다른 상황 뒤에 이어 붙임으로써 새로운 이야기를 만들어냈지만, 대개 오직 행위와 그 행위를 통해 나타나는 서술만이 표현의 목적이고 대상이었을 뿐이다.

'영화'는 아직 표정을 다루지 못하고 있었다. 엄격하게 보자면, 채플린의 클로즈업과 에이젠슈타인의 클로즈업도 마찬가지이다. 그것은 표정이라기보다는 의미를 증폭시키기 위한 카메라의 행위에 불과하기 때문이다. 오랜 시간이 지난 뒤에야 '영화'는 비로소 이 클로즈업, 즉 표정을 발굴하게 된다. 그렇다고 '영화'가 전혀 표정을 생산하지 못했다는 것은 아니다. 이 클로즈업을 통해서 드러나는 표정이 인물의 표정을 가리킨다면, '영화'에게 표정은 그것이 아니다. '영화'에게 위대한 것이 있다면, 그것은 사물의 표정을 발견했다는 점이다.

우리는 대부분의 영화에서 의미를 전달하는 수단은 인간의 행위뿐이었다고 말했다. 그러나 위의 영화 장면을 보자. 거기에서 인물의 역할, 그들의 행위가 하는 역할은 이미 충분히 축소되어 있다. 그 대신에 공간의 변형, 다른 의미로 차용된 열쇠 구멍, 창문의 격자무늬가 주는 느낌 등이 전체적으로 모여서 하나의 표정을 만들어낸다. 사물이 끝없이 펼쳐져 있는 일상적인 풍경, 즉 전체가 모두 드러나는 상황 속에서는 표정이 나타나지 않는다. 사건의 표정은 언제나 주시함으로써 드러나는 것이고, 그처럼 '영화'가 자신의 프레임, 공간의 변형, 사물의 포착 등을 활용한 주시를 발견할 때 사물은 갑자기 표정을 지니게 되는 것이다.

표정은 의미이고, 존재의 모든 것을 담아내는 창구이다. 그것은 존재의 모든 행위를 축약하고 있는 장치이다. 우리는 작용에 대해 생물들이 어떻게 반응하는지를 알고 있다. 그들은 작용을 수용한다. 작용을 바라보는 것과 거의 동시에 일어나지만, 이 수용은 순간적으로 내면을 향해 이루어진다. 따라서 그것은 아주 미세하게 포착되는 작용과 반작용 사이에 위치하면서, 동시에 이것을 한데 엮어내고 있는 혼합체라고 할 수 있다. 이 수용의 의미가 바로 표정을 통해서 흘러나온다. 그렇기 때문에 사물이 표정을 지니게 되었다는 것은 곧 의미를 지니게 되었다는 것을 뜻한다.[35]

이전에는 행위가 전체를 서술하도록 명령받은 유일한 대상이었다면, 이제는 사물들로부터 나오는 표정들이 그 행위를 대신한다. 그럼으로써 오히려 행위는 자신의 강박된 구속으로부터 자유로워진다. 즉 사물의 표정을 발견하기 전까지 모든 주시는 오직 행위만을 향해 퍼부어졌으며, 그런 상황에서 행위는 비범한 순간을 포착해 보여줄 수가

---

35)이것이 곧 들뢰즈가 언급한 지각-이미지, 감화-이미지, 행동-이미지이다. 지각하며 지각에 대해 해석하고 이해하며, 그에 대해 행위하는 것의 순간적인 세 가지 단계… 영화는 이 순간적인 단계들을 이미지로 구성했던 놀라운 장치였다고 그가 말한 까닭이다.

없었다. 행위는 사실 비범한 것이 아니라 늘 평범한 표현의 범주를 담당했다. 그러나 '영화'가 행위가 담당하던 그런 역할을 사물들에게 덜어줄 수 있게 되면서 행위의 중요성이 반감되기는커녕, 오히려 행위는 자신이 담당해야 하는 직접적인 역할을 떠맡게 된다. 그것은 사물들과 함께 세계의 표정을 만들어내는 요소가 되며, 더 이상 일상적인 표현이 아니라 특정한 의미를 담당하도록 조절된 표현이 된다. 마치 연극에서 행위가 무작정 발화되고 표출되는 것이 아니라, 연극적 공간 안에서 특정한 의미를 담당하는 것처럼 말이다. 연극에서 행위는 일상적인 것이 아니라 응축된 긴장으로서 작용하며, 그렇게 됨으로써 자신의 진정한 가치를 실현한다. 마찬가지로 이제 '영화'는 연극이 그러했듯이, 행위에게 의미를 응축시킬 것을 요구한다. 바로 사물들로부터 표정을 발견하는 순간, 영화는 그런 요구를 할 수 있게 되는 것이다.

사물이 표정을 얻고, 행위가 고도로 응축되고 긴장된 의미를 끌어내는 요소가 됨에 따라 '영화'는 놀라운 단계로 발돋움한다. 열쇠 구멍 안의 행위는 과거의 입장에서 볼 때는 다른 요소를 동반하지 않고도 그 자체만으로 전체를 표현했다. 그러나 이제 그 행위는 사물들이 일구어내는 감금의 표정 안에서 더욱더 긴장된 내면을, 정확히 말해서 인물의 내면이 아니라 세계의 내면을 드러낸다. 이렇게 '영화'는 이제 표현으로 말을 할 수 있게 되었다. 영화들을 본다는 것은 단순히 상황이나 흐르는 이야기를 따라가는 것이 아니라, 그 안에 나타난 의미를 읽는 것으로 바뀐다. 엄격히 말해, '영화'가 비로소 예술형식의 하나가 되는 것은 바로 여기서부터이다.

방법은 대상과의 관계에서 발생하고, 이를 통해 대상을 색다르게 파악할 수 있는 계기들이 주어진다. 그리고 그처럼 대상을 집요하고 면밀하게 파악하면서 우리는 점점 더 그 대상의 깊숙한 내면으로 파고든다. 의미란 내면에 감추어진 것이기에 그것을 드러내기 위해서는 정신적 과정을 거쳐야 한다. '영화'는 이렇게 정신을 전달하는 도구가 됨에 따라 정당한 예술적 표현으로 이름을 올리게 된다.

> 헛간 안에 잠들어 있는 아이들에게 익숙하고도 끔찍한 노랫소리가 들린다. 아이들이 깨어나 겁에 질린 얼굴로 어딘가를 쳐다보고, 화면은 이제 석양으로 넘어간다. 벌판 그리고 말을 탄 남자의 검은 그림자. 남자는 노래를 부르며 천천히 움직인다(찰스 로튼, 《사냥꾼의 밤The Night of the Hunter》,1955)

이것은 다만 풍경일 뿐, 여기서 행위는 위에 묘사한 대로 아무런 특징이 없다. 그러나 이것은 추적의 표정, 긴장의 이면에서 빛나는 적요를 나타낸다. 그 어느 것도 특정한 위치를 차지하지 않으면서, 동시에 서로에게 기여하고 사슬처럼 한데 엮여 풍경 너머의 무엇을 지시하고 있다. 이제 의미는 이 표정이라는 입구를 통해 자신의 응집된 계기들을 끌어 올리고 드러낸다. 풍경 하나에서조차 의미는 자유롭지 않게 되었고, 이것이 '영화'의 가능성이었다. 클래식이 고도로 응축되어서 드러날 때 비로소 '영화'의 기능이 완성된다. 우리에게 세계의 표정들을 바라보는 법을 가르치고, 새롭게 판단하도록 이끄는 것이다.

이 단계에 이르러서야 '영화'는 비로소 '영화다운 것'이 된다. 이제 우리는 영화를 보면서 대상들과 완전히 새로운 관계를 맺게 된다. 그것은 그 대상들을 다시 생각하게 하며, 새로운 방법으로 주시하게 만

든다. 그 순간 예술은 비로소 가치를 얻게 되고, 우리는 그것을 통해
세상을 독해하기에 이른다.

‘영화’라는 존재 II
— 영화들을 생산하는 기계-

영화관과 관객

　지금까지 우리는 오로지 제시의 차원에서 장치로서 '영화'가 지닌 능력을 말해왔다. 사실 이야기를 보여주거나 표현의 의미를 전달하는 수준에 이르기 전까지, '영화'라는 장치는 단지 이러한 제시의 측면에서 보았을 때나 놀라운 것이었다. 물론 이 '놀랍다'라는 표현도 어떤 점에서는 상당히 과장되긴 했다. '영화'에 대한 고리끼의 우려와 부정적인 시각이 보여주듯이, '영화'는 단지 괴상하고 보잘것없는 발명품에 불과했기 때문이다. 그래서인지 초창기에 '영화'를 논리적으로 검토하거나 사색함으로써 새로운 담론을 제기한 선구자는 거의 없다. '영화'가 가져다주는 것들이 신뢰감을 가지기에는 너무도 조악했기 때문이다.

　물론 '영화'에 대해 논리적으로 따져 본 사람이 전혀 없었던 것은 아니다. 비판이든 폄하든 이를테면 베르그송도 이 '영화'라는 새로운 형태의 이미지에 관심을 보이기는 했으니 말이다. 그러나 우리는 그러한 관심이 그다지 오래가지 않았다는 사실을 이미 알고 있다. 베르그송은 아주 쉽게 관심을 거두고 '영화'를 폄하했다. 들뢰즈는 베르그송을 옹호하면서 이러한 착오가 초기 '영화'가 지닌 조악함 때문이라고 변명했지만,[36] 결코 그렇지 않다. 사실은 베르그송이 오직 '영화'를 제시의 측면에서 접근한 데 원인이 있다. 사진소들photogrammes[37]의 중첩을 통해서 이미지가 만들어지는 그 과정만을 주목한 탓에, 그에게 '영화'는 여지없이 가짜 운동-이미지의 대표적인 범례가 되었다. 즉 그에게 '영화'란 고정된 단면들에 추상적 시간(프로젝터가 부여하는 시간)이 결합된 환상의 재생산을 정확히 쫓아가는 간교한 가짜에 지나지 않았던 것이다.

그럼에도 '영화'를 제시의 측면에서 고려한 것이 잘못은 아니다. 분명히 지적했듯이, 이 놀라운 발명품은 무엇보다도 이미지의 새로운 재현이라고 하는 면에서 매우 혁신적인 것이었기 때문이다. 게다가 초창기 상황이 우리로 하여금 제시 이상의 다른 것들을 생각하지 못하게 한 탓도 크다. 초창기 기계 '영화'는 얼마나 맹목적이었던가? 그것은 포착과 제시, 카메라로서의 기능과 프로젝터로서의 기능조차 개념상 구분되지 않은 요상한 장치였다. 때문에 거기에는 시각이 대상에 대해 수행하는 일반적인 기능조차 구분되지 않은 채 모든 것이 뭉뚱그려져 있었다. 모든 결과가 오로지 제시로 집중되도록 말이다.

하지만 역사는 언제나 해석의 문제이다. 우리라고 다르게 접근해보

---

36) 질 들뢰즈, 『운동-이미지』, 11~12면.

37) 영화의 질료적인 단위가 되는 한장 한장의 포지티브를 가리키는 용어로, 사진과 구별하기 위해서 사용되었다. 왜냐하면 영화 안에서 그것들은 사진이 아니라, 움직이는 이미지를 구성하는 하나의 단위체로 존재하기 때문이다

지 말라는 법이 있는가? 이를테면, 구분 없이 일체형으로 범벅이 된 기계라고 해서 실제로 그 기능까지 한데 뒤엉켜 있었다고 할 수 있을까 하는 식의 새로운 질문을 던져봄으로써 말이다. 다시 말해, 어떻게 보면 이 뒤범벅은 '영화'에게는 오히려 새로운 가능성이기도 했다. '영화'라는 기계가 거리에 나가 있을 때, 그 순간 이 기계는 무엇을 하는 기계였을까? 그것은 기록이며, 저장이지 않았던가? 물론 우리가 2장에서 말한 대로, 단계적인 측면에서 생각해본다면 나중으로 갈수록 그것은 기록과 저장을 넘어서서 변질과 생성을 가리키게 된다. 하지만 어찌되었건 처음이든 나중이든 그것이 기록과 저장이라는 사실에는 변함이 없다.

반면에 그 놀라운 일체형 기계가 어둠 속의 카페에서 자신의 내부에 간직된 것들, 즉 기록되고 저장된 것들을 꺼내어 제시할 때, 이것은 또 어떤 기계였을까? 그것은 방출이며, 전달이며, 제시가 아니었던가? 방출과 전달, 즉 기록과 저장과는 반대의 움직임이었다.

그 때문에 일체형이라는 물리적인 한계에도 불구하고 '영화'는 이미 단순함을 뛰어넘었으며, 기능만으로 평가되는 기계 상태를 벗어난 것이었다고 말할 수 있다. 왜냐하면 '영화'는 어떤 공간에서 어떤 역할을 하는가에 따라 달라지는 존재이기 때문이다. 이러한 징후들이 이미 '영화'를 기계로서의 '영화'라는 단어와 분리해 생각하도록 요구하는 것이 아닐까? 우리는 포착이나 기록 또는 저장의 입장에서 '영화'가 수행하는 역할과 기능을 지나치게 간과하고 있었다. 이미 초기 영화사에서 분명하게 나타나고 있음에도 말이다. 우리가 루이 뤼미에르의 작업에 가치를 두는 이유 중의 하나도 이 역할에 있다. 즉 에디슨이 사실상 늘 앞서 있었음에도 실패한 발명가인 이유도 그의 기계에서는 공간의 분리가 이루어지지 않았기 때문이다. 그의 '블랙 마리아'는 같은 공간에서 찍힘과 영사를 반복했다. 그에 반해 루이 뤼미에르 형제의 기계는 에디슨의 것보다 훨씬 더 '영화'에 접근해 있다. 일체형이라는 점에서는 같지만, 엄연히 작업공간의 분리―포착과 제시―가 이루어지고 있었기 때문이다. 이 새로운 기계에게 공간의 분리, 달리 말해 작업의 분리는 이것이 단순한 기계가 아니라, 공간적 개념 안에서 파악되어야 하는 현상의 하나로 고려해야 함을 의미한다.

이러한 '영화'의 특성을 진작에 파악하지 못했다고 해도 문제는 마찬가지이다. 이 포착/기록/저장의 문제를 의도적이든 아니든 한쪽으로 밀어두고 '영화'를 오직 제시하는 기계로만 바라보았다고 해도 달라질 것은 없다. 그 단계에서도 나타나고 있던 '영화'의 능력을 초기의 논쟁자들은 간파하지 못했으니 말이다. 그런 점에서 들뢰즈가 베르그송을 옹호하기 위해서 초기 영화의 저열함을 언급한 것은 일종의 실수이다.

고리끼나 그와 비슷한 이들도 마찬가지로 이 '영화'의 부정적인 면만을 부각함으로써 실수를 범하고 있기는 하지만, 그 점에 관해서 나는 다른 의문을 가져본다. 만약 베르그송이나 들뢰즈가 최초의 영화들에 대해서 고리끼가 발견했던 내용들, 당시로서는 오로지 부정적으로밖에 볼 수 없었던 내용들(주술처럼 홀리는 것)에 주목했더라도 같은 결론에 도달했을까 하는 의문 말이다. 그랬다면 아마도 베르그송은 오류를 범하지 않았을 것이고, 들뢰즈 역시 허겁지겁 옹호하지 않아도 되었을 것이다. 영화가 보여주는 것들을 실재처럼 받아들이게 되는 현상이야말로 결국 움직이는 이미지가 지니는 효과이고, 움직이는 이미지가 불러일으키는 새로운 미적 경험의 내용이기 때문이다. 그러나 베르그송은 지나치게 '영사된다'는 사실 자체에만 집중했고, 결과적으로 실제 '현상'으로 관객들에게 수용되고 있다는 사실은 간과했다. 제시는 언제나 제시되고 난 뒤의 문제들과 밀접하게 관련되어 있다는 사실을 잘 알고 있었음에도 말이다.

우리가 '영화'의 문제들에 대해 논할 때 가장 주목해야 할 것 중 하나가 바로 이 수용/반응이다. 즉 비록 조악한 것이기는 하지만 관객들은 순간적으로 제시된 것에 반응했다. '영화'가 이 반응을 목적으로 삼기까지 상당한 시간이 걸렸더라도 '영화'는 이 최초의 순간에 앞으로 자신이 유발할 새로운 미적 경험의 내용들을 유치하고 보잘것없는 수준이나마 모두 보여주고 있었던 셈이다. 그러므로 그 순간 '영화'는 이 세상에 던져진 새로운 '추錘'이고, '진자振子'였던 것이다. 나는 이제 '영화' 전체를 '던져진 자극'이라는 입장에서 대할 것을 제안한다. 이 자극에 참여하는 관객들의 반응이 곧 미적 경험이기 때문이다.

그래서 지금부터 논의할 것은 이 '영화'라는 자극의 내용과 그에 대해 보이는 반응의 과정이다. 여기서 의아스러운 것은 베르그송이 이미 이 감각 운동의 작용에 관해 아주 적절하고도 효과적인 기초를 마련했음에도 왜 이것을 '영화'에 적용할 생각은 못했을까 하는 점이다. 왜 그는 자신의 감각운동에 관한 논의를 오직 철학의 테두리 안에만 묶어두려 한 것일까? 세계를 바라보고 판단하는 관점을 구축하는 데 그것을 사용했으면서도 말이다. 세계관은 법칙들을 형성한다. 그렇다면 그것들은 곧 세계의 내부에 적용되어야 하지 않는가? 그렇게 됨으로써 세계관은 우주 안 인간의 행동과 사고를 결정짓는 근거가 되는 것이다. 베르그송 자신의 생명론처럼 말이다.

우주가 있고 틈새(인간)가 나타남으로써 이미지들은 분화하기 시작한다. 원래의 이미지들은 이제 틈새와 만남으로써, 틈새에게 지각되는 이미지와 틈새의 내면에 수용되는 이미지, 그리고 지각에 대해서 보이는 반응으로 분화한다. 그것이 지각-이미지와 감정-이미지(감화-이미지), 행동-이미지이다.[38]

내가 '영화' 전체를 자극으로 보자고 한 말은 이런 순서에 따라 '영화' 전체를 덩어리로 묶어 분해해보자는 뜻이었다. 그런 면에서 1장과 2장은 '영화'를 대할 때 그것에 대해 이루어지는 지각-이미지를 설명한 것으로 볼 수 있다. 하지만 전체는 세 가지 이미지의 조합이고, 그 특성들을 종합함으로써 정리된다. 따라서 이제 남은 것은 두 개의 과정이고, 여기서 볼 것은 두 번째 단계인 수용의 과정에 있는 이미지이다. '영화'는 제시만으로 멈추는 것이 아니라, 제시된 것을 수용하는 과정으로 이어진다. 틈새에 의해서 지각되고 난 뒤에 수용되는 이미지, 복잡하게 교차하는 그 이미지들에 대해 이제 나는 이야기하려고 한다.

그래서 수용의 첫 번째 단계는 '영화'가 지각되는 공간, 즉 극장이고 어둠이다. 당신들은 극장에 있다. 당신들은 연극을 보기 위해 거기에 있는 것이 아니다. 오페라를 보거나 연주를 듣거나 강연을 듣기 위해

---

38)물론, 들뢰즈가 이미지의 세 가지 유형을 영화에 적용시킬 때는 영화 내부의 이미지들의 성질에 의해서이지, 지금처럼 '영화'라는 것과 인간/세계의 관계에 대한 것은 아니었다. 하지만, 이는 베르그송이 펼친 세계에 대한 철학적 기준이라는 점에서 '영화'라는 대상에도 당연히 적용시킬 수 있다. 이 세 가지 이미지들에 대한 자세한 설명은 이 책의 4장 첫머리 "현실, 현실들"을 참고하기 바란다.

있는 것도 아니다. 당신들은 영화를 보기 위해 거기에 있다. 아주 단순하게 말하자면, 당신들은 움직이는 이미지들이 '만들어내는' 서사를 보고 있다. 물론 초기 '영화' 때와는 다를 것이다. 초기의 관객들은 그 순간에 그러한 서사가 아니라 '영화'의 능력을 보고 있었기 때문이다.

그러나 당신들은 '영화'를 보기 위해 있는 것이 아니다. 반대로 오직 영화들을 보기 위해 거기에 있다. '영화'라는 생산자는 이제 거의 잊혔으며, 남아 있다 하더라도 초기의 개념에서 상당히 멀어져 있다. '영화'라는 생산자의 개념이 바뀌기도 했지만, 여기서 말하고자 하는 것은 그 이상이다. 초기처럼 생산자의 입장에서 검토되던 개념들은 이제 더 이상 고려되지 않고 있다는 사실 말이다. '영화'는 지금 문화상품의 이름이 아닌가? 비단 '영화'뿐만이 아니다. 오늘날 미술이나 문학 역시 대부분 언제나 하나하나의 회화, 개개의 문학작품을 가리킨다. 하기야 영화 이외의 것들은 좀 더 오랜 역사를 겪으면서 그 자체로도 아주 중요한 문제들을 지니고 있다는 사실이 자연스럽게 해명되었다. 하지만 '영화'는 그럴 시간도 없이 순식간에 자신의 가치를 자신이 생산하는 것들로 치환시켜버렸다. 오늘날 영화란 무엇인가라는 질문이 더 이상 '영화' 자신에 대한 물음이 아니라, 영화들에 대한 물음이 되어버린 것도 그 때문이다.

어쨌든 모든 것이 빠르게 지나갔다. 앞 장에서 설명했듯이, '영화'가 나오자마자 아주 재빠르게, 즉 그것의 비밀스러운 능력들에 대해 최소한의 해명도 채 이루어지기 전에 무작정 능력이 포착되어버렸고, 그에 따라 성급하게 영화들이 나타났다. 그리고 '영화'는 잊히기 시작했다. 영화들만 주목을 받았고, 모든 의혹은 영화들 안에서 풀려나갔다. 다음 장에서 좀 더 자세히 다루겠지만, 만일 네오리얼리즘과 함께 리얼리즘에 관한 새로운 논의가 '영화'에 대두되지 않았다면 '영화'라는 존재는 완전히 잊혀져버렸을 것이다. 그렇다고 영화들로 빠르게 가치의 중심이 옮아간 것을 탓하거나 잘못되었다고 말하는 것은 아니다. 그 과정에서도 '영화'의 진전은 이루어졌기 때문이다. 그러나 혼란도 존재한다. 문화적 층위에 자리한 영화들과 표현장치의 층위에 자리한 영화들(이 수준에서 '예술'에 이른다) 간의 혼란 같은 것 말이다.

여하간 '영화'를 보는 것이든, 영화들을 보는 것이든 그 차이는 이 장에서는 중요하지 않다. 그것은 차라리 현실의 문제가 아닐까? 그 둘은 현실의 차원에서 극명하게 대립하는 두 항이다.[39] 여기서 중요한 것은 반응의 문제이고, 영화들이든 '영화'든 모두 전체의 영화가 일으키는 문제에 포함된다.

나는 여러분이 오페라를 보러 온 것도 아니고, 연극을 관람하러 온 것도 아니고, 연주나 따분한 강좌를 듣기 위해 온 것도 아니라고 말했다. 여러분은 영화를 보기 위해 왔으며, 오직 그뿐이다. 이렇게 말함으로써 내가 정작 구별하고자 하는 것이 있다면, 그것은 영화를 보는 행위와 다른 것들을 보는 행위의 차이이다. 그 구별은 극장에서 줄을 서서 표를 사고 기다리다가 시간이 되면 안으로 들어가서 만나는 어둠에서부터 시작된다. 이 어둠은 물론 극장이라는 공간에서는 늘 만나는

---

[39] 현대영화의 경우 관객들은 영화들을 보는 데 그치지 않는다. 그 안에는 언제나 '영화'라는 장치에 관한 논평들이 삽입되기 마련이고, 그것이 현대영화의 가장 중요한 역할이기도 하다. 따라서 영화들을 볼 때 관객들은 동시에 '영화'를 바라보는 데 이른다. 즉 '영화'가 하고 있는 작업 자체를 보고 있는 것이다. 하지만 고전영화의 경우 관객들은 영화들을 바라본다. 거기서 장치 또는 방법이란 오히려 완벽하게 영화들의 내용 뒤로 숨겨지며, 가장된다. 고전영화와 현대영화의 차이에 대한 언급은 4장을 통해 간략하게 다룰 것이다

것이다. 간혹 연주나 공연의 경우, 밝은 공간이 있기도 하다. 하지만 어떻든 극장 안에서 이루어지는 것이라면 그것은 대개 어둠을 동반한다. 그런 점에서 극장이라는 물리적 공간 형태에서 어둠의 기능은 그 어떤 예술 장르를 막론하고 동일해 보인다. 다름 아닌 집중 또는 기다림, 무언가를 기다리는 것 말이다. 여기서 어둠은 현실적인 지각에 대한 일종의 정리 또는 휴지부에 해당한다.

현실에서 얼마나 많은 지각이 우리에게 동시에 작용하고 있는가? 그리고 그에 따라서 얼마나 많은 반응이 인식하기도 전에 발생하는가? 이러한 모든 지각과 반응의 휴지부가 곧 극장의 조건이고, 어둠이 우리에게 요구하는 것이다. 극장 안에 쓰여 있는 '정숙'의 의미는 그런 점에서 사실상 명령이 아닌 권유이다. 즉 다른 관객들을 방해하지 말라는 명령이 아니라, 관객들 자신이 현실적인 지각의 개입으로 방해받지 않도록 스스로 휴식을 취하라는 권유인 것이다. 왜냐하면 이 극장 안에서 관객들은 자신의 현실적인 지각을 일상에서처럼 무한하게 널린 현상들 전체에 대해 열어놓고 있는 상태가 아니라, 단 하나의 사건에 대한 기다림으로 몰아가야 하기 때문이다. 그들은 자신들을 위해 만들어진 현상, 연희되는 종류에 따라 정도의 차이는 있지만 어쨌든 일상과는 다른 현상을 마주 대하기 위해 앉아 있는 것이다.

감각의 집중, 이것에 대해서 우리가 휴지부라는 표현을 쓴 이유는 동물적으로 퍼져 있는 것들을 하나의 방향으로 고정하는 과정이라는 의미에서이다. 이것은 일종의 정제작업이며, 이 정제작업이 효율적으로 이루어질수록 눈앞에서 연희되는 것들에 대해 좀 더 집약된 반응을 할 수 있게 된다. 감동, 탄성, 환호, 열림 따위들….

여기까지는 '영화'나 다른 예술이나 다를 것이 없다. 그러나 엄밀히 말해서 관객의 지각이 작용하는 과정을 들여다보면, '영화'를 볼 때와 다른 공연물을 볼 때 이루어지는 집중에는 묘한 차이가 있다.

일반적으로 휴지부는 결코 감각들의 망각을 가리키지 않는다. 우리는 극장 안에서도 여전히 현실적인 지각을 지니고 있다. 다만 그것들을 한곳으로 집중시키고 있을 뿐이다. 그런 의미에서 이것을 감각들에 대한 일종의 정제작업이라고 표현한 것이다. 하지만 '영화'의 경우에는 어떤가?

영화의 어둠은 일반적으로 관람에 요구되는 휴지부와는 다른 내용을 지닌다. 즉 영화관 안의 어둠은 감각의 정제나 휴지의 수준에 그치지 않는다. 그것이 요구하는 것은 정제를 넘어선, 현실적 감각들의 망각이다. 왜냐하면 영화를 보는 데 동원되는 시각과 청각은 영화를 보기 전처럼 현실적 상태의 것들을 보고 듣기 위한 것이 아니기 때문이다. 영화는 허상이고, 단지 스크린 위에 펼쳐진 이미지들의 덩어리에 불과하다. 이때 우리의 시각과 청각은 무엇을 수용하고 있는 것일까? 현전의 의미에서는 현실적이라고 말할 수 있지만, 영화적 세계가 허상의 세계라는 점에서 이 시각과 청각은 비현실적인 세계를 현실적인 세계로 끌어들이고 치환시키는 일종의 변환장치가 아닌가? 현실의 상태에서, 즉 극장 바깥에서 우리의 시각과 청각은 그렇지 않다. 그것은 치환을 위해 존재하는 것이 아니라, 오히려 반대 방향, 굳이 표현한다면 선택, 즉 (불필요한) 허상과 허음의 제거를 위해 존재한다. 하지만 영화관 안에서의 감각은 반대 방향의 작업을 위해 봉사하고 있다.

여기서 우리는 이렇게 질문을 던질 수도 있다. 연극이나 오페라 같은 공연물을 볼 때도 경우에 따라 우리의 감각은 비현실적인 것을 현실적인 것으로 치환하지 않는가? 때때로 우리는 감동과 감탄, 환호 등이 작용하고 있는 우리의 육체를 본다. 그럴 경우 우리는 무엇에 대해서 반응을 하고 있는 것일까? 우리는 거기서도 현실이 아닌 비현실적 대상을 보고 있으며, 어떤 극을 보고 있다. 우리의 지각은 바로 거기에 대해서 반응하고 있다. 그렇기 때문에 이 경우 역시 '영화'에 대해 말한 것처럼 정확하게 현실적인 것과 비현실적인 것과의 치환이 이루어지고 있지 않은가?

사실 이 문제는 좀 더 주의 깊게 살펴볼 필요가 있다. 어떤 면에서 보면 이러한 연희물들도 우리에게 치환을 제공한다고 할 수 있다. 하지만 엄밀히 보면, 이것들은 '영화'에서 나타나는 치환이 아니다. 왜냐하면 여기서 이루어지는 지각에는 언제나 두 가지 상태가 공존하고 있기 때문이다. 즉 관객들은 보이는 대상에 대해서 반응하는 동시에 그 반응을 조절하고 있는 것이다. 비록 공연되는 비현실적 내용에 어느 정도 빠져 있다 할지라도, 그들은 항상 '관조'의 시선을 거두지 않는다. 이 상태는 영화적 몰아沒我의 상태와는 질적으로 다르다. 영화관 안에서 관객의 현실적 지각은 몽환적 상태와 동일하게 작용한다. 즉 관객에게 현실적인 육체의 상태(의자에 앉아 있음)에 대한 인식은 언제나 잠재적일 뿐이다. 그러나 다른 연희물들의 경우, 이 인식은 잠재적이지 않다. 오히려 명백하게 현실적이다. 그래서 그때 관객들은 눈앞에 보이는 것들에 대해서 좀 더 직접적이고 능동적으로 참여한다. 독해의 차원에서 말이다. 따라서 순간적으로 볼 때 언뜻 현실과 비현실의 치환이 이루어지는 것 같지만, 우리는 의도적으로 비현실에 감각을 집중시키고 있을 뿐 잠자고 있는 것이 아니다. 하지만 영화관 안에서 우리는 '잠'에 빠져 있다. 치환은 순간적이지도 않고, 단속적이지도 않다. 그것은 끝없이 연장되며, 지속적으로 이루어진다. 우리가 오늘날 영화적 현상에 대해 좀 더 친숙해진 탓에 확실히 극장이라는 현실적인 조건들이 초기에 비해 훨씬 더 의식적이고도 현실적으로 지각되기는 하지만, 여기서 그 정도의 차이는 별문제가 되지 않는다. 이것은 성질에 관한 문제이며, 관람의 질적인 차이에 관한 문제이다.

따라서 우리는 영화관 안의 어둠과 다른 공연물을 상연하는 극장 안의 어둠이 집중이라는 전체의 틀에서는 크게 다를 게 없지만, 그 집중의 내용을 들여다보았을 때 전혀 다른 것을 지향하고 있다는 사실을 인정해야 한다. 그것은 휴지부가 아니라 망각이다. 빛의 놀음, 빛에 의해 생성되는 가짜 세상을 바라보는, 내 몸이 놓여있는 실제 현실에 대한 망각 말이다. 무대는 언제나 그 자체로 현실이고, 항상 거기에 있다. 반면, 스크린은 어느 순간 천으로 만들어진 벽이라는 사실을 잊게 한다. 그러니까 '무대(스크린)'라는 조건이 사라지고, 내가 앉은 공간까지 서사의 현실 공간이 되어버린다.

어둠과 빛, 영화관 안에서 그들의 상관관계는 여타 예술 장르들의 연희물이 상연되는 상태와 다르게 진행한다. 다른 장르들의 경우, 우리가 기다리는 것은 빛을 받으면서 드러나는 것, 즉 빛 자체가 아니라 빛에 의해 모습을 드러내는 현실적인 대상들이다. 하지만 영화의 경우, 빛에 의해 모습을 드러내는 다른 대상은 존재하지 않는다. 우리는 그저 빛 그 자체가 만들어내는 것을 볼 뿐이다.

이런 점에서 영화관은 이제까지 우리가 가지고 있었던 '극장'이라는 공간과 차별되는 공간이고, 또 그렇게 새로운 공간이 주어짐으로써 관람의 개념도 변화하며 관객의 상태도 새로운 방향을 가리키게 된다. 바로 그 점이 중요하다. 영화관의 등장과 함께 달라지는 내용들, 다시 말해 '영화'가 제시됨으로써 변화를 겪게 되는 내용들 말이다.

'영화'가 제시되는 공간—어떻게 보면, 이것은 '영화'가 제시하는 것이기도 하다—인 영화관에 대해서 좀 더 깊이 살펴보자. 우리는 먼저 어둠에 대해서 말했다. 모든 영화는 바로 그 어둠에서 시작한다. 마치 혼돈이 창조 앞에 존재했듯이, 모든 것이 캄캄하고 불명확한 상태에서. 영화는 그렇게 우리의 시력을 정지시키고 차압한 상태에서 출발한다. 영화관 안에도 윤곽을 어스름하게 파악할 만한 밝기의 빛이 있지만 시력의 측면에서 볼 때 그 불빛은 얼마나 무기력한가? 겨우 굼뜬 눈을 돌려서 자신의 자리를 확인하고 앉을 수 있을 정도의 밝기일 뿐이다. 그 빛은 결코 시력의 작용을 돕기 위한 것이 아니다. 식별이란 영화관 안에서 아무런 의미도 지니지 않는 단어가 된다. 우리는 간신히 자리를 찾아 앉는다. 그리고….

적당한 시간이 지나면 이제 그나마 희미한 윤곽을 밝혀주던 영화관의 모든 불빛이 꺼진다. 어둠이 오고, 말 그대로 캄캄한 어둠 안에 갇힌 채 우리는 숨조차 죽여가며 무언가를 기다린다. 어느 순간 프로젝터에서 빛이 쏟아져 나오고, 그 빛은 스크린을 때린다. 스크린에 충돌한 빛은 몸부림치며 그림을, 그림자를 만들어낸다. 그제야 우리는 시력을 회복한다. 볼 것이 생기고, 집중할 것이 생긴다. 그러나 이 시력은 이미 일상적인 것이 아니다. 그것은 일상을 바라보지 않는다. 움직이는 이미지를 바라보고 있다.

　결국 우리는 영화관 안에서 현실적인 모든 감각을 차압당한다. 어둠이란 단순히 휴지부가 아니라, 현실적인 것들을 의식의 뒷전으로 던져버리는 장치이다. 거기엔 오직 시각만이 떠 있다(청각의 문제는 나중에 이야기하자). 하지만 앞서 이야기했듯이, 이 시각도 현실 안에서 우리가 가지고 있던 감각과는 다른 것이다. 새로운 시각이 우리의 모든 감각과 대체된 상태이기 때문이다.

　여기는 감각이 차압된 곳이라는 사실을 우선 기억하자. 당연히 감각의 차압은 새로운 신체운동을, 이제까지 거리나 집, 학교에서 우리가 경험하지 못한 새로운 신체운동을 빚어낼 것이다. 왜냐하면 이 차압과 더불어 나타나는 시각화된 감각은 새로운 감각이고, 이제까지와는 다른 것이기 때문이다. 그래서 우리는 이렇게 말할 수 있다. 이 감각이 차압된 곳에서 우리는 새로운 감각과 그 감각을 해석하는 새로운 신체운동을 만난다고. 이 새로운 신체운동은 다른 공연물을 볼 때와는 완전히 다른 방향으로 진행된다. 우리가 보는 것은 오로지 이미지의 덩어리이기 때문이다.

　이렇듯 이미지에 대해 새로운 신체운동이 발생한다는 것은 놀라운 사건이다. 그럼 다시 한번 관객들의 상태를 살펴보자. 관객들은 영화를 본다. 그들은 아직 '영화'가 무엇인지 모르며, 자신들이 무엇을 보기 위해 여기에 와 있는지 모른다. 그동안 이루어진 발명의 단계들에 대해 조금이라도 호기심을 가져본 사람들 정도가 그저 이미지의 장난이라는 것만을 짐작하고 있을 뿐이다. 하지만 영화가 시작하면서 카페의 어두운 지하실은 놀라운 상자요 공간으로 돌변한다. 웃음, 탄성, 환호 그리고 '영화'의 처음부터 함께하는 감정인 공포….

　　우리는 최초의 관객들이 어떻게 반응했는지를 잘 알고 있다. 그 최초의 관객들은 자신들이 보는 이미지에 대해서 아주 현실적인 반응을 나타냈다.

　　기차가 저 멀리에서 시요타 역을 향해 들어오고 있다. 승객들은 들어오는 기차들을 기다리고 있다. 기차가 카메라를 향해 가까이 다가오다 마침내 플랫폼에 도착하면, 승객들은 몸을 움직여 차를 타고 내린다.

　　《열차의 도착》[40]이라는 이 필름이 보여준 것은 이것이 전부이다. 이 필름은 이렇게 더도 말고 덜도 말고 일상의 한 단면을 채취했을 뿐이다. 이 영화는 우리가 잘 알고 있듯이 뤼미에르 형제가 관객들에게 초기 시기에 상영한 몇몇 영화 중 하나였다. 그 영화들은 모두 하나같이 일상을 베끼고, 복사한 것이었다. 그런데 이 첫 상영에서 놀랄 만한 일이 일어났다.

　　관객들은 기차가 다가오자 혼비백산이 되어 뛰쳐나가다 서로 몸을 부딪치고 쓰러지는 아수라장을 빚었다. 기차가 바로 자신에게 돌진하고 있다고 생각했기 때문에 황급히 일어나 그 '지하층'에서 벗어나고자 했던 것이다. 그러나 그들은 곧 자신들이 와 있는 곳이 카페라는 사을 다시 발견하고 안도의 한숨을 내쉬었을 것이다.

　　아주 잠깐의 일이지만 이 사건은 이미지가 지닌 일루전을 일으키는 효과, 정지된 사진이나 고정된 그림이 지닌 것과는 다른 효과를 인식시켜준 특별한 사건이었다.

---

40)이 제목은 편의상 붙인 것에 불과하다. 원래의 제목은 《시요타 역에 도착하는 기차》이다.

이미지 자체가 대상은 아니다. 그것은 언제나 대상의 재현일 뿐이다. 재현된 이미지는 결코 실체가 아니다. 그렇기 때문에 재현에 대해 우리가 생각해야 할 수 있는 문제들은 바로 실체와 그 실체의 반영으로서의 이미지 사이에 발생하는 차이에 관한 것이다. 어쨌든 우리는 이 재현된 것들이 결코 현실이 아니며, 실체가 아니라는 것을 알고 있다. 그래서 일반적인 경우(그림, 사진, 문학, 음악 등의 예술이 제공하는 범주), 재현된 이미지는 현실과 대체될 수 있는 그런 것이 아니다. 때때로 우리가 감정이입이나 몰아지경에 빠지기도 하지만, 그것은 순간적일 뿐 지속적인 것이 아니다. 게다가 정확히 말하면, 이 재현된 이미지의 현실화는 상당 부분을 우리의 정신작용에 기대고 있다. 다른 재현 도구들의 경우, '기차가 돌진해 온다.'라는 내용은 정지된 이미지이기 때문에 그 기차를 움직이는 것으로 해석하는 정신작용이 동반되어야, 즉 정신이 그것을 해석해야 비로소 현실적인 경험이 된다.

하지만 '영화'의 경우는 다르다. 위의 사건을 통해서 알 수 있듯이, 영화관에서 체험하는 몰아란 간접적인 것이 아니라 지속적이고 직접적이다.[41] 그것은 우리의 정신작용으로 이어질 필요도 없이, 우리가 그 이미지와 연관된 추억과 서사를 기억의 골에서 끌어올릴 필요도 없이 곧바로 이어지는 즉자적인 반응이다. 그래서 그들은 현실 상태를 망각한 것이다. 그들은 실제로는 비현실인—그 카페라는 현장에서 볼 때—필름의 내용을 자신의 현실과 치환시켰고, 그에 따라 프레임의 존재 또한 잊었다. 이것을 어떻게 설명할 수 있을까? 우리가 이미 말한 것처

---

[41] 이 영화적 몰아는 묘한 문제로 발전한다. 사라진 현실적 자아 대신, 스크린의 이미지를 의식하는, 오직 거기에 대해서만 반응하고 빠져있는 자아가 어디선가 튀어오른다.

럼, 그들은 자신의 현실적 지각을 시각이 주는 일루전과 치환시켜버렸다. 실제로는 단지 카페 지하의 의자 위에 앉아 움직이는 이미지들을 본 것에 불과함에도, 처음부터 갑자기 이 현실이 망각되어버렸다. 그곳은 더 이상 카페의 어두컴컴한 지하가 아니라, 기차가 도착하는 선로 위이다. 공간적 치환이 발생한 것이다!

하지만 이 공간적 치환이 일어나기 위해서는 어떤 구체적인 요건이 필요할까? 존재에게 공간적 치환이란 구체적으로 들어가면 언제나 육체의 망각, 육체의 치환이지 않은가? 우리가 꿈을 꿀 때 누워 있는 자기 육체에 대한 지각이 끊임없이 작용하고 있다면 우리의 꿈은 상당히 혼란스러운 것이 될 것이다. 일부의 지각은 현실에 맡겨둔 채, 나머지의 지각은 알 수 없는 이미지들을 만나는 혼란스러운 상태에 빠질 테니 말이다. 그것이 가위눌림이며, 악몽의 부분적인 형식이다. 하지만 꿈이란 이런 상태와는 다르며, 육체에 대한 지각이 완전히 현실적인 망각으로 넘어가 버린 경우이다. 마찬가지로, 영화를 볼 때 관객들은 이러한 육체의 망각을 경험하는 것이 아닐까? 그들은 완전히 다른 육체를 입는다. 우리가 꿈속에서도 여전히 육체를 가진 존재가 되는 것처럼. 이 육체는 물질로 치환될 수 있는 육체가 아니다. 그것은 가상의, 순전히 환영상태의 육체인 일루전-몸이다.

관객들의 의식 속에서 실제 육체는 사라진다. 그들은 스크린 전면에 있는 가상의 몸을 입는다. 영화에서 일루전은 이렇게 발생하며, 영화의 이야기는 언제나 현실적 상황으로 치환되어버린다. 이제까지와는 다른 일루전과 판타지가 발생하는 것이다. 일반적으로 우리는 언제나 프레임을 의식한다. 언제나 주어진 틀 안의 것들만을 쳐다보며, 그 안에서 내용들을 파악하고 해석한다. 일루전과 판타지는 이제까지 이렇게 틀 안의 내용으로부터 발생하는 것이었다. 하지만 '영화'는 그 틀을 제거해버렸다. 이에 따라 문제는 완전히 새로운 곳으로 나아간다.

따라서 우리는 1895년 12월 28일이라는 날짜에 다음과 같은 의미를 부여할 수 있다. 이 날짜는 단순한 기념일이 아니다. 그보다 훨씬 중요한 내용, 예컨대 오늘날 '영화'를 설명하고자 할 때 검토해야 하는 내용들로 채워진 날짜이다. 움직이는 이미지로 자신들을 보았고, 실제의 세계를 망각했으며, 허상으로부터 실제가 발생했고, 공포와 판타지가 '영화'의 이름으로 등장한 날이 바로 그날이기 때문이다. 실제로《열차의 도착》은 이 날짜가 아닌 다음날 상영되었다. 이 사실은 여기서 별로 중요하지 않은 데, 고리끼는 그 영화를 보지 않고도 정확하게 '영화'가 하는 일을 발견했기 때문이다.

하지만 영화 이미지가 던지는 문제들에 대해서 고리끼가 오늘날처럼 주의 깊은 시선으로 보았을 것 같지는 않다. 우리가 아는 대로 고리끼의 표현은 단순한 근심이었을 뿐이다. 초창기에 일부 지식인들은 비슷한 이유에서 영화들을 폄하하고, 못마땅한 시선을 보냈다. 그러나 다소간의 반감이 담겨 있더라도, 그가 아주 정확하게 '영화'의 정체성을 지적하고 있다는 데 주목해야 한다. "거기엔 삶이 없다. 단지 삶의 그림자만 있었다. 삶의 활기는 사라져버린, 일종의 소리 없는 망령이라고나 할까. 그런 것들만 있었다. (…) 이 그림자들의 움직임은 보기에도 끔찍했다. 다른 것은 아무것도 없이 오직 그림자들, 망령들, 유령들뿐이었다. 나는 전설을 생각했다. 어떤 악한 존재가 마법을 걸어 마을 전체를 끝없는 잠으로 몰아넣었다던. 나는 마치 마법사 멀린이 우리 앞에서 주술을 걸고 있는 듯한 생각이 들었다.”

내가 ‘추’를 떠올리는 이유가 바로 여기에 있다. ‘영화’는 주술을 거는 마법사의 추처럼 새로운 세계를 우리 앞에 내놓고 있다. 이 이미지들은 실제가 아니라 허상이다. 관객들은 정확히 자신들이 카페의 지하실에 와 있다는 사실을 알고 있었다. 그런데 어떻게 이 이미지들에 대해 현실적인 반응을 보이며, 심지어 누구보다 사실적인 세계를 지각하는데 탁월함을 자부하던 고리끼까지 그러한 근심에 사로잡히게 되었을까?

‘영화’는 이미지에 새로운 차원의 문제를 몰고 온 도구이다. 그것은 이미지에 세계라는 현상성을 부여한다. 이 현상성은 이미지를 구체화하고, 살아 있게 하는 힘이다. 이미지에 이러한 현상성을 부여하는 것은 다름 아닌 ‘영화’가 제공하는 일루전이다.

그러나 이 진술은 어느 정도 해명이 필요하다. 어찌 보면 이 현상성이란 전혀 새로운 것이라고 할 수 없기 때문이다. 시지각 체계에 의존하는 일반적인 표현장치들—미술, 사진, 건축 등—은 전부가 나름대로 이러한 일루전 효과와 현상성을 지니고 있지 않은가? 물론 1장에서 이미 과거의 표현들이 구현하는 이미지와 영화라는 새로운 표현이 구현하는 이미지 간의 차이에 대해서 존재론적인 입장에서 살펴본 바 있다. 그런데도 일루전의 문제로 넘어오면 무언가 모호한 구석이 남는다. 왜냐하면 그것은 존재론적 차원에서만 서로 다를 뿐, 아직도 많은 경우에 동일한 효과들을 함께 공유하고 있기 때문이다. 만약 그렇지 않고 완전히 동떨어진 것이라면, 오늘날 회화의 한쪽 끝을 끊임없이 영화 이미지와 이어내는 고다르의 노력과 키아로스타미의 화폭을 어떻게 이해해야 할까? 그저 단순히 비평가들이 말해 온 것처럼, 회화를 닮으려는 노력일 뿐일까? 그들의 영화는 그렇게 회화의 한 부분을 영화로 끌어들여 영화가 지닌 위상을 한 차원 높은 곳으로 가져가려고 하는 것이 아니다. 차라리 그것은 영화로부터 출발하는 새로운 회화, 움직이는 회화를 구성하려고 하는 시도이다.

이야기가 복잡해졌다. 이처럼 영화도 시각적 이미지이기 때문에 도상성을 지니고 있으며, 따라서 과거의 예술들이 표현하고자 한 일루전의 문제들을 고스란히 안고 있다고 할 때, 은연중에 우리가 구별해온 이미지 간의 존재론적 차이를 뒤집어버린다. 그렇기에 우리는 다시 한 번 영화 이전의 일루전의 문제와 영화 이후의 일루전의 문제를 구별하는 작업을 해야 한다. 실제로 영화 이미지들로부터 이전과 동일한 효과, 이전과 동일한 일루전이 발견된다고 해서, 영화가 그 이전의 시지각 표현들 어느 한 끝자락에서 비롯된 탓에 빚어지는 한계로 몰아붙일 수는 없다. 오히려 '영화'는 자신 안에서 한 꺼풀씩 그 과거의 일루전이 숨겨온 비밀들을 풀어내고, 이용하고 있기 때문이다.[42]

자, 그럼, 이쯤에서 일반적인 일루전에 대해 잠시 정리해보자. 시지각은 처음부터 불완전한 감각이었다. 그것은 인간이 현상과 본질을 구분할 때부터 불완전한 것으로 여겨져 왔다. 설명하자면 이렇다.

---

[42] 영화는 사실 그렇게 함으로써 독자적인 생존권을 확보한다. 영화가 단순히 재미와 새로운 경험을 제공하는 도구이기 때문에 예술로서 생존권을 차지하는 것이 아니다. 예술로서의 생존권이란 배포diffusion에 있는 것이 아니기 때문이다. 그것은 시선의 문제이고, 그 시선을 스스로의 장치들로 번역해내는 능력을 통해서 얻게 되는 것이다. 재미와 새로운 경험, 풍부한 시각적 재질 덕분에 생존권을 확보하고 있는 것은 오히려 TV일 것이다. TV는 끊임없이 예술을 본뜨고 닮으려 한다. 그러나 결코 예술로서의 생존권을 확보하지는 못한다. 그것은 생산이 아니라 배포이기 때문이다.

우리는 대상을 본다. 그때 그 대상으로부터 우리가 수용하는 것은 실체가 아니라, 우리의 지각에 비친 그 대상의 이미지가 아닐까? 이러한 세계관, 이러한 관점에 대해서는 이미 앞서 1장에서 이야기한 바 있다. 우리가 이해한 바에 따르면, 실체와 이미지 사이에는 언제나 간극이 존재한다.

우리는 보이는 이미지 너머에 리얼리티에 더 충실한 또 다른 이미지가 있다는 것을 알고 있다. 그리고 그 이미지 너머에 다시 또 다른 이미지들이 첩첩이 존재한다. 그 너머에 있는 절대적인 리얼리티의 진짜 이미지에 이르기까지. 결코 아무도 볼 수 없을 그 미스터리한 리얼리티…(미켈란젤로 안토니오니의《구름 저편에 Par-delà les nuages》중 존 말코비치의 마지막 대사)

대상의 이미지는 실체가 아니라, 실체를 모방한 이미지일 뿐이다. 실체는 바로 '구름 저편에', 그러니까 우리가 확인할 수 없는 미지의 세계에 '존재'한다. 기독교적 관점에서 영화를 끌고 간 미켈란젤로 안토니오니의 생각을 꼭 따르지 않더라도, 이는 인간의 역사를 통해서 언제나 있었던 생각이다. 본질의 세계와 현상의 세계에 대한 설명 말이다. 현상은 본질을 모방하고 있을 뿐, 실체의 이미지에 지나지 않는다. 따라서 우리가 보고 있는 것은 그렇게 그저 실체의 일부를 잠깐 보여주는 상象에 불과하다. 이 상에 대한 또 다른 상이 회화이다. 그렇기 때문에 플라톤은 자연스럽게 예술(당시에는 기술이라고 불렀다)을 폄하할 수밖에 없던 것이다. 그것은 모방된 것에 대한 모방이기 때문이다. 이것이 사실 시뮬라크르의 내용이었으며, 판타스마고리였다(판타스마고리와 판타지는 다른 단어들이다).

물론 플라톤과 추종자들의 생각은 예술에 대해서, '미적 테크닉'에 대해서 지나치게 닫혀 있었다. 오늘날 예술 자체의 효용성에 대해서 특별히 편견에 가까운 의심을 보이는 사람들을 제외하면(어떤 면에서는 충분히 그럴 만한 상황이 도래하기도 했지만), 예술이 이러한 판타스마고리의 재생산이라고 주장하는 사람은 극히 드물다. 하지만 플라톤이 그랬던 이유는 자신의 이원론적 세계관의 고리에 지나치게 몰두했기 때문이 아닐까? 우리는 예술에 대한 이 플라톤의 견해를 따르고 있지 않다. 우리는 더 이상 이러한 이원론의 고착성에 집중하지 않아도 될 만큼 역사적 훈련을 받아왔기 때문이다.

그러나 우리가 플라톤과 같이 예술을 생각하지 않는다고 해서, 예술이 본질적으로 일루전의 문제와 관계를 맺고 있다는 사실까지 부정할 수는 없다. 우리가 예술을 플라톤처럼 폄하하지 않는 이유는 그런 속성을 부정해서가 아니라, 기능적으로 바라보기 때문이다. 하지만 플라톤은 기능에 관심을 두지 않았다. 그의 궁극적인 관심은 언제나 존재 그 자체였기 때문이다.

게다가 우리가 예술에 관한 이야기를 일찍 시작해서 그렇지, 이미지와 실체 사이의 문제는 이미 생물학이 규정하고 있는 지각의 문제에서부터 비롯된다는 사실도 알아야 할 것이다. 인간은 실체 자체를 흡입/인지하고 있는 것이 아니라, 실체로부터 빚어지는 이미지의 덩어리를 인지한다는 사실 말이다. 그렇기 때문에 예술의 차원으로 내려오면 이 문제는 더욱 첨예하게 불거질 것이다. 현실적인 지각에 관한 견해가 이런 상황이니, 만들어진 이미지들에 대해서는 훨씬 더 완고한 견해를 가지게 되는 것도 무리가 아니다. 이러한 이유로 플라톤은 미적 작업 자체를 무시한 것이다.

　그러나 이 미적 작업은 존재론적 문제와는 다른 차원의 이야기이다. 그것은 실체 또는 본질을 얼마나 담고 있는가 하는 존재론적이고 양적인 차원을 벗어나, 기능적이고 질적인 차원으로 나아간다. 인간이 특별한 이유는 바로 자신의 조건을 회의하고 번복할 줄 안다는 사실에 있다. 모든 것이 존재론적 질서에 의해 통제되던 시기에 인간은 이미 그 사고를 넘어서서 질적 차원으로 접근할 수 있는 '연장들(도구)'을 지니고 있었던 것이다. 예술이 바로 이 질적인 연장이다. 그것은 눈에 보이는 세상의 문제들을 교정하고 변화시키는 하나의 도구로 작용해 왔다. 때문에 우리는 예술이 인간에게 처음부터 이성의 사고를 교정하는 하나의 연장이었다고 말할 수 있다. 그것은 이성을 표현할 뿐 아니라, 그 이성을 판단하고 재해석한다. 우리의 이성은 그런 식으로 수없는 교정을 거친다.[43)]

　그래서 예술의 가능성은 실체를 모방하거나 복제하는 데 있지 않다. 복제double를 만드는 것, 그것은 단지 재현의 욕망이 꿈꾸는 수준에 불

---

43)감각이 이성을 해석한다? 이성과 감각을 구분했을 때, 이미 우리는 우리 자신의 가능성을 변질시켜버렸다. 감각과 이성은 근본적으로 구분할 수 없으며, 곳곳에서 서로 교차하며 서로를 해석한다. 감각의 작용에 대한 이성의 판단이 존재하는가 하면, 동시에 이성적 결과물의 작용에 대한 감각의 개입 또한 존재한다. 그래서 감각은 이성과 교차하고 교묘하게 엉킨 채 전개되는 것이다. 예술은 전적으로 감각에 의존하지도 않으며, 또 전적으로 이성의 해석적 작업에 의존하지도 않는다. 감각의 산물이라기에는 그것 역시 하나의 엄연한 구조를 이루며, 이성이라기에는 또한 이미 주어져 있던 구조를 거꾸로 탈골시키는 새로움을 지닌다. 그렇게 해서 예술의 특별한 지위가 만들어지는 것이 아닐까? 이성적 세계에 던져진 '추'로서 말이다. 그렇기에 예술은 항상 표현의 차원으로 나아간다. 내용을 포착하는 것이 이성이며, 그 내용을 나타내는 것이 감각이다. 예술에서 감각이 우위에 서는 까닭은 바로 예술이 늘 표현의 차원에서 결정되기 때문이다. 나는 내용의 문제를 소홀히 여기지는 않지만 언제나 예술은 내용을 새로운 차원으로 나아가게 하는 '방법들'을 통해서 가치를 확보한다.

과하다. 플라톤이 이원론적 세계에 집중하고 있다는 것도 바로 이런 뜻에서 하는 말이다. 그는 예술을 오로지 모방하는 것으로만 고려했기 때문에, 그것이 지닌 가능성을 폄하했다(물론, 플라톤 시대에는 아직 우리가 오늘날 생각하는 '예술'이라는 개념 자체가 존재하지 않았지만). 예술이 이성의 세계에 새로운 진로를 제시하는 '추'라고 말하는 이유는 우리가 실체로부터 전혀 포착할 수 없는, 또는 포착하기 어려웠던 내용들(이들이 곧 '눈'에 띄지 않던 새로운 내용들이며, 이성적 판단의 내용들일 것이다)을 자신의 방식으로 던지기 때문이다. 결국 예술은 이런 면에서 언제나 오히려 실체와 이미지의 차이를 드러내며, 이를 통해 자신의 존재를 증명한다.

실제와는 다른 것을 담고 있는 이미지, 실제가 아닌 다른 내용을 가지고 있는 이미지. 예술이 표현하고자 하는 것은 바로 이것이 아닌가? 그 이미지들 안에서 우리는 세계가 결코 세계 자체의 모습으로 나타나지 않는다는 사실을 알고 있다. 예술은 언제나 비켜서 있다. 그것은 규정된 본질을 모방하는 것이 아니라, 제 나름의 시각으로 뜯어본다. 따라서 예술에서 실제와의 차이, 나아가 일루전이란 결핍이 아니라 가장 중요한 무기이며, 이성으로는 획득되지 않는 세계에 대한 새로운 해석 방법인 것이다.

영화적 일루전

　'영화'는 이렇듯 예술의 일반적인 일루전 작용을 넘어서, 전혀 새로운 문제들을 불러일으킨다. 그것은 몰아이며 치환이다. 우리가 궁극적으로 말하고자 하는 것도 이 몰아의 문제이다. 이것에 대해 정확히 알기 위해서는 일루전의 효과와 그것을 둘러싼 설명을 조금 자세히 파고들 필요가 있다. 왜냐하면 우리가 이미지라는 단어를 들먹이며 '영화'에 대한 이야기를 시작했지만, 그 단어를 아주 포괄적으로 사용했기 때문이다. 즉 때에 따라 시지각 체계가 자연적 지각의 상황에서 만나는 이미지를 말하기도 했고, 생산된 것으로서 예술이 구현해놓은 이미지를 뜻하기도 했다. 사실 이 경우들은 각각 저마다의 단계로 설명했어야 옳을 것이다. 그래야 좀 더 정확하게 이미지의 문제를 이해할 수 있기 때문이다. 하지만 나는 이미지 자체에 대한 안내서를 쓰고 있는 것이 아니다.[44] 내가 말하고자 하는 것은 영화의 정체성이며, 영화의 작

---

44) 이런 문제에 관심이 있다면, '이미지'의 차이에 관한 문제들을 추적한 책인 쟈끄 오몽의 『이

용이다. 머리말에서도 말했듯이, 이 책은 개론서나 기초적인 문답서가 아니다. 그런 것들에 대한 사전적인 이해들을 건너뛴 것도 그 때문이다.

새로운 문제로 논의가 접어들었다고 했듯이, 이제는 자연적인 이미지에 관한 지각이 아니라 우리에 의해 생산된 이미지에 관한 문제에 초점을 맞춰보기로 하자.

일루전의 효과는 자연발생적이기도 하지만, 동시에 시지각 체계에 의존한 예술들이 목적으로 삼는 바이기도 하다. 우리는 이미 예술에서 대상의 사실적 재현은 기본적인 것이라 해도, 그것이 예술에 존재가치를 부여하는 것은 아니라고 했다. 예술의 존재가치는 그것이 추구하는 유사와 일루전의 효과에 있다고 해도 과언이 아니다(물론 당연히 일루전 자체가 예술의 성립 여부를 말해주지는 않는다). 그러나 영화가 나타나면서 그리고 영화에 대한 논의가 시작되면서, 과거의 예술들이 안고 있는 일루전의 문제와 영화가 안고 있는 일루전의 문제를 구별해야 할 필요가 생긴다. 그 차이를 이해해야 '영화'를 알 수 있기 때문이다.

물론 우리는 1장에서 이야기한 것과 비슷한 수준에서 둘의 차이를 살피게 될 것이다. 그러나 논의의 시작점은 다르다. 출발지는 기호학이고, 서사가 구성하는 일루전의 문제이다. 그렇다고 일반기호학이라고 부르는 것, 언어기호학으로부터 시작하자는 말은 아니다. 그럼에도 이렇게 단언하고 나서는 이유는 결과적으로 이러한 기호학의 출발점이 바로 도상기호학이나 영화기호학 등의 모체가 되기 때문이다.

언어는 구조이며 체계이다. 그러나 도상에서도 이러한 체계가 존재할 수 있을까? 도상은 언어와는 다름에도 오늘날 기호적인 의미에서

미지』를 읽어보기 바란다.

광범위하게 사용되고 있다. 그것은 결국 도상 이미지에도 일종의 체계가 존재할 수 있다는 말이 아닌가?

기호학은 크게 전달의 기호학과 의미작용의 기호학이라는 두 가지 갈래로 나타난다. 전달의 기호학은 기호의 체계에 관심을 두고 있다. 좀 더 쉽게 말하면, 그것은 언어와 같은 소통을 위한 구조로부터 출발한다. 더욱이 기호학 자체가 언어와는 다른 대상을 취한다 할지라도 결코 언어적 작용의 범주를 넘어선 영역에 관심을 두지 않는다는 사실을 알아야 할 것이다. 하지만 오늘날 기호학은 완벽하게 체계화되고 구조로서 흠이 없는 것들만을 대상으로 다루지는 않는다. 그렇기 때문에 연구의 갈래가 발생하는 것이다. 당연히 전달의 기호학은 전달의 의도가 뚜렷한 넓은 의미의 기호를 신호로 규정한다(그래서 그것들의 기초와 배경은 언제나 언어이다).

반면에 의미작용의 기호학은 시기로 볼 때 비교적 후기, 즉 전달기호학의 성립 이후에 전개되었다. 그것은 전달의 기호학이 대상으로 삼는 것들처럼 전달의 체계를 명백하게 갖추고 있지 않음에도 사회 안에서 교환가치가 있는 의미를 생산하는 것들이 존재한다는 사실을 발견함으로써 시작되었다. 유행 의상이나 디자인 같은 각종 형태 속에는 전달의 작용이 성립할 수 있도록 약속된 전달의 체계란 존재하지 않는다. 하지만 사회 안에서 그것은 분명하게 어떤 의미를 표현하고, 그것을 통해 임의로운 사회적 약속의 전 단계로 나아가지 않는가? 겉으로 드러나지는 않지만, 사회적, 문화적 현상들은 분명 의미를 생산하고 있다. 그렇다면 이것은 넓은 의미에서 기호의 범주 안에서 다룰 수 있지 않을까? 이런 식의 조심스러운 제안으로부터 의미작용의 기호학이 출발한다.[45] 의미작용의 기호학은 결국 전달의 기호학이 제한하고 있던 텍스트의 범주를 확대한다. 심지어는 유행하는 옷에서부터 영상과 사진에 이르기까지, 분명하게 드러나지는 않지만 전달된 의미가 있고 전달되는 과정이 있는 요소들도 언어에 기초한(언어를 버린 것은 아니다) 기호 작용이라고 보기 때문이다.

따라서 이러한 텍스트들은 애초부터 임의성을 띤다. 그것은 언어와 같이 '구조'가 아니기 때문이다. 사진의 경우를 생각해보자. 그것은 약속도 아니고, 체계도 아니다. 하나의 표상일 뿐이기에 일정한 의미 전달의 체계가 존재하지 않는다. 그러나 우리가 이 도상이 의미를 전달하지 않는다고 말할 수 있는가? 사진이든 그림이든 적어도 그것이 어떤 평가를 받는다는 사실에서 볼 수 있듯이, 우리는 이미 그것이 무언가를 전달하는 역할을 수행하고 있다는 점을 인정해야 할 것이다.

문자에 의한 텍스트는 약호화된 것이다. 즉 컨벤션에 의해 기의/지시체를 전달한다. 반대로 컨벤션에 의존하지 않는 도상들을 보자.

그 도상들은 문자에 비해 기표와 기의/지시체를 일차적으로 분리할 필요가 없다. 왜냐하면 이 도상 또는 이미지는 추상화될 것도 없이 이미 대상의 구체성을 확보하고 있기 때문이다. 물론 그렇다고 사진이 기호가 될 수 없는 것은 아니다. '발신자 – 텍스트-수신자'의 구조는 거기에도 존재하며, 무엇보다 사진은 기의signifié에 해당하는 서술성을 지니고 있다.

---

[45]이 영화기호학의 개괄에 관해서는 로제 오댕의 『영화와 의미의 생산』2장을 보기 바란다. 거기에서 오댕은 크리스띠앙 메츠로부터 출발하는 영화기호학의 얼개는 물론, 현대 영화기호학의 나머지 부분들에 대해서도 비교적 정확하게 요약하고 있다

　그래서 사진에 대한 기호학은 일반 언어와는 다른 방향에서 접근한다. 사진이 지니는 구체성은 일반 언어와 같은 체계를 바탕으로 성립하는 것이 아니기 때문이다. 그러나 사진은 뚜렷한 체계를 갖춘 언어와는 다르지만, 의미를 전달하고 있으며 또한 의미작용에 따른 어떤 전달체계까지 가지고 있다. 그리고 이런 사실이 주목받으면서 사진은 기호학의 범주에서 조심스럽게 논의되기 시작했다.

　사진은 예컨대 스스로 총체성을 지니고 있다. 따라서 그 자체로는 기호가 되지 못한다. 왜냐하면 기호가 성립하는 데 필요한 기표와 지시체 사이의 구분이 무의미하기 때문이다. 하지만 한번 다른 시각으로 바라보자. 이 도상들, 사진뿐만 아니라 미술, 형태화되어 나타나는 디자인 모두가 그 자체의 총체성만 가지고 우리에게 다가오는 것일까? 도상들은 자신의 총체성 너머에 그것이 지시하고자 하는 새로운 내용들—언제나 은밀하게 가려져 있지만—을 표현하고 있지 않은가? 광고 사진을 예로 들어보자. 우리는 하나의 사진을 두고도 총체적인 기호분석을 할 수 있다. 그것은 자신 안에서 이미 총체성을 넘어선 조음적인 의미 생산을 하고 있기 때문이다. 도상들도 이처럼 총체성을 넘어선 조음적인 수준의 의미를 생산한다. 정확하게 말하면, 어떤 도상에 대해서 이와 같은 총체성 너머의 의미를 읽어내려는 노력이 존재하고 또 그것이 통용될 때 비로소 그것은 기호로서 작용하게 된다. 그 순간 도상은 텍스트가 되고, 의미를 파악해야 할 대상이 되는 것이다. 그런 경우에 실질적인 의미는 이 해석 또는 작용에 의해서 총체성 내에서 환원됨으로써, 기표와 그것이 나타내고자 하는 기의의 관계로 나타날 수 있다.

공식적인 용어를 사용해 말한다면, 사진은 외시(dénotation: 사진의 구체성이 직접 지시하는 대상)와 함께 공시(connotation: 그 대상에 부여된 의미)가 동시에 이루어짐으로써 그 의미구조가 밝혀지는 또 하나의 기호체계라고 할 수 있다.[46]

이에 따라 사진은 롤랑 바르트에게는 언어 못지않게 자신만의 서술성을 지닌 도구였다. 그는 이미지가 다양한 공시효과를 통해 서술성을 획득하게 된다고 보았으며, 그렇기 때문에 이미지의 수사학이 가능하다고 생각했다. 그러나 사진의 공시효과를 이해하기 위해서 이렇게 수사학적인 분석을 예로 들 필요는 없다. 롤랑 바르트는 이탈리아의 '판자니 광고'를 수사학의 텍스트로 활용했지만, 꼭 그렇게 목적이 뚜렷한 광고 이미지 안에서만 공시효과가 발생하기 때문은 아니었다.[47]

예를 들어, 낡은 사진첩 속의 가족사진을 본다고 치자. 그것은 가족들이 한때 그렇게 존재했다는 사실을 증명하는 것 이상의 아무것도 아닐까? 사진의 첫 번째 기능은 시간을 정착시킴으로써 존재를 명확하게 확증해주는 것이지만, 어느 순간 새로운 서술로 나아간다. 우리가 그것을 바라볼 때 더 이상 존재의 확증에서 멈추는 것이 아니다. 우리의 의식 안에서 그것은 과거의 추억을 끌어올리고, 그로부터 빚어지는 이야기를 표현해낸다. 롤랑 바르트가 말하고자 했던 것은 바로 이처럼 이미지가 하나의 텍스트로 작용하고 있다는 것이다.[48]

---

46) 이미지/사진에 나타나는 외시와 공시의 관계에 대해서는 마르틴느 졸리의 『이미지와 기호들』 3장을 참조하라. 롤랑 바르트도 이미지가 지니는 외시와 공시의 역할을 사진 분석에 직접 적용한 예가 있는데, 그것을 통해서 우리는 이미지의 기호적 작용이 어떻게 이루어지고 있는지를 잘 알 수 있다. 「이미지의 수사학」(Rhetorique de l'image), 『커뮤니케이션』, No. 4)
47) 같은 책.
48) 마르틴느 졸리, 같은 책, 134면.

나는 여기에서 영화기호학 자체를 장황하게 설명하고 싶지 않다. 물론 영화기호학은 아주 중요한 것이고, 영화 자체를 이해하기 위해 꼭 알아두어야 하는 것이다. 그러나 여기서는 우리가 무심코 지나가는 영화의 비밀들을 다른 장르들과의 구별을 통해 밝혀내는 것이 목적이므로, 영화가 기호적인 의미에서 작용함으로써 비롯되는 결과들만을 말할 것이다.

> 1895년 이후로 우리 사회에는 구성원들이 일반적으로 의미를 나타내고 있는 것으로 생각하는 '필름'이라는 기호들의 총체가 존재해왔다. 게다가 기호학적 의도를 충분히 반영하고 있는, (…) 즉 무엇인가 의미를 한정할 수 있는…(크리스띠앙 메츠, 『기호학 연습』, 111~112면)

영화도 도상에 해당하는 이미지를 바탕으로 생산되는 것이므로, 도상의 범주에서 기호학의 대상이 될 수 있었다. 그러나 크리스띠앙 메츠는 영화에 관심을 표명하면서 영화가 도상기호학의 범주에 한정된 것이 아니라, 독자적인 기호학적 범주에서 논의할 만한 대상이라는 사실을 다음과 같은 두 가지 수준에서 정리한다.

첫째, 영화도 당연히 나름 명확한 의미를 전달한다. 따라서 의미의 전달을 시도하고 있다면, 즉 커뮤니케이션을 시도하고 있다면 그것은 어떻든 기호가 하는 작업을 실현하고 있는 것이 아닌가? 정보의 전달자와 수신자, 그사이에 영화가 있다. 이 영화를 둘러싸고 컨텍스트와 전언들 그리고 의미의 커뮤니케이션이 있다. 따라서 그것은 기본적으로 서사를 전달하는 텍스트와 같은 역할을 수행하고 있는 것이다.

둘째, 이 새로운 대상은 다른 것들과 구별해 독립적으로 고찰할 필요가 있다. 왜냐하면 이것은 이제까지 없던 것임에도 불구하고 관객들은 자연스럽게 그 의미의 고리와 과정을 이해하고 있다. 다시 말해 그것은 어떠한 (기존의) 컨벤션에 속하지 않음에도 불구하고, 이전 도구들과 다른 독자적인 의미 전달과 작용을 이루어내고 있지 않은가?

영화는 우리가 이미 1장을 통해서 말했듯이, 사진과는 완전히 다른 방식으로 작용한다. 그렇다고 해서 영화가 도상성과 전혀 무관하다고는 말할 수 없다. 즉 영화는 사진과 달리, 이 도상성을 지니고 있다기보다는 이용하고 있다고 하는 편이 더 정확한 표현일 것이다.

여기서 영화와 사진의 차이를 살펴봄으로써 영화의 정체성에 대해 한번 생각해보자. 영화도 도상성을 지닌다는 점에서 사진과 유사한 선상에 있다고 볼 수 있다. 하지만 크리스띠앙 메츠는 곧 바르트가 사진에 대해서 기술한 내용을 번복하면서, 영화만이 지닌 새로운 기호작용에 대해 풀어놓는다.

우선 영화는 사진보다 훨씬 더 구체적이며(영화는 움직인다-영화는 현상을 제시한다), 따라서 지시성이 훨씬 뛰어나다. 그렇기 때문에 바쟁이 영화에서 전이의 개념을 이야기하고 있는 것이 아닐까? "사진은 사물들의 실재성이 그들의 생산된 복제에 전이되는 것을 이용한다." 하지만 이와 같은 선상에서 우리는 '영화'에 대해 다음과 같이 말할 수 있다. "영화는 이 전이를 뛰어넘어 사물들의 실재성과 그들이 실재하는 시간을 담고 있다." 따라서 이미지의 총체성 면에서 '영화'는 사진 이상의 것이다.

아울러 영화의 정체가 모호한 이유는 그것이 문학 텍스트와 마찬가지로 서사를 전달하기 때문이다. 그럼에도 불구하고 이 서사는 처음부터 체계적인 것은 아니었다. 초기의 영화가 다룬 '서사'가 결코 문학과 같은 의미의 서사가 아니었음을 상기하자. 만약 애초부터 문학 텍스트와 같았다면 논의는 다른 방향으로 선회했을 것이다. 그러나 초기 영화의 경우에 이 서사는 분명한 이야기이지만, 지나치게 직접적인 데다 공시의 효과도 지니지 않는 구체였다(그저 일상을 그대로 담은 구체적인 영화였다. 기차가 도착한다는 것은 그저 기차가 도착하는 현상에 관한 것이었을 뿐, 범인 탄 기차도 연인이 탄 기차도 아니었다).

이 영화적 서사가 공시에 따른 의미를 전달하기 시작하면서부터 비로소 사진과 구별되는 차이들이 논의되기 시작한다. 바로 여기가 중요한 분기점이다. 이 차이들이 나타남으로써 사진의 서술성과 영화의 서술성에 대해 새로운 시선으로 다시 고찰할 수 있게 되었기 때문이다.

메츠가 스스로 던진 질문에 대해서 긴 해명 끝에 내린 결론은 다음과 같다.

첫째, 영화는 도상성과 관련해 복합적인 면모를 보인다. 영화가 도상 기호학의 범주를 수용하는 것은 사실이다. 하지만 메츠가 볼 때 영화는 도상성에만 의존하지는 않는다는 점에서 이것은 하나의 단계에 불과했다. 그런 면에서 영화는 도상성을 지니고 있다기보다, 그것을 이용하고 있다고 말할 수 있다.

둘째, 영화가 일구어내는 복제는 기계적인 성격을 띠고 있다. 즉 영화는 현실을 기계적으로 재생하는 기계적 복사물(균등하고 연속적인 움직임에 의해 형성되는 복제)을 만드는 도구이다. 이 점에서 영화는 다른 이미지 생산도구들과 차이를 지닌다. 물론 사진도 이러한 재생과 무관한 것은 아니지만, 사진의 경우 우리는 이 '기계적'이라는 부분을 떼어내야 한다. 그것은 화학적 생산이기 때문이다. 그러나 영화는 기계적인, 따라서 체계적이고 지속적이며 연속적인 재현이다. 메츠는 이것이 바로 시간과 함께 이루어지는 생산단계의 메커니즘화, 즉 의미 생산의 체계화에 대한 가능성을 제시하는 물리적 단계라고 보았다.

셋째, 영화의 이미지는 중첩성을 지닌다. 하나의 영화는 언제나 여러 장의 이미지들, 다시 말해 여러 장의 사진소들로 구성된다. 이 '사진소'라는 용어는 매우 중요하다. '영화'는 사진으로 구성된 것이 아니다. '영화'에서 사진이란 물리적 구성의 단위로 존재한다. 그래서 이 영화의 중첩성은 결코 사진들을 한데 모아놓은 결과가 아니다. 사물이 영화 이미지를 통해 정지해 있는 동안에도 그것은 단 한 장의 사진을 보는 것과 같지 않다. 거기에서 이미지들, 정확히 말해 그 이미지들이 지닌 시간이 중첩되고 있기 때문이다. 이 점은 사실상 영화와 사진의 차이를 가장 극명하게 드러내는 것으로, 사진에 관한 서사적 관점을 근본적으로 바꾸어놓았다.

영화가 나타나기 이전이었다면, 나는 사진이 서술성을 지니고 있다는 생각을 명백하게 지지했을 것이다. 왜냐하면 이미 말했던 바와 같이 사진은 어떤 서술을 생산하는 작용을 하지 않는가? 그러나 영화 이미지가 출현함에 따라 우리는 이제 그 같은 이미지의 서술성을 새로운 방향에서 논의해야 할 필요를 느끼게 된다. 실제로, 사진의 경우에 이 서술성이란 사진 자체가 지닌 것이 아니라, 그것으로부터 비롯되는 지각의 단계에서 이루어지는 것이 아닌가? 사진에게 시간은 정지해 있다. 우리는 언제나 정신적 이미지로 환원하는 과정을 거쳐 그 시간을 복원한다. 다시 말해, 이 시간적 추이로 구성되는 서술성은 정신적 이미지의 단계로 치환되어야 비로소 가능해진다. 바라보는 이의 신체 안에서, 정신 안에서 말이다. 따라서 사진은 이 정신적 이미지를 매개하는 매개물이다. 바로 여기서 도상기호학이 재정립된다.

반면에 우리가 알고 있듯이, 영화는 그 자신이 서사를 재현한다. 그것이 도상들의 집합이라면, 우리의 뇌는 끊임없이 정신적 작용을 하고 그것들을 정신적 이미지로 환원시켜가면서 늘 새로운 서사들을 떠올리게 될 것이다. 그러나 영화는 집합으로 다가오는 것이 아니라 전체로 다가오는 것이기 때문에, 그 자신이 전달하고자 하는 현상화된 서사만을 우리에게 던진다. 우리가 영화를 보면서 기억 속에서 다른 서사를 떠올릴 필요가 있는가? 이 같은 이유에서 영화는 도상성에 의존한 서사를 가지지 않는다고 말할 수 있다. 그 자신이 서사를 이끌고 가기 때문이다. 하지만 더더욱 흥미로운 것은 도상이 그렇듯이, 결국에는 이 서사 자체가 또 하나의 기표로서 작용한다는 사실이다.

마지막으로, 영화는 운동성이라는 매우 중요한 기호적 특징을 지닌다. 즉 영화는 현실을 재생할 뿐만 아니라, 그 수준에서 이루어지는 운동까지 재생한다. 이는 중첩성과 결부 지어 설명할 수 있는데, 움직인다는 점에서 영화가 단순한 사진적 기호체계의 구성과는 다른 별개의 구조를 가진다는 것을 시사해준다. 왜냐하면 운동에 의해서 의미 전달의 체계는 한 편의 영화 안에서도 끊임없이 변화하기 때문이다. 바로 이 점에 기초해서 메츠는 또 다른 주장을 내놓는데, 그것은 바로 '영화'에서 움직이는 것은 이미지 안의 내용만이 아니라 그 이미지를 구성하는 기계에도 적용된다는 점이다. 즉, 카메라 말이다. '영화'가 의미를 구현하기 위해 사용하는 도구라고 할 수 있는 이 카메라는 내용 못지않게 빈번하게 움직인다. 마치 시선의 움직임—물리적이든, 심리적이든—처럼 말이다. 그렇게 함으로써 '영화'는 기호적 관계들을 끊임없이 변화시키는 능력을 갖추게 된다.

그래서 메츠는 이렇게 결론을 내린다. "영화는 일정한 법칙이 없이 의미를 전달하는 체계이다." 그러나 메츠는 '영화' 속에서 그 나름의 일정한 법칙을 발견하고자 했다. 그런 법칙을 끌어낼 수 있는 가장 좋은 예가 바로 코드화된 생산물들이다. 그는 이른바 장르라고 부르는 영화적 생산물들 안에서 일정한 코드들이 발생하는 것을 발견할 수 있었고, 그 이후의 '영화'는 그 코드를 이리저리 조작한 결과물들인 것으로 간주했다.[49]

이제 다시 일루전의 문제로 돌아가 보자. 사진 등의 도상들이 가져다주는 일루전이란 언제나 도상성에 의존한 것으로, 추측을 통해서 정신적 작용 안에서 수용하게 되는 일루전이다. 위에서 예로 든 가족사진의 경우를 보자. 그 존재에 대한 확증, 즉 실재했던 사실에 대한 확증이란 이미 말한 대로 우리의 정신적 작용 안에서 발생하는 서사를 통해서 확인되는 것이다. 지각된 것과 실제의 차이는 이미지가 우리의 정신적 작용에 일으키는 실재성의 전이에 의해서 메워지며, 그 간극

---

49) 하지만 메츠가 이러한 기호적 관계들을 지적하는 단계를 넘어서 실제로 그것을 법칙화하려고 했을 때, 그는 상당한 어려움을 겪게 된다. 그렇기 때문에 그는 영화적 표현의 단계들을 포기하고 서사적 단계로 진행하지 않을 수 없었다. 이것은 자신이 발견한 영화기호학의 가능성을 오히려 훼손하는 결과를 낳았다. 그럼에도 불구하고 영화기호학은 오늘날에도 그 영향력을 굳건히 지키고 있다. 그것은 '영화'라는 장치의 정체성을 고려하는 데 아주 중요한 학문이 되고 있기 때문이다. 분석적인 틀로 활용되기 보다는 말이다. 메츠의 삶과 학문에 대해 깊이 있게 알고 싶다면, 메츠가 자살한 뒤에 출간된 『아이리스』(No. 10, 1990)의 특집호를 보기 바란다.

안에서 정신적 이미지로 환원된 서사가 작용한다.

안토니오니의 《블로우 업Blow up》을 보자. 안토니오니는 이 영화를 통해 이러한 사진적 재현이 지니는 의미를 더할 나위 없이 말끔하게 보여준다. 사진은 정착이고, 컨텍스트의 일부를 끊어올 뿐이다. 그 영화에서 사진사는 대상을 포착하고, 그것을 기록한다. 그러나 그는 곧 이 대상에 대한 의문을 품게 되는데, 그때 그 의문을 풀어줄 열쇠가 자신이 찍은 사진이 된다. 영화를 따라가다 보면, 두 차례에 걸쳐 사진의 작용을 둘러싼 비밀이 밝혀진다.

먼저 그 사진사는 사진을 사건의 시간에 따라서 배열한다. 상황을 재구성하는 것이다. 그러나 그렇게 재배치된 두 장의 사진만으로는 아무것도 알 수 없다. 그는 잠시 다른 데 관심을 두었다가, 다시 사진에 관심을 가지기 시작한다. 이 관심은 결국에는 추측이다. 그는 상황의 진정성을 전혀 알지 못하며, 그가 할 수 있는 것이라고는 사진을 두고 추정하는 일뿐이기 때문이다. 그는 남녀가 포옹하고 있는 부분을 확대/블로우 업함으로써 특이한 사실(특이점/특정한 순간/비범한 순간)을 발견하고자 한다. 마침내 그 확대에 의해 어떤 사실이 드러난다. 여자는 포옹을 하면서 어딘가를 쳐다보고 있었던 것이다. 하지만 그것으로는 아직 충분치 않다. 잠시 관심을 가져보았지만 발견할 것이 별로 없다고 여겼는지, 사진사는 다시 별 특징 없는 행위로 돌아간다(이것이 '미상未詳의 시간'이다. 이 문제에 관해선 다음 장에서 본격적으로 살펴볼 것이다).

이때 안토니오니는 정말로 흥미로운 장면을 구성한다. 안토니오니는 원래의 사진과 그 일부를 확대한 사진 사이를 띄워놓는다. 물론 그

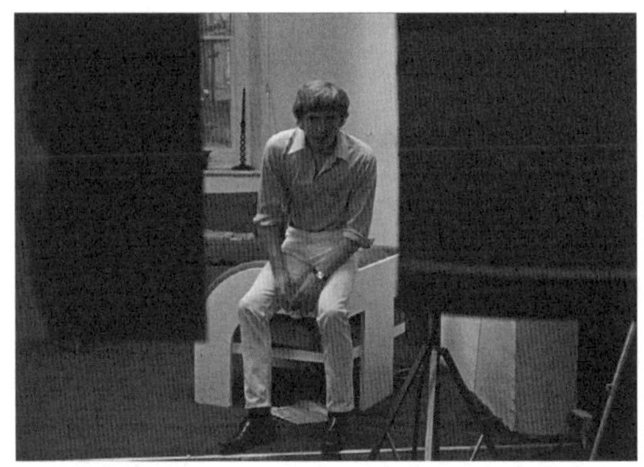

《블로우 업Blow up》
미켈란젤로 안토니오니
Antonioni, Michelangelo.
1966

카메라가 걸어놓은 사진
의 뒤쪽에서 그 사진들을
바라보는 작가(상황을 파
악하고자 하는 이)를 포착
한 미장센.

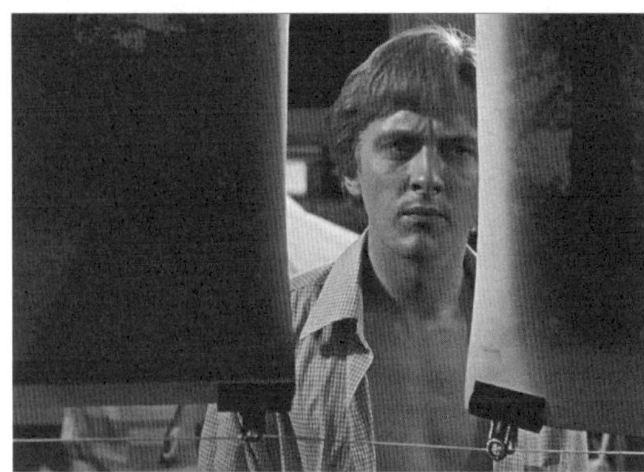

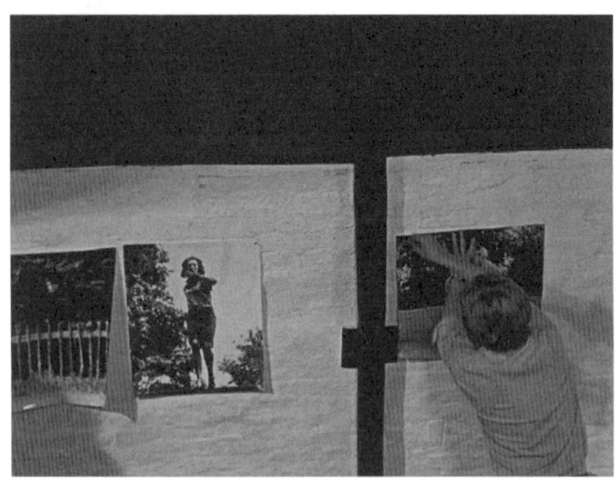

자신을 벽에 늘어놓고 당
시의 컨텍스트를 재구성
하는 작가.

것은 고도의 미장센을 위해서이다. 그 미장센 안에서 바로 사진이 작용하는 범주가 설명된다.

안토니오니는 어느 순간에 그 사진의 뒤쪽에서 사진사를 잡는다. 앞서 말한 두 장의 사진은 서로 떨어져 있다. 하나는 원래 그대로의 사진이며, 다른 하나는 거기에서 일부를 확대한 사진이다. 이 부분이 어떤 이유에서 블로우 업되었는지를 상기하라. 관심이 먼저였고, 그 관심은 상황의 추이를 밝히려는 목적에서 비롯된 것이었다. 이럴 때 그 두 사진들 사이의 추이, 말하자면 어딘가 다른 곳을 쳐다보는 여자의 행위가 지닌 의미를 추측하는 것은 바라보는 사람이다. 다시 말해, 바라보는 사람이 이 둘 사이의 인과를 추정하는 주체이다. 사진이 그것까지 담고 있는 것은 아니다. 어디까지나 보는 이, 발견하고자 하는 이가 그것을 밝혀낸다.

사진사는 다시 원래의 사진으로부터 여자가 바라보고 있는 공원 한 구석을 확대한다. 이때 다시 안토니오니는 사진사로 하여금 그 사진들을 공간적으로 재구성하게 한다. 사진사는 상황의 컨텍스트를 재구성한다. 여자가 바라보는 방향을 따라 다른 쪽 벽면에 그 확대된 공원 숲 사진을 가져다 놓은 것이다. 물론 그 사진은 아무것도 설명해주지 않는다. 여기에는 두 가지 이유가 있다. 우선 영화가 보여주는 것처럼, 형상이 불분명하기 때문이다. 즉 아무것도 없다는 것이다. 둘째, 사진사는 그것에 대한 추정을 아직 마치지 않았기 때문이 아닐까? 어쨌든…

사진사는 이제 자신의 인과관계에 따라 연속적으로 상황을 재구성한다. 사진사의 인과관계는 이렇다. 남녀가 즐겁게 데이트를 하고 있다. 이런저런 일들(여기에 들어가는 내용이 둘이 포옹하는 모습이나 다른 곳을 물끄러미 응시하는 여자의 얼굴이다)이 일어난다. 그리고 자신들을 찍는 사진사를 발견하고, 여자는 찍지 말 것을 강력하게 요구한다. 그 이유는 아마도 처음에 영화를 보는 관객들의 추정치였던 불륜 때문일 것이다. 그 늙은 남자와의 만남 말이다. 안토니오니의 카메라는 주인공의 의식, 추측, 정신적 이미지의 고리들을 고스란히 추적하고 따라간다.

이러한 순서로 사진을 늘어놓은 후 사진사는 그녀에게 전화를 건다. 하지만 그 전화번호는 가짜였다. 사진사는 가짜 번호가 적힌 쪽지를 버린 뒤, 다시 일상으로 돌아간다. 그러나 갑자기 일련의 새로운 관심이 일어나 다시 사진을 들여다보게 된다. 새로운 관심은 새로운 추정이고, 새로운 인과를 형성한다. 지금까지 안토니오니는 새로운 관심이 일어나 특정한 순간, 비범한 순간을 발견하고자 애쓰게 될 때마다 추정치를 하나씩 첨가했다. 이번에도 그럴 것이다.

사진사는 새로운 궁금증을 품는다. 그 숲에 뭔가가 있을 것 같은 느낌, 사진사는 다시 확대(이렇게 우리는 이 제목의 의미를 조금씩 발견해나간다)를 감행한다. 그리고 발견한다. 그 숲속의 흐릿한 형상 안에 권총을 든 손이 숨어 있던 것이다. 아뿔싸!

사진사는 친구에게 전화를 걸어 자신이 하마터면 벌어졌을지도 모를 살인을 막아냈음을 알린다. 그러나 친구는 별로 귀담아듣지 않는 투이다. 그때 두 명의 모델 지망생이 찾아오고, 그와 함께 사진사는 미상의 시간, 일상으로 돌아간다. 그러나 아직 끝난 것이 아니다.

사진사는 모델 지망생들과 함께 있다가 다시 사진에 주목하게 된다. 그때 안토니오니는 역시 새로운 관심과 추측에 걸맞게, 사진 뒤쪽에서 사진들 사이의 빈 공간으로 그 관심과 추측의 주체를 잡는다. 이번에는 궁금해하는 모델 지망생들과 사진사를 번갈아가며 말이다.

사진사는 황급히 모델 지망생들을 돌려보낸 뒤 이번에는 단순한 확대가 아니라 그 확대된 부분을 재차 촬영한다(이럴 수가! 사진에서, '블로우 업'이란 정확히 이 작업을 의미한다). 이 새로운 컨텍스트 안에서 촬영된 그 사진은 아주 놀라운 광경을 보여준다. 자신이 여자와 다투는 사이에 남자가 죽어버린 것이다. 그때 사진사는 정말로 당혹스러워한다. 사람이 죽었으니까!

안토니오니가 이 정도로 물러설 사람이 아니다. 아직 끝나지 않았다. 사진사는 잠시 멍하니 앉아 사진들을 돌아본다. 정말로 사진사는 사진들 더미로 둘러싸여 있다. 실제와는 상관없는 추측의 덩어리들과 함께 말이다.[50]

하지만 영화가 지니는 일루전이란 이러한 추측 이상의 것이다. 실

---

[50] 이 장면들이 얼마나 정교하고도 주의 깊게 사진의 작동, 사진의 서사에 관해 설명하고 있는가? 미장센은 이런 것이다. 그것은 단순히 의미를 읽어내도록 도와줄 뿐만 아니라, 의미가 발생하는 과정까지 자신 안에 담아서 보여준다. 나중에 해야 할 말이지만, 여기서 한마디만 하고 넘어가자. 미장센이 이루어지고 있다면, 그것은 우리가 다음 장에서 설명하는 대로 고전영화적 방식을 따르고 있는 것이 아닐까? 장면들은 미장센 안에서 정확하게 인물의 의식을 따라간다. 그리고 그 의식에 의해서 카메라와 구성이 정제되고 있다. 그렇다고 해서 어떤 것이 고전영화라고 꼬집어 설명할 수 있는 것은 아니다. 그러나 그 역은 가능하다. 고전영화의 전형적인 특징은 이런 것이라고 말이다. 하지만 이런 특징이 나타난다고 해서 고전영화라고 할 수는 없다. 이 특징들이 무엇을 위해 봉사하고 있는가가 중요하기 때문이다. 우리는 위의 장면을 설명하면서 일상과의 시간과 미상의 시간에 대해서 말했다. 안토니오니는 사실 이 전체를 불특정한 순간들, 미상의 시간들로 채우고 있다. 돌이켜보자. 특정한 순간, 비범한 순간은 영화의 목적이 아니다. 그것은 그 영화 안에서 하나의 인물로서 사진으로부터 의미를 찾아내려는 사진사의 목적 안에서 자연스레 나타나는 것이 아닌가? 영화 자신의 입장에서 볼 때 사진사는 철저하게 미상의 시간에 놓여있다. 때문에 사진 뒤쪽의 장면에서, 다시 말해 가장 극명하게 미장센이 이루어지는 장면에서도 사진사의 행동은 전부 미상의 시간 속에서 이루어지는 미상의 행위들이다!

제가 끊임없이 벌어진다. 우리 중 누구도 에일리언을 본 사람이 없거니와, 우주공간에서 그런 우주선을 타본 적도 없다. 하지만 "에일리언" 시리즈를 볼 때 우리는 자연스럽게 존재의 실재를 받아들이지 않는가? 이것은 도상성에 의지해 정신적 이미지로 환원하는 과정을 계속해서 거치기 때문이 아니다. 서사 자체가 재현되고 있기 때문이다. 하나의 사진으로부터 우리 자신이 만들어내고 스스로 확증하는 이미지가 아니라, 그 자체로 우리에게 존재의 실재함을 보여주고 있기 때문이다. 그래서 영화가 일으키는 일루전이란 정확하게 동일시하게 만드는 일루전이다. 우리가 영화를 볼 때 새로운 의식의 세계에 둘러싸여 있다고 말할 수 있는 이유가 바로 이것이다.[51]

　이런 점에서 영화가 만들어내는 일루전은 이제까지와는 명백하게 다른 것이다. 사실 최초의 순간부터 그랬다. 다시 말해, 영화는 자신이 특별한 목적으로 이용하게 될 일루전의 새로운 가능성을 목적으로 삼고 있지 않던 상태에서 이미 이 일루전의 효과와 만나고 있었다. 열차가 도착한다. 도착하는 열차는 스크린에 투영된 것일 뿐이다. 그러나 최초의 관객들은 이 스크린에서 실현된 움직임으로 인해 이 이미지의

---

51)이것은 《블로우 업》에서도 다루어진다. 그 영화의 마지막 장면을 보라. 안토니오니는 결코 그 영화에서 사진에 대한 영화의 우위를 설명하려는 것이 아니다. 사진이 어떻게 작동하며, 영화는 또 어떤 작용을 하는지를 말하려는 것이다. 서사를 통해서 이처럼 그 서사를 구성하는 도구에 대한 정체성을 물어가는 것, 아주 쉽게 말하면 그 도구를 내보이는 것, 이것이 곧 미적 생산물이 지닌 고도의 의식이 아니겠는가? '영화'는 이 단계에 이름으로써 자신의 의식을 생산하기 시작한다. 인물의 의식이 아닌 영화 자신의 의식 말이다. 그렇다고 안토니오니와 같은 현대영화인들에게서만 이러한 '영화'의 의식이 시작된다는 이야기는 아니다. 그것은 사실 이미 초창기에 무르나우, 그레이어, 프리츠 랑 등을 통해서 시도되고 있었다. 결국, 현대영화의 특징으로 자기 반영성을 단순하게 거론하는 것은 지나친 가벼움이 아닐까? 현대영화가 반영하고 있는 것은 자신을 내보이는 행위 자체가 아니다. 그것은 의식이 어떠한 방식으로 작용하는가를 현상적으로 반영하고 있는 것이다.

비실체성을 망각했다. 그것은 현실적인 위험이 되어버렸다(영화에서 말하는 최면상태 역시, 바로 이러한 부분을 설명한 것이라고 할 수 있다).

영화적 상태

이러한 일루전이 발생하고, 그것이 자신의 존재를 드러내는 공간이 바로 영화관이다. 그렇기 때문에 영화관은 단순히 외부와 차단된 물리적 공간이 아니라, 일루전에 의해 새로운 차원으로의 확장을 꾀하는 생성의 공간이다. 극장의 상황을 좀 더 자세하게 살펴보자.

영화관은 안락한 의자로 채워진 지극히 현실적인 어떤 공간이다. 의자들이 바닥에 고정된 채 한곳만을 향하고 있는 것이 특징이라면 특징이겠지만, 사실 그것도 특별한 것은 아니다. 이미 우리에게는 다른 공연 도구들이 있고, 아마도 대부분의 영화 관객은 그것들 또한 충분히 경험한 터일 것이다. 그래서 이곳은 우리를 외부와 특별하게 유리시키는 공간도 아닌 셈이다. 그런데 이상하게도 관객들은 이곳에 오게 되면 다른 태도를 보인다. 숨을 죽이고 무언가를 기다리며, 자신들의 반응을 한 곳을 향해 집중시킨다. 마치 사랑하는 연인을 향해 잔뜩 감각을 집중시키듯이. 그래서 별다른 것 없는 공간임에도 불구하고, 여전히 이 공간 안에서 관객들은 어느 정도 외부와 차단된 상태가 된다.

이미지는 프레임에 의해서 명확하게 현실 세계와 구분되어 있다. 현실은 여전히 프레임 밖에 있으며, 프레임 안은 현실이 아닌 이미지이다. 하나의 현상, 하지만 결코 만질 수 없는 현상에 불과하다. 그래서 그것은 가짜임이 분명한데도 관객들은 그 사실을 끊임없이 망각한다. 모든 것이 현실로 치환되고 있기 때문이다.

이 치환은 곧 몰아로 이어진다. 영화를 보기 전까지는 아무도 이것을 현실로 생각하지 않는다. 그것은 단지 필름이라는 화학물질 위에 기록되고 저장된 가상의 이야기에 불과하다. 그것은 프로젝터를 통해 나옴으로써 육체를 부여받는다. 그렇듯 이 이야기는 만들어진 것이다. 그 이야기에 등장하는 인물들은 현실에서 진짜 그 역할을 담당하고 삶을 산 그런 이들이 아니다. 등장하는 모든 인물은 배우이다. 그들은 지금 우리 눈앞에서 그렇게 살아가는 사람이 아니라, 단지 그렇게 보이려고 연기하는 배우들이다. 이 배우가 저 영화에서 다른 역할을 하는 것도 이미 보았기 때문에, 우리는 그들이 진짜 햄릿이라거나 진짜 제임스 본드라고 생각하지 않는다. 그런데 영화를 보는 동안 우리는 가짜인 그들이 하는 행위와 말에 매몰된다. 그들은 진짜가 아닌데도 불구하고 진짜처럼 느끼고 반응한다. 우리는 그 존재를 '벌써' 인정하고, 그의 불행과 행복에 가슴을 졸이는 것이다.

이것은 영화관 안에서 관객이 놓이게 되는 상태, 그 영화적 상태에 대한 특징들을 두서없이 늘어놓은 것에 불과하다. 따라서 만약 우리가 좀 더 자세하게 살피려 든다면 이외에도 많은 특징을 끌어낼 수 있을 것이다. 그러나 그 이야기는 이쯤 해두고 이제 본격적인 논의를 시작해보자. 그 정도만 해도 모든 것들이 어렵잖게 풀려나올 테니까.

우리는 영화관에서 어둠이 단지 집중을 위한 장치만이 아니라고 지적했다. 그것은 정숙을 요구하는 조건도 아니며, 물리적으로 시각의 방향을 통제하기 위한 조건도 아니다. 굳이 말한다면 이 어둠은 영화적 상태를 보장하기 위한 전제조건, 새로운 세계를 생성하기 위한 조건이다.

태초에 하나님이 천지를 창조하시니라 / 땅이 혼돈하고 공허하며 흑암이 깊음 위에 있고 하나님의 신은 수면에 운행하시니라 / 하나님이 가라사대 빛이 있으라 하시매 빛이 있었고.

성경은 종종 영화적 상태 또는 영화의 문제와 재미있는 지점에서 만나곤 한다. 이것은 단순히 흥미로운 비유가 아니다. '영화'를 설명하는 데, 정확히 말하자면 이미지의 문제를 거론하는 데 성경의 문구와 그들의 배경이 되는 문명권의 기록은 상당히 중요한 전거를 제시한다. 그래서 나는 우리가 반감을 가지든 그렇지 않든, 문화를 이해하는 데, 특히 서구문화에 대한 것들을 이해하는 데 편견들을 걷어낼 것을 강조한다. 실제로 이미지를 둘러싼 논쟁에서 기독교 세계관을 이해하는 것은 아주 중요한 일이기 때문이다.

'영화' 역시 빛으로 만들어졌고, 그 빛을 통해 새로운 세계를 제시한다. 그러나 그 새로운 세계는 언제나 어둠에 빚지고 있다. 어둠을 전제하고 나서야 창조가 이루어진다. 어둠으로부터 세계가 시작되는 것이다.

그래서 앞에서 말했듯이, 나는 이 영화관 안의 어둠을 단지 물리적 상태로 보지 않는다. 마찬가지로, 창세기의 어둠도 흔히 말하는 것처럼 혼돈과 무질서의 어둠으로만 보지도 않는다. 그것은 혼돈 그 자체, 혼돈의 응축, 가라앉음, 폭풍전야, 잠잠함만을 나타내는 것이 아니라, 생성, 새로운 출발, 탄생을 가리키는 것으로도 파악될 수 있지 않을까? 아직은 어떤 상태로도 나아가지 않은 바로 그 순간의 정지 말이다. 그 순간 모든 것은 정지하고 사라진다. 이는 '영화'에서도 마찬가지이다. 그것은 일상의 혼돈을 잠재우고, 일종의 질서정연한 새로운 감각 상태를 만들기 위한 장치가 아닐까? 언제나 무질서하게 식별을 욕망하는 지각의 작용에 대한, 휴지를 넘어선 '망각' 말이다.

우리는 어떻게 영화관에 접근하는가? 점점 더 그런 경우가 많아지고 있기는 하지만, 아주 명확한 문화적 탐색의 경우(사전에 분명한 경계가 둘러진 대상으로 선택된 영화, 보아야 하고 연구되어야만 하는 영화)를 제외하면, 우리는 휴가, 한가한 상태, 할 일이 없는 상태에서 영화관에 간다. 모든 경우가 마찬가지이다. 영화관에 입장하기도 전에 이미 최면의 전통적인 조건들이 성립한다. 공백 상태vide, 무위함 또는 한가함désoeuvrement, 일없음inemploi 같은 것들 말이다. 아직 영화 앞에 가지도 않았고, 따라서 영화에 의해 꿈을 꾸는 상태에 들어선 것도 아니다. 그런 것과는 상관없이 관객이 되기도 전에 이미 이러한 조건들이 채워진 것이다. 그것은 영화적 상황이라고 할 수 있으며, 이 상황은 바로 선최면적 상황préhypnotique이다. 영화관의 어둠은 진짜 환유로, 영화관 안의 어둠은 이 어둠에 앞선 어스름한 몽상 또는 망상réverie crépusculaire(브로이어-프로이트에 따르면, 이것은 최면에 선행하는 조건이다)으로 채워진다.[52]

바르트는 과장한 것이 아니다. 사실 갑자기 최면이라는 단어를 맞닥

---

52) 롤랑 바르트, 「영화관을 나오며En sortant du cinema」, 『커뮤니케이션』, No 23.

뜨리는 독자들로서는 다소 어색하게 느껴지겠지만, 최면상태의 일반적인 조건들이 바로 영화관 안에 있는 육체에도 유사하게 일어난다. 서서히 현재 지각의 망각을 위해서 달려가는 육체, 시선의 집중, 타인에 대한 의식의 부재, 잠을 자는 것, 꿈을 꾸는 등등과 같은.

감정이 격정적으로 열린 상태에서, 즉 모든 행위가 자신의 가능성을 발화하는 상태에서 최면은 이루어지지 않는다. 기억 속의 이미지, 알 수 없는 세계의 이미지들은 육체가 현실적인 감각들을 잠재우고 나서야 비로소 다가갈 수 있다. 잠이란 그런 점에서 최면의 일차적인 작용을 이해할 수 있는 아주 좋은 예이다. 현실의 망각이 준비되는 단계이기 때문이다. 잠에 빠진 뒤에 우리는 꿈을 만난다. 이해할 수 없는 이미지의 세계를.

마찬가지로 영화 또한 이미지의 세계이다. 영화적 상태와 몽환적 상태의 유사성을 이야기할 수 있는 근거는 충분하다. 두 가지 모두 몰아적 성격을 지니며, 현실적으로 다다를 수 없는 영역의 이미지를 제시할 뿐만 아니라, 이러한 이미지의 세계를 돌아다닌 결과가 현재에 영향을 미치고 있기 때문이다.

'영화'에서 '어둠'은 무엇일까('영화'를 말할 때, 나는 필름에 대해서 만큼이나 영화관에 관한 생각을 멈출 수가 없다)? 어둠은 (선수면 상태로서의) 망상의 실체 그 자체일 뿐만 아니라, 확산된 에로티즘의 색이기도 하다. 감정적인 압축으로 인해, 사교적 상태의 결손으로 인해(예를 들어, 연극이 상연되는 모든 극장에서 이루어지는 문화적 '드러남'과는 반대이다), 부자연스러운 자세의 제거로 인해(정말 얼마나 많은 관객이 외투나 발을 앞자리에 올리고 마치 침대에서처럼 몸을 안락의자 안으로 내던지고 있는가!), 일반

적인 영화관은 일종의 자유롭게 풀어진 장소un lieu de disponibilité가 된
다. 그리고 바로 이 풀어짐(한가하게 이성을 유혹하는 것보다 더한 해이함)
과 육체의 나른함이야말로 광고나 스트리퍼의 에로티즘이 아닌 대도시의
에로티즘으로, 현대적인 에로티즘을 가장 잘 보여주고 있는 예라 할 수 있
다. (…)
이 '영화'의 어둠(불특정하며, 집단적이며, 복수로 존재하는 어둠. 정말이
지, 혼자서 볼 경우의 권태와 실망에 비해서 말이다) 안에 영화의 매력 그
자체가 살고 있는 것이다. 여기서 반대의 경우를 들어보자. TV에도 영화가
있다. 그러나 매력은 없다. 어둠은 TV에 점착되었으며, 익명성은 풀려버리
고 만다. 공간은 친근하고, 또렷하며(가구들과 익숙한 물건들), 잘 정돈되어
있다. 거기서의 에로티즘은 말하자면 가볍고 건성건성인 것일 뿐이다.

바르트가 주목한 것은 바로 영화적 상태와 최면 사이의 긴밀한 관
계이다. 그는 우선 영화의 이미지가 허구 또는 환상이라는 점에 집중
해야 한다고 말한다.

나는 이미지들 속에 완전히 갇혀 있다. 마치 내가 상상력을 구성하는 유명한
이중적 관계들 안에 푹 빠져 있을 때처럼. 이미지는 거기에 있다. 내 앞에 그
리고 나를 위해서. 유착(그것의 기표와 기의는 확실히 뒤섞여 있다), 유추, 포
괄, 함축. 이들은 완전한 허구의 조건이다. 나는 이 이미지를 향해서 달려간
다. 마치 동물이 자신을 유혹하기 위해 마련한 헝겊 인형을 향해 달려들듯이.
물론 이미지는 내가 존재한다고 믿는 주체를 통해서, 내게 던져진 몰아와 상
상력을 하나로 이어준다. 영화관 안에서 나는 아무리 멀리 떨어져 있다 할지
라도 여전히 스크린이라는 거울에 마치 짓이겨질 듯이 코를 맞대고 있다. 나
르시스적으로 나 자신을 일체화할 이 다른 상상에… (…) 이미지는 나를 손에
넣었고, 나를 잡아채 갔다.[53]

---

53)같은 책, 106면.

다른 말로 하면, 나는 재현에 완전히 유착되어 있다는 것이 아닌가? 영화 이미지들로부터 실제적인 인상impression을 만들어내는 것이 이 유착이고 몰아이다. 우리가 두 시간 남짓 동안 영화가 제공하는 이야기에 빠져들 때 이러한 일들이 빚어진다. 최초의 영화 중 하나인 "기차의 도착"이 보여준 현상들도 마찬가지였다. 최면적 상태와 영화적 상태는 기본적으로 동질적이다. 굳이 구분한다면 허구지수에서 차이가 있을 뿐이다. 주인공의 활약과 결정적 순간에 대해 터뜨리는 환호와 박수, 이제는 그러한 직접적인 행위로 도출되지 않지만, 은근히 감동에 젖어서 보이곤 하는 감정적 격동은 최면상태에서 '최면-몸'이 느끼는 것과 유사한 것이다. 최면-몸도 자신이 보고 있는 이미지들 안으로 자신의 감각을 안고 빨려 들어가며, 그에 대해서 즉자적인 반응을 보인다. 여기서 차이란 최면-몸과 영화를 관람하는 몸이 만나는 이 허상의 세계가 가지는 허구지수의 수준뿐이다. 달려오는 기차에 놀라 혼비백산하던 최초 관객들의 상태도 마찬가지였다. 따라서 이 최초의 순간부터 '영화'는 새로운 경험의 내용들로 채워지고 있었으며, 앞으로 '영화'가 나아갈 방향을 정확하게 가리키고 있었다고 해야 할 것이다. 앞 장에서 말했듯이, 이 반응들이 보여준 놀라움으로 인해 '영화'의 개척자들은 '영화'의 유용성을 바라보게 되었고 그 안에서 '영화'의 가능성을 찾게 되었던 것이다.

물론 이것은 언제나 상업적인 목적을 가지고 교묘하게 계획되었기 때문에, '영화'에 긍정적인 것만큼이나 많은 부정적인 결과들을 가져왔다. 이를테면 이것은 재현 방법으로서의 '영화'가 현대적 사고의 반영물로 시작된 것임에도 불구하고, 고전적인 방향으로 고개를 틀게 만들었다. 관념이 아니라, 현상 안에서 각기 파열하는 단면들로부터 의미를 파악하고 새로운 결정을 취하게 됨으로써 현대의 가능성이 열리고, 그 가능성이 '영화'라는 육체에 반영되었다. 그런데 그 자식인 영화들의 기능은 반대로 작용하게 된 것이다. 그것은 고전적인 육체의 개발과 탐색으로 나아갔다. 하지만 중요한 것은 그것이 긍정적이냐 부정적이냐를 따지는 일이 아니다. 왜냐하면 이것은 현실에 대해 새로운 문제를 제기하고 있기 때문이다. 그것은 곧 영화만이 지닌 기능이며 가능성이기도 하다.

우리가 사실이라고 지레짐작하던 것들이 알고 보면 잘못된 상식인 경우가 종종 있다. 이를테면 여성은 오래전부터 바지를 입어왔다. 그러나 그것은 언제나 남성의 옷이었으며, 여성은 작업의 필요를 위해서 입고 있었던 것에 불과하다. 달리 말해서, 그것은 최근까지도 '여성의 의상'이 아니었던 셈이다. 그 바지가 공식적으로 여성의 미를 나타낼 수 있는 의상으로 선보인 것은 극히 최근인 1966년에 이르러서였다. 이브 생 로랑의 프레타 포르테 컬렉션에 처음으로 포함되면서부터인 것이다.

이처럼 많은 사실, 오늘날에는 너무 평범해 보여서 의미를 찾는다는 것이 별 가치가 없을 것 같은 사실들이 있다. 그러나 그것이 문제를 일으킬 때, 그것에 대해 이해해야 할 필요가 있을 때 우리에게 필요한 것은 정확한 사실의 추이이다. 그 사실을 둘러싼 사고의 변이과정을 더듬어가는 것이다. 여성 문제에 접근할 경우, 정확하게 여성에 대한 이러한 자각들이 최근에야 시작된 것이라는 점을 염두에 두고 전략적 기초를 세워야 하는 것처럼 말이다. 여성의 사회적 활동에 대한 공식적 인지가 이 프레타 포르테가 던진 질문이었다면 지나친 발상일까? 그렇지 않다. 바로 그 쇼를 전후하여 프랑스 사회가 보여준 일련의 진보적 사건들은 그것이 하나의 상징적 지점이었음을 말해준다.

우리는 최면이 익숙한 치료행위의 하나라는 사실을 잘 안다. 익숙하다고 해서 누구나 한 번쯤 경험이 있을 것이라는 이야기는 아니다. 말하자면 그런 행위가 존재하며 그것이 커다란 사회적 물의를 일으킨다고 생각하지 않음은 물론, 때에 따라서는 의료행위로 활용되기도 한다는 사실을 알고 있다는 뜻이다. 그래서 그것의 역사도 아주 오래된 것으로 착각하곤 한다.

하지만 최면의 공식적인 등장은 그리 오래된 것이 아니다. 실제로는 1840년에 와서야 영국의 제임스 브레이드에 의해 과학적으로 정의되었으며, 프로이트에 이르러 비로소 의료행위로서의 가능성이 타진된다. 그 이전에도 최면은 존재했다. 하지만 최면은 여성의 바지처럼 엄연히 존재했지만, 공식적으로 인정된 것은 아니었다. 인간이 최면의 존재를 인정하고 그것의 사회적 역할에 대해서 고려하기 시작한 것은 그리 오래되지 않았다. 최면에 대한 공식적인 연구발표는 실제로 '영화'의 탄생과 같은 해였다. 1895년, 프로이트는 「히스테리에 관한 한 연구」라는 논문을 발표했고, 이로써 최면은 금기라는 꺼풀을 벗을 준비를 하게 되었던 것이다. 아주 묘한 일치가 아닌가? 최면과 영화에 관한 설명을 마치고 나면 이해하게 되겠지만, 마치 운동에 관한 베르그송의 사유가 영화의 탄생과 시기적으로 맞물려 있는 것과 같은 묘한 일치이다. 심적 세계에 대한 새로운 비전의 확대와 이미지에 관한 새로운 비전의 출발이 같았다는 점에서 말이다.

하지만 이 최면에 대해 말할 때, 프로이트 이전에 우리가 꼭 기억해야 하는 인물이 있다. 사실 최면이 처음부터 논쟁의 중심은 아니었지만, 이슈를 일으키며 화려하게 유럽 사회에 부상한 것은 프란츠 안톤 메스메라는 이름의 스위스(?) 의사가 등장하면서부터이다. 그것도 생각보다 오래되지 않은, 18세기에 와서야 말이다.[54]

최면이라는 용어 자체야 나중에 생겼지만, 이러한 역사로 인해 그것은 오랫동안 메스메리즘이라는 용어의 언저리에 머물러 있었다.[55] 우리가 자료를 통해 확인할 수 있듯이 이 메스메의 이론은 당시 큰 우려를 낳을 만큼 충격적인 것이었다. 당시 치료행위의 개념과 도덕적 문제 그리고 육체와 영의 문제에 대해서 전복적인 입장에서 접근했기 때문이었다.

꿈과 추억의 문제에 관한 한, 당시까지만 해도 이렇다 할 논의가 없

---

54) 이 출발점을 정확히 짚어내기는 다소 힘이 든다. 아마 메스메가 '동물자기'에 관한 자신의 초기 견해를 담은 논문 「행성들이 인간의 병에 미치는 영향L'influence des planetes sur les maladies humaines」을 내고 의학자가 된 1766년이 그 시초에 해당할 것이다. 참고로 이 논문은 당시 상당한 물의를 빚었는데, 오늘날의 개념에서 보수적인 진료와 치료행위를 고수하던 지식인 층으로부터 아주 광범위한 반발을 불러일으켰다. 여기에는 신학을 전공했던 그의 전력도 한 몫을 했을 것이다. 이 논문과 이후 그의 연구방향은 신학에 정면으로 도전하고 있다는 평가를 받았기 때문이다. 하지만 아이러니컬하게도 초창기 실의에 빠져 있던 그에게 결정적인 연구동기를 제공한 것은 1774년 다름 아닌 천문학 교수이자 예수회 신부이기도 했던 헬과의 만남이었다. 참고로, 안톤 메스메를 찾아보면 문서에 따라 국적이 때로는 독일, 스위스, 오스트리아, 심지어 프랑스라고도 나온다. 사실 당시에 메스메가 태어나 활동했던 국적은 이 중 어디에도 속한다고 보기 힘이 든다. 그는 프랑스 쪽에 가까운 중부유럽 출신이었으며 그때 프로이센이 있었다. 이곳에 해당하는 현대적 국가명칭을 불분명하게 사용하고 있는 것이다.

55) 정확히 말하면, '메스메리즘'에 최면이라는 의미만 담겨있는 것은 아니다. 그것은 메스메의 동물자기 요법과 그로부터 빚어지는 최면상태의 기초작용까지의 단계에 해당한다

었다. 그다지 큰 관심이 없었기 때문이다. 따라서 그러한 요소들이 질병을 일으키며 정신병의 근원이 될 수 있다는 것은 더욱이 고려되지 않았다. 모든 정신병은 영적인 문제, 즉 교회 차원에서 제기되는 영적인 문제에 속해 있었을 뿐이다. 이러한 사회 속에서 꿈, 추억 그리고 그것 못지않은 비현실적 세계에 대한 접근을 시도한다는 것은 그때까지 이해할 수 없는 신의 영역을 침범하는 것이었다. 그렇기에 인간의 지위에 권능을 더해주는 척도였던 부분에 도전한 메스메의 행위는 커다란 물의를 일으키기에 충분했다.

왜냐하면 메스메는 의사—당시로서는 누구보다도 실증적이어야 했던—의 신분으로, 자신의 치료행위를 고대 이집트 사람들과 마찬가지로 '동물자기'에 의한 초자연적인 힘에 바탕을 둔 것으로 설명하고 있었기 때문이다. 그에 따르면 이 '동물자기'는 우주 공간에 가득 찬 보이지 않는 기체로, 이것은 모든 생명의 원천이었다. 그렇기 때문에 환자에게 이것을 주입함으로써 병을 치료할 수 있다는 주장을 펼쳤던 것이다. 게다가 메스메는 여기서 한발 더 나아간다. 그것은 바로 이 초자연적인 힘의 가능성과 밀접한 관계를 맺고 있는 영역으로, 종교 사회적 경계로 둘러싸여 있는 좀 더 두렵고 모호한 세계였다. 다름 아닌 '제3의 세계', 바로 영적인 세계였다. 그는 이 힘과 이 세계의 흐름을 감지할 수 있는 감각이 인간에게 있다고 보고, 그것을 '육감'이라고 불렀다.

물론 육체와 영의 문제는 전혀 새로운 것이 아니다. 그러나 그것에 대한 언급은 지극히 제한된 직업에만 허용되고 있었다. 교회의 테두리 안이나 철학가들의 논쟁 안에서나 가능한 것이었다. 육체와 영의 분리 또는 새로운 결합에 관한 실제 주술적인 행위들은 심령술사들만이 할 수 있었으며, 그것은 상당히 빈번히 행해지고 있었음에도 언제나 '비공식적인' 것이었다. 그나마 공식적인 행위라면 교회에서 은밀하게 행해지는 엑소시즘 정도였다.

정신의 작용에 관한 논의들이 현대에 이르기 전까지 얼마나 이성에 의해 억압되었던가? 정신의 활동과 작용은 늘 이성의 체계를 바탕으로 설명되고 속박되어야 했다. 그것이 법이고, 법의 범주 안에서 교묘하게 법적인 적용의 권위를 부추기거나 합리화하는 방편인 법의학이었다. 따라서 정신의 실제 작용과 내용은 이러한 상황에서는 철저하게 이성의 권력에 굴복하지 않겠는가? 이와 같은 환경에서 메스메가 내놓은 새로운 감각의 존재에 대한 이론은 사회적 파장을 일으키기에 충분한 것이었다.

여하간 메스메가 내린 결론이 있다면 이런 것이었다. "인간의 육체는 우주를 관통하는 신비한(영적인) 어떤 것의 돌발과 흐름에 의해 지배당하고 있다." 이 영적인 어떤 것을 지각하고 감각하는 능력을 가리키기 위해 그가 처음 사용한 용어가 바로 육감이었다. 메스메는 이러한 결론을 통해서 꿈과 그 꿈의 이미지들, 나아가서는 비록 초보적인 단계였지만 기억의 문제에 관해서까지 연구를 감행한다. 그러나 그는 그러한 연구를 계속해서 이어갈 수 없었다. 도저히 연구를 계속할 수 없을 만큼 커다란 사회적 물의에 휘말리게 되었기 때문이다. 이러한[56]

---

56) 메스메의 치료행위와 시도들은 곳곳에서 의사들에 의해 고발당한다. 그리고 결과는 언제나 메스메의 참패로 끝이 났다. 메스메의 행위는 항상 사회적인 물의를 일으킬 수 있는, 문제의 소지가 농후한 것으로 평가되었기 때문이다. 「메스메리즘 또는 동물자기학에 대한 비밀 보고서 Rapport secret sur le mesmerisme」를 참조하라(이것을 비롯하여 여러 편의 고발장과 조사서가

이유로 인해, 그것이 심리학 쪽에서 하나의 명실상부한 학문으로 자리 잡기까지 프로이트에 이르는 긴긴 시간이 필요했던 것이다.

　그런데 이것과 '영화'가 무슨 상관이란 말인가? 메스메와 '영화'가 도대체 무슨 상관이기에 이런 호들갑인가? 우리는 메스메 이야기를 공연히 한 것이 아니다. 바로 메스메로부터 시작되는 아주 중요한 이야기가 있기 때문이다. 즉 메스메가 이끌어낸 상상적 세계 또는 신비한 세계에 대한 새로운 고찰 말이다. 그 덕분에 인간은 자신의 비전을 한층 확대할 수 있게 되었다. 게다가 메스메는 또한 다른 업적으로도 평가를 받아야만 한다. 바로 이 '동물자기'에 관한 연구에서 시작된 최면의 기초적인 단계에 관한 연구에 힘입어, 결국 최면 자체의 의미를 규정할 수 있게 되었기 때문이다. 즉 그는 돌발적인 상황으로 자극되는 경악, 발작 그리고 그 밖의 이상 상태들의 원인을 이러한 신비한 힘(동물자기)의 결손 또는 영적인 것의 부유나 불안 때문이라고 보고, 그것을 주입하는 방법으로 최면을 활용했다. 그리고 그와 동시에 앞서 언급했던 것처럼, 기억과의 관계를 지적했다. 이 과정에 서사와 최면의 아주 미묘한 연관이 자리 잡고 있다.

　비록 심리학은 의외로 이 메스메리즘, 나아가 최면의 가능성을 전혀 염두에 두지 않고 있었지만, 현실이라는 질료를 바탕으로 하는 동시에 상상력이라는 허구의 세계를 질료로 삼는 예술들은 달랐다. 최면은 아주 놀라운 상상력의 세계를 구현할 수 있도록 해주었다. 메스메가 밝힌 것도 결국 그런 것이 아니던가? 최면을 통해서 우리가 의식하지 못하는 신비한 힘이 눈앞에 드러나고, 신비의 세계가 베일을 벗으며, 무

『오르니카』 메스메 특집에 수록된 바 있다)

의식 안에서 부유하는 추억이 이미지의 옷을 입게 되었다. 즉 현실과 동떨어져 있지만 현실에 영향을 미치는 무언가가 있으며, 최면이라는 방법을 통해서 그것에 접근할 수 있을 뿐 아니라 그 이상(영적 조절 능력)도 가능하다는 것이다.

최면에 관한 관심, 좀 더 정확히 말하면 최면을 통해서 열리게 된 새로운 비전들은 문학을 통해 처음으로 모습을 드러냈다. 알렉산드르 뒤마는 자신의 범작『조셉 발사모』를 통해서 이 최면이 불러일으키는 새로운 문제들에 관해 이야기한다.[57] 그렇다고 최면의 영향이 문학에서 멈춘 것은 아니다. 이러한 최면의 세계에 대한 이해, 인간의 새로운 비전에 대한 이해는 미술, 조각, 음악 등 거의 모든 예술에 하나의 전기로 작용하게 된다.

'조셉 발사모'는 새로운 인물이었다. 그는 원래 그리스-로마 신화에서 신들이 다스리던 영역을 침범한 인물이다(마치 메스메처럼). 그는 인간의 무의식을 조절하고, 그들의 추억과 가상의 공간 속에 끼어들었으며, 영을 불러내어 사람들의 의식 세계를 조종했다. 다시 말해, 그는

---

57)이 소설의 원제는 두 가지이다. 1770년 알렉상드르 뒤마는『한 의사에 대한 기억』이란 소설을 발표한다. 전체가 무려 5000면이 넘는 4부작 소설로, 그는 같은 해 1부에 해당하는『조셉 발사모』를 출간한다. 그 뒤 10년이 지난 1784년에 2부인『여왕의 목걸이』를 발표한다. 그리고 1789년 3부인『수호천사 피투』를 내고, 1790년에야 마지막 권인『사르니의 백작부인』을 출간한다. 장장 20년에 걸친 대작업이었지만, 사실 1부인『조셉 발사모』만으로도 대단한 화제를 불러일으킨 작품이었다. 이 주인공은 당시에 유행한 메스메리즘의 세례를 받고 설정된 인물로, 마치 메스메가 말한 어떤 신비한 능력을 지닌 것처럼 소문이 돌던 까골리스트로의 백작이자 의사 지우세뻬 발사모를 모델로 한 것이었다. 메스메와 이 지우세뻬 발사모 그리고 알렉상드르 뒤마는 전부 동시대인으로, 뒤마의 이 소설을 해석하는 데 그들의 관계가 주목되기도 했다. 지우세뻬 발사모는 소설의 2부에 해당하는, 당시 왕정의 권위를 실추시키는 데 결정적 역할을 한 '여왕의 목걸이 사건'에 연루되어 사형당했다. 이 목걸이 사건은 또한 그 유명한『삼총사』와도 연관되어 있다.

영적인 지배자였던 셈이다. 육감을 가지고 영적인 것들을 지배하는 인간의 설정이라는 이 자체가 전적으로 새로운 내용이 아닌가? 이를테면 "현상의 세계가 이성의 세계에 선행한다", "현상의 무의식적인 작용이 실제 현상의 세계에서 작용하는 의식에 선행한다"는 식의 내용들 말이다. 따라서 이것은 미학적인 차원에서 볼 때 상상력의 확대이고, 추억적 연상의 확대이며, 표현영역의 확대였다.

최면은 결과적으로 인간에게 새로운 세계의 존재를 확인시켜주었고, 이를 통해 새로운 비전을 제공해주었다. 물론 메스메리즘이 최면으로 변모해가는 과정 그리고 프로이트에 이르는 과정을 심리학적 관점에서 추적할 수도 있을 것이다. 하지만 앞서 기술한 문제들로 인해 최면은 위험한 요소를 안고 있는 것으로 받아들여졌기 때문에, 투약과 같은 완전한 치료행위로 인정받지 못했다. 이것은 심리학과 의학의 경계에서 늘 부딪치는 문제 중 하나이다.

그러나 문학에게 그것은 환상적인 이유식이었다. 최면을 극단적인 잠, 임계점에 다다른 잠sommeil critique이라고 부른 메스메는 최면상태의 인간, 즉 최면-몸을 모든 것을 보는, 어디에나 갈 수 있는 몸으로 간주한다. 이를 통해 새로운 비전의 개념이 탄생하게 된다. 최면의 주체는 모든 것을 한눈에 볼 수 있는 비전vision panoptique을 지닌 존재가 되는 것이다.⁵⁸⁾ 이 점에서 우리가 주목하는 것이 바로, 이 최면적 상태 또는 몽환적 상태와 '영화'가 지니는 유사성이다.

하지만 최면과 '영화'를 잇는 끈은 그뿐만이 아니다. 우리는 앞에

---

58) 이 '모든 것을 보는 이 또는 시선'으로서의 비지옹 파놉띠끄는 푸코에게서는 사회적 개념을 지니기도 한다. 이에 대해서는 미셸 푸코의 『감시와 처벌』을 참조하기 바란다.

서 극장에 관해 말하면서 그 공간 안에서 모든 감각은 차압당하며, 오직 하나의 감각, 즉 시각만이 남겨진다고 이야기했다. 그러나 그 시각도 이미 일상의 시각은 아니다. 일상 안에서 우리의 시각은 지각의 넓이만큼 벌어져 있다. 하지만 극장 안에서 허용되는 것은 단 하나의 방향뿐이다. 마치 최면상태에서 감고 있는 실제 눈과는 상관없이 새로운 시각을 부여받듯이 말이다.

최면과 '영화'의 이러한 관계가 주목받기 시작한 것은 영화가 발전을 거듭하고 한참이 지난 뒤가 아니다. 창작의 세계는 항상 그것을 평가하고 의미망을 채우는 세계보다 늘 앞서가게 마련이다. '영화'가 가져다주는 것에 대해서 인문학자들이 관심을 표명하며 그것을 논리적으로 정리하기에 앞서, 이미 그보다 한참 전에 영화의 개척자들은 그 관계를 직감적으로 파악하고 있었다. 게다가 오늘날의 영화들 이상으로, 자신들이 펼쳐놓는 이야기에 그러한 관계와 정체성의 문제들을 정교하게 심어놓고 있었다. 우리가 최초의 '작가들'이라고 부를 수 있을 만한 북구와 독일의 감독들은 신화나 전설 속에서 떠도는 삼류 문화의 인물들 안에서 그런 문제들의 중요성을 파악하고 있었으며, 그들이 지니는 개념들을 이론가들이 정리하기도 전에 이미 간파하고 있었다. 그 인물들이 바로 흡혈귀, 프랑켄슈타인, 마부제, 갈리가리이다.[59]

최면은 이미 '영화'에게 하나의 장치였다. 기억 속의 이미지를 끌어올리는 장치, 새로운 이미지의 세계를 여는 장치 말이다. 따라서 프로

---

59) 초기 심리학과 '영화'의 관계에 대해서는 영화사 책, 이를테면 조르쥬 사둘의 『세계영화사』에 잘 나와 있다. 하지만 그러한 관계가 형성된 이유에 대한 설명으로는 가타리의 글 「가엾은 이의 긴 의자Le divan pauvre」(『커뮤니케이션』, No. 23)를 보기 바란다.

이트가 미국으로 건너가 뒤늦게 '영화'를 보고 그에 대한 관심을 표명한 것은 당연한 결과이다. 하지만 프로이트가 보았던 영화들은 저 북구와 독일 감독들의 영화가 아니었다. 그것은 맥 세네트, 찰리 채플린, 아르노 버취, 그리피스 같은 감독들의 작품으로, 오직 프레임 안에서 벌어지는 것만이 핵심 주제로 드러나는 영화들이었다. 또한 그보다 훨씬 이전의 영화들도 있었다. 영화에 대한 프로이트의 관심이 곧 폄하로 바뀐 것도 이런 점에서 보면 쉽게 이해할 수 있다.

영화적 공간과 최면

　영화적 공간이란 무엇을 가리키는 것인가? 우리가 문학적 공간이라고 말할 때, 그것은 어떤 공간을 의미하는 것인가? 사실 우리는 특별한 규정 없이 이 말을 사용한다. 어떤 담론을 문제 삼을 때, 문학적 공간이란 서사의 공간을 일컫지 않는 경우도 있다. 예를 들어, 다음과 같이 진술해보자. "1980년대의 문학적 공간이 사회를 끌어안고 사회 속의 첨예한 문제들을 담아내고 있었다면, 1990년대의 문학적 공간은 그러한 채무로부터 일탈하는 모습을 보여준다. 거기에 담긴 것은 반성도 아니며, 그렇다고 극복도 아니다. 어떤 결별이 그 두 개의 공간을 지나가고 있는 것이다."

　비평이나 대담에서 위와 같은 의미로 문학적 공간이라는 표현이 사용될 때, 이 공간은 아주 모호한 경계를 지닌다. 그것은 분명히 현실을 의미하는 것은 아니다. 그것은 현실을 담아내고 반영하는 문학들이 제시하고 있는 공간을 가리킨다. 그렇다고 서사가 제시하는 공간만을 나타내는 것은 분명 아니다. 서사를 포함하는 동시에, 현실과 문학의 교차지에서 발생하는 정신적 공간을 지칭한다고 하는 편이 훨씬 문학적 공간이라는 실체에 가까운 표현일 것이다. 문학이 작용하고 있는 정신적 공간의 범주까지 포함해서 말이다. 그렇기 때문에 이러한 예에서 사용하는 문학적 공간이라는 개념은 작품 하나하나에 의미를 둔 것이라기보다는, 그것들이 차곡차곡 쌓여 만들어내는 '문학'이라는 장치, 그 전체의 덩어리가 작용하는 범주를 염두에 둔 것이라고 할 수 있다.

영화도 마찬가지이다. 영화적 공간이라고 할 때 우리는 흔히 하나의 영화가 제시하고 있는 서사의 공간, 즉 서사체가 지시하는 공간을 떠올린다. 하지만 실은 그렇지 않다. 영화적 공간이란 우리가 예로 든 문학적 공간과 같은 개념으로, 영화를 볼 때 영화가 작용하는 범주의 공간 개념(문학작품을 읽을 때 그 작품을 통해 나타나는 서사적 공간과 그것이 작용하고 있는 정신적 공간), 그리고 '영화'라는 장치가 사회에 나타나 그 사회에 대해 작용할 때 그것이 갖는 기능적 공간 개념을 모두 포함하는 것이다.

그렇기 때문에 영화적 공간이라는 말을 사용할 때 우리는 이미 '영화'라는 전체의, 장치의 개념에 개입하고 있다. 물론 이 자리에서 이 사회적 작용의 자장까지 다루지는 않을 것이다. 이 공간 전체의 범주에서 우리의 관심을 특별히 끄는 것은 바로 영화를 볼 때 영화가 작용하는 범주의 공간 개념이라고 한 부분이다. 다시 말해, 물리적으로는 영화관이라고 하는 구체적인 영역에서 발생하는 공간의 문제들이 우리가 말하고자 하는 대상이다.

문학적 공간과 영화적 공간이라는 말을 사용할 때 그 단어들은 용도상 아무런 차이도 없다. 그러나 이미 영화관이라는 개념을 말함으로써 이들 사이에는 개념적인 차이가 발생한다. 다시 정리해보자. 우리가 말하고자 하는 영화적 공간의 범주와 같은 문학적 공간은 결코 물리적으로 나타나는 현실적 공간이 아니다. 카페에서 읽든, 집안에서 읽든, 사방이 틀어막힌 정신적 격리의 물리적 형태인 감방에서 읽든 그 공간은 어떤 점에서도 문학적 공간에 해당하지 않는다. 이론에서의 문학적 공간이란 서사가 제시하는 시대적 공간이 정신적으로 환원되어 나타나는 상상적 이미지의 공간을 가리키는 것이기 때문이다.

그러나 영화에서는 어떠한가? 우리가 앞에서 정신적 이미지로 환원할 필요가 없다고 한 것은 여기서도 예외가 아니다. 영화적 공간은 영화관이라는 물리적 공간으로 정확하게 드러난다. 영화관 안에 있을 때 우리는 영화적 공간에 둘러싸여 있다. 바깥으로 나와서도 연장되는 경우가 있지만, 실제로 그것은 이미 영화적 공간이 아니라 회상하는 공간이다. 하지만 문학적 공간이란 이 구체적이고 물리적인 공간에 속박되어 있지 않다. 그것은 정신의 문제이기 때문에자연스럽게 어디로든 확장된다.[60]

그러나 이것은 다른 것들과 명백히 다르게 작동하는 영화적 일루전의 기능을 말해주는 부분이기도 하다. 물리적 공간의 실질적인 형태가 영화적 공간으로 치환되기 때문이다. 다시 말해, 영화적 이미지의 세계가 실제의 현실(의자가 놓여 있는 관람의 공간)을 대체하는 또 다른 현실(영화적 세계가 확장시키고 창조해내는 공간)로 나타나는 것이

---

[60]영화는 바로 이러한 정신의 작용을 닮고자 했다. 이를 통해서 그것은 자신에게서 예술적 가능성을 발전시켜나간 것이다.

다. 이것이 바로 영화-기계의 작용이 아닌가? 최면-몸을 만들어내고, 그것을 통해 현실과는 다른 차원에, 즉 다른 현실 속에 놓이게 하는 것 말이다.[61]

　문학작품, 특히 소설을 읽거나 연극을 볼 때 우리는 서사가 이루어 지는 배경에 대해서 특별한 지시를 받지 않는다. 그 시대적 배경을 수 용하는 것은 사실 장치와 관객들 간의 일종의 약속으로, 이는 관객이 이야기가 벌어지는 그 시대적 공간을 인정함으로써 이루어진다. 다시 말해, 현실적인 체험 없이 철저히 관망하는 것이기 때문에 관객은 정 신적으로 그 공간을 구축할 수밖에 없다. 디에제즈diégèse란 그렇게 구[62]

---

61)이 차원의 중첩 또는 교차라는 가능성 때문에 '영화'는 우리에게 타임머신이 된다. 바로 이지 점에서 '영화'와 시간적 개념의 이송장치, 교차장치의 연관성이 대두된다. 데이비드 로도윅 이 들뢰즈를 약간 오독하면서 만들어낸 용어인 '타임머신'은 개념 규정을 위한 편의상의 용 어에 불과하다. 게다가 들뢰즈가 시간이미지를 언급할 때, 그것은 타임머신의 의미가 아니 라 타임을 다루는 장치의 개념이다. 그런 점에서 로도윅은 혼동을 하고 있는 셈이다. '영화' 가 진정한 타임머신이 되기 위해서는 들뢰즈의 시간-이미지에 대한 설명이 아니라, '영화' 가 지닌 이미지의 효과와 관련해 논의를 펼쳐야 할 것이다

62)그렇다고 문학의 경우에 완전히 객관적 세계만 펼쳐진다는 것은 아니다. 그 경우에도 일시적 인 몰아는 가능하기 때문이다. 다만 문학의 경우에 최면-몸을 이야기할 수 있다면, 언제나 상상적 공간, 정신적 이미지로 환원하고 난 이후라는 점을 지적하고 싶다. 몰입이나 감정이 입은 바로 그러한 상태를 잘 설명해준다. 그것은 육체의 이입이 아니라, 감정과 정신이 느끼 는 일치감이다. 하지만 이것이 문학의 한계나 비전의 무력감으로 이어지는 것은 아니다. 오 히려 이 정신적 이미지로의 환원을 최대한 활용하는 것, 그것이야말로 문학이 가지는 가치 이고 힘이다. 그래서 문학이 가지고 있는 장치가 묘사이고, 언어의 활용이다. 적절한 묘사를 통해 문자화된 상황들은 정신적 이미지로 환원되고, 그럼으로써 우리에게 새로운 경험을 제 공한다. 육체를 움직이지 않는 대신 정신을 움직이고, 그러한 움직임을 통해 다시 신체적인 경험의 사건으로 환원하는 것 말이다. 그렇게 보면 문학은 인간이 만들어낸 고도의 장치인 셈이다. 육체-정신의 고리를 활용하여 현실에서 맛볼 수 없는 전혀 새로운 경험을 제공하 는 지극히 정교한 장치 말이다. 최면이, 또는 최면을 통해 새로운 세계의 존재를 경험할 수 있다는 것이 알려진 후에도 문학은 이 최면-몸이 어떻게 실질적인 육체의 문제가 될 수 있 는가를 타진했다. 가장 먼저 새로운 세계에 대한 묘사를 시작한 것이 문학이다. 우리가 말한 뒤마와 발자크의 소설들이 바로 그 출발점이다. 거기서 문학은 우리에게 최면-몸을 선사하

성되는 것이다. 따라서 이들 예술에서 그것은 철저하게 정신적 이미지로만 존재한다고 할 수 있다.[63]

하지만 영화가 관객을 공간적으로 감싸고 또 다른 현실적 체험을 제공한다고 할 때, 이 디에제즈는 아주 구체적이고 직접적인 것이 된다. 영화는 허구적 디에제즈와 지극히 현실적 디에제즈를 동시에 불러일으킨다. 영화는 영화관 전체를 움직이는 디에제즈의 공간으로 만들며, 관객에게 현실적 체험을 제공한다. 그런 점에서 영화적 공간 그 자체는 디에제즈와 구별되지 않을 뿐만 아니라, 오히려 대부분 일치한다. 그렇기 때문에 '영화'는 한 편의 영화를 제공하면서 그 한 편의 영화가 다루는 서사를 둘러싼 세계 그 자체, 디에제즈를 우리에게 직접 제공한다. "에일리언"을 볼 때 우리는 우주에 있다. 우리는 지구에서 그 우주에 대한 보고서를 보는 것이 아니다. 에일리언과 리플리 사이의 긴장이 우리에게 직접 전해진다. 마치 몽환적 상태에 있을 때 모든 이미

지는 않지만, 그 최면-몸이 어떤 것인지를 명백하게 묘사하고 사건화함으로써 우리로 하여금 한순간에 이 새로운 경험에 대해 놀라고 경악하게 만들지 않았던가? '영화'의 놀라운 능력, 새로운 가능성도 바로 여기서 출발한다. 다시 말해, 문학이 건드리고 던졌던 세계를 '영화'는 '실제로의 현상'으로 복원한다. 독자는 정신적으로 환원된 이미지의 세계를 관조하는 존재이다. 그러나 관객은 실제로 나타나는 이미지의 세계에서 '제3의 인물'이라고 할 수 있다. 관객은 영화 안에서 영화 이미지에 의해 생성되는 디에제즈의 공간 안을 돌아다니는 기록되지 않은 인물이다.

63) 실제로 디에제즈에 관한 논의는 많은 이들이 아는 것처럼, 문학의 서사적 공간 분류에서 비롯된 것이 아니다. 그것은 '영화'의 서사적 공간을 설명하기 위해서 안느 수리오가 창안한 단어이다. 1950년에 파리대학교 영화학 연구소의 미학 연구자들과 안느 수리오가 영화적 공간성을 가리키기 위해 레시(recit)와 레시의 내용 등을 가리키는 그리스 말에 착안하여 만들어냈다. 그러나 영화 미학의 영역에서 만들어지기는 했지만, 이 용어는 오늘날 영화에만이 아니라, 재현을 바탕으로 하는 모든 예술 장르에서 광범위하게 활용되고 있다. "이 디에제즈는 작품의 세계(l'univers), 작품에 의해 제시된 세계(le monde)이다."(안느 수리오) 그러나 이 디에제즈가 현실과 혼동되어서는 안 된다. 작품이 허구를 다룰 때 그것은 허구적인 디에제즈가 되기 때문이다.

지가 우리를 향해 직접 던져지듯이.

영화를 볼 때 우리는 어떤 이미지가 실제의 이미지이고, 어떤 것이 정신적으로 구축된 것인지 구분할 수 있는가? 영화가 디에제즈에 관한 논의를 풍부하게 해주는 이유는 영화관 자체가 디에제즈의 공간이기 때문이다. 우리는 영화관 안에서 실제의 이미지와 디에제즈의 이미지를 구분할 수 없다. 왜냐하면 실제는 망각되고 있기 때문이다. 하지만 문학에서 디에제즈의 공간이란 언제나 그것을 읽어나가면서 갖게 되는 독자의 주관적인 신뢰이므로 정신적 이미지로 구축된다. 그 텍스트를 읽는 공간이 텍스트가 포함하는 세계는 아니지 않은가?

하지만 영화는 다르다. 영화가 보여주는 이미지들, 즉 프레임에 의해서 철저하게 닫힌 이미지들만이 텍스트로 작용하는 것은 아니다.

그는 고개를 들고 그녀를 쳐다보았다. 그리고 말했다. "당신을 사랑해." 그러자 그녀도 눈물을 흘리며 잠깐 지난 일들을 돌이켜보곤 그의 고백을 받아들였다.

예를 들기 위해 쓴 짧은 글에 불과하지만, 문학에서 이 상황은 우리가 정신적으로 규정한 공간 안에서 일체감을 지니고 나타난다. 하지만 영화에서 이것은 가끔 장면의 분리에 의해서 내프레임과 외프레임으로 분할된다. 쳐다보는 남자의 장면 그리고 그 시선을 되받는 여자의 장면으로. 그 이전이나 이후에 그들의 전체 모습이 잡힐 것이다.

이 상황에서 외프레임 영역은 더 이상 상상이 아니다. 그러나 이는 내프레임으로 환원되는 경우만의 이야기가 아니다. 예컨대《블레어 위치The Blair Witch Project》(1999)와 같은 영화에서 이야기의 중요한 뿌리가 되는 마녀는 결코 내프레임에 현시되는 법이 없다. 언제나 그것은 외프레임에 머물고 있으며, 그런 점에서 결코 현전하지 않는다. 하지만 과연 그럴까? 바로 여기서 우리는 관객들의 몸 상태, 영화적 상태에 대해 이해할 필요가 있다. 관객은 그 마녀를 현전하는 어떤 것으로 반응한다. 가상이나 상상이 아닌 현실로서 말이다.

최면-몸의 상태에서 만나는 이미지들은 실제로 있는 실체가 아니다. 그것은 비현실적 차원 속에서 만나는 이미지들이다. 육체는 여전히 소파에, 침대에 꼼짝하지 않고 누워 있다. 하지만 우리 육체는 그것을 비현실적으로 받아들이지 않는다. 소파에 앉아 있는 물질적 육체와는 다른 육체가 그것을 만나고 있기 때문이다. 이것이 둘로 갈라진 육체이고, 최면-몸이다. 마찬가지로 영화관 안에서 우리의 상태 또한 이와 동일한 축에서 움직이고 있다. 그래서 영화를 볼 때, 텍스트는 더 이상 프레임 내부의 것이 아니라 이 현실화된 전체가 되며, 우리는 영화가 제공하는 디에제즈 공간에 의해 둘러싸이게 된다. 이 같은 이유에서 영화관은 디에제즈 세계, 그 자체이며, 그 장치를 활용하는 '영화'는 최면을 거는 주체가 되는 것이다. 영화를 보면서 우리는 두 시간의 디에제즈적 공간을 떠돌다 돌아오는 것이다. 이 공간에서 우리는 현실과는 다른 차원을 만난다. 하지만 가짜가 아니라, 실재이고 현상이다.

물론 영화적 상태와 최면적 상태 또는 몽환적 상태에 차이가 없는 것은 아니다.

꿈꾸는 이는 그가 꿈꾼다는 사실을 알지 못한다. 영화의 관객은 그가 영화관 안에 있다는 것을 알고 있다. 영화적 상태와 몽환적 상태의 첫 번째 차이이자 가장 기본적인 차이가 이것이다. 때때로 우리는 양쪽 모두에 대해 현실의 일루전을 이야기하곤 한다. 그러나 진정한 일루전은 꿈만이 지닌 고유한 특성이고, 오직 거기에만 속한 것이다. 영화의 경우에는 현실에 대한 특별한 인상의 작용이라고 보아야 할 것이다.[64]

하지만 문제는 '영화'의 이미지들이 꿈보다 훨씬 더 '현실적'이라는 데 있다. 즉 꿈이나 최면상태에서 보는 이미지들은 물질적으로 판단할 때 완벽한 허구지만, 영화 이미지들은 물질적으로 지각되는 것이다. 그래서 메츠는 이 첫 번째 차이로부터 이어지는 두 번째 차이 안에서 '영화'가 지니는 묘한 능력, 실제로 지각하게 만드는 허구성, 최면성을 거꾸로 강조한다.

영화적 지각은 실제의 지각, 실제로 지각하는 것이다. 그것은 결코 내부의 심적 과정으로 환원되는 것이 아니다. 관객은 그들 자신과는 다른 대상, 즉 디에제즈적인 세계의 표상이자 재현으로 주어지는 이미지와 소리를 접한다. 그러나 이 소리와 이미지는 다른 관객에게도 허용되는 진짜 이미지이고 진짜 소리이다. 반면에 몽환적인 유출flux은 꿈꾸는 이 말고는 다른 누구도 의식할 수 없는 것이다. 영화는 보빈bobbin이 도착하기 전까지는 상영될 수 없다. 꿈꾸는 이는 그러한 것을 필요로 하지 않는다. 영화 이미지는 또한 수많은 현실적 이미지이다(회화, 그림, 판화 등등). 그러나 심리학자들은 언제나 정신적 이미지와 만나게 된다.[65]

---

64)크리스띠앙 메츠, 「픽션과 그의 관객들Le film de fiction et son spectateur」, 『커뮤니케이션』, No. 23, 108면.
65)같은 책, 113면.

즉 '영화'가 발사모이고, 집단적인 체험을 유발해 새로운 사건을 일으키는 범인이다. 요즘은 그리 자주 볼 수 없지만, 가끔 우리는 행위로 연장되는 환호나 분노 같은 감정의 표출을 보곤 한다. 이것이 곧 '영화'에서도 몽환적 상태에서 발생하는 지각의 전이transfert perceptif가 이루어진다는 증거이다. 그래서 영화적 상태의 주체인 관객의 의식은 비록 몽환적 상태에서와 같은 완전한 경험, 완전한 반응으로 이어지지 않는다고 할지라도, 점점 더(얼마나 친화감을 느끼느냐에 따라서) 흔들리고 혼란에 빠지며 주체로부터 일탈하는 현상을 보이는 것이다.

따라서 메츠가 이 두 가지 상태 사이의 차이에 대해서 언급하면서도 그 인접성을 부정할 수 없던 것처럼, 영화와 꿈, 몽상, 최면은 아주 밀접한 관계를 맺고 있다. 그것은 영화와 최면이 작용하는 과정을 보면 좀 더 자세하게 알 수 있다. 또한 이 최면은 기억의 문제와 관련해 우리에게 아주 재미있는 사실을 알려준다. 그리고 이 사실로부터 우리는 영화적 방법들과 최면 사이의 유사성을 다시 한번 확인하게 된다.

부서지고 조각난 추억이 있다. 사실 추억이란 이런 형태로 존재한다. 베르그송이 밝혔듯이, 추억은 우리가 그것들을 떠올릴 때와 같은 상태로 존재하지 않는다. 추억의 세계에서 그것들은 아무렇게나 엉켜 있으며 아무렇게나 퍼져 있다. 비연대기적으로 분산되고 혼돈된 상태로. 추억들은 그런 상태로 머물러 있다가 우리의 현실적인 욕구, 즉 지각이 어떤 것을 필요로 할 때 현실로 올라온다. 이런 과정을 거쳐서 그 추억의 조각은 원래의 시간성을 회복하고 연대기가 새겨지면서 지각되는 것이다. 그런데 그렇게 올라온 추억이 만약 아무런 위치도 지정

받지 못할 만큼, 즉 연대기도 부여받을 수 없을 만큼 어긋난 것이라면?

이러한 추억의 작동을 이해하기 위해서는 다음과 같은 베르그송의 도식이 의미하는 바를 먼저 알고 있어야 한다.

〈표4〉

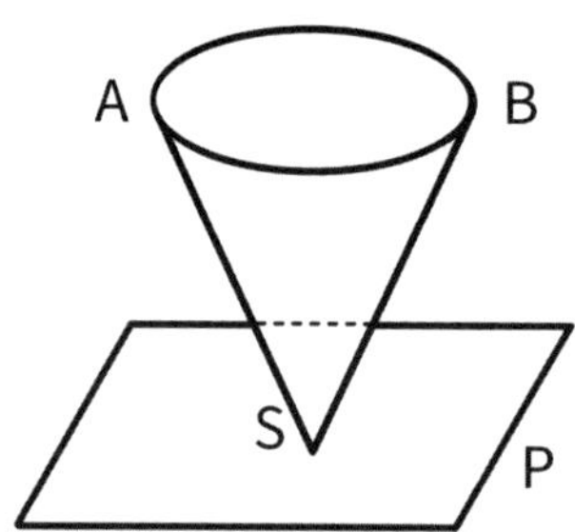

여기서 원추 SAB는 내 기억에 쌓여 있는 추억의 전체이다. 이 경우에 밑부분의 AB는 과거에 속해 있으며, 움직이지 않는 정체된 기억이다. S는 항상 나의 현재에 형상화되는 것으로 나와 함께 움직이며, 세계에 대한 내 현재의 재현(내 이미지)에 해당하는 면인 P와 만난다. P는 지각perception, 현재présence의 약자라고 할 수 있다. 결국 S를 제외한 나머지 추억들이 언제나 과거 그 자체의 것임에 반해서, 이 S는 언제나 현재화된 추억이다. 더 이상 과거에 속한 것이 아닌, 현재에 지각된 추억인 것이다.[66]

따라서 베르그송에게 추억이란 아직 인지되지 않은 채 막연히 저장

---

66)앙리 베르그송, 『물질과 기억』, 169면.

되어 있는, 마구 뒤엉켜 있는 덩어리들이다. 현실적인 요구에 의해 그 중 어떤 것이 현실 속으로 침투하면서 비로소 우리가 인지하는 추억-이미지(S)가 되는 것이다. 그래서 우리는 다음과 같이 이 추억-이미지의 성격을 설명할 수 있다.

먼저, 이 추억-이미지(S)는 결코 그 덩어리들 안에 엉켜 있을 때의 그 상태가 아니다. 이것은 이미 변질된 이미지이다. 왜냐하면 시간적으로 현재라는 상태로 올라온 것인 데다, 현재의 지각이 요구하는 틀에 의해 변경된 과거의 내용이기 때문이다. 지각은 언제나 변경이고 감축이다. 그렇기 때문에 이 이미지는 더 이상 순수한 추억 그 자체가 아니다.

어찌 되었건 현재화되었다는 사실은 곧 그것이 시간의 차원 안에 들어왔다는 사실을 뜻한다. 이렇게 현실 속으로 침투하기 전까지(P와 꼭 짓점 S의 관계로 만날 때까지) 추억의 덩어리는 결코 시간의 문제에 속하지 않는다. 그것은 과거에 속한 것이기는 하지만 결코 어떤 과거인지 규정되지 않은, 이를테면 창고 안에 어지럽게 널린 물품들이기 때문이다. 이것은 지각을 통해서만 연대기를 부여받는다.

그렇다면 추억의 작동이 제대로 이루어지지 않는 병적인 상태의 경우를 살펴보자. 하나는 현실의 요구에 의해서 올라온 후에 기억의 내용들이 뒤죽박죽 되어버린 경우이다. 여기서 우리는 지각의 작용에 대해 다시 구분을 시도해볼 수 있겠지만, 그렇다 해도 문제는 마찬가지이다. 즉 정상적인 지각과 욕구에 의해서 올라온 기억이 파편화된 경우이든, 필요해서 불러낸 것도 아닌데 현실의 이미지와 추억의 괴상한 이미지가 마구 겹쳐지는 경우이든 간에, 이 추억은 결코 연대기적으로

질서정연하게 추정될 수 있는 것이 아니다. 이럴 때 우리는 현실의 이미지가 자꾸 과거와 겹쳐져 마구 부서지는 체험을 만나게 될 것이다. 이것이 악몽이며, 현실에서 맛보는 혼돈이 아니겠는가?

이렇듯 첫 번째 예가 순수추억의 부분들이 움직이는 정상적인 방향과 일치함(과거에서 현재로의 방향)에도 불구하고 발생하는 병적인 상태에 해당한다면, 두 번째는 현실적 지각들이 자꾸 사라져버리는 경우이다. 반대의 방향으로, 즉 지각이 추억의 세계로 자꾸 침범해서 비연대기적인 조각들과 마구 혼란스럽게 접촉하는 경우이다. 이때 현실 또는 현실의 이미지는 일시적으로 사라져버린다. 이때 환자들은 과거 속을 거닐고 있기 때문이다.

심리학은 이런 병적인 상태를 완벽하게 설명해주지는 않지만, 이 같은 추억의 작용에 대한 새로운 치유책으로 최면과 유사한 방법을 제시해준다. 이러한 관점에서 최면은 어지럽게 펼쳐지는 과거의 이미지들에 대한 정지작업이라고 할 수 있다. 연대기를 부여할 수 있도록 과거의 세계를 방문하게 해주는 것, 그것이 바로 최면이 가진 능력이 아니겠는가? 물론 방문한다고 해서 모든 것이 정리되는 것은 아니다. 하지만 그것은 여러 차례 반복을 거치면서 서서히 베일을 벗고, 지각에 의해 포착당한다. 이 반복되는 지각이 일련의 자동적인 인식의 메커니즘을 만들어내기 때문이다. 즉 그것은 더 이상 모호한 이미지가 아니라, 명확하고 설명 가능하며 추론 가능한 것이 된다. 최면은 추억에 대해서 이런 방식으로 작용한다. 비연대기적인 조각들로부터 연대기적인 질서를 추론할 수 있도록 하는 것.

환자들은 이 추억들의 공격으로 인해 일탈감을 느끼게 된다. 즉 추억-이미지가 그들을 현실로부터 일탈하게 만드는 것이다. 그들이 현실의 상황에 제대로 대처하지 못하는 이유는 이 추억들이 일반적인 경우처럼 설명할 수 있는 것으로 지각되는 것이 아니라, 무작위로 현실적 이미지들과 겹쳐지기 때문이다. 따라서 현재화된 추억-이미지의 경우처럼 환자는 그 떠오르는 이미지에 대해 시간적인 추정을 할 수 없으며, 명확한 공간인식도 가질 수 없다.

최면이 교정하는 것이 바로 이것이다. 이렇듯 갑작스럽고 발작적인 이미지들이 추억이라는 사실을 환자에게 인식시키는 것이며, 그 이미지들에 시간과 공간에 대한 추정을 배당하는 것이다.

이렇게 그것들을 바라보게 함으로써 자각하게 하는 것 그리고 시간성을 제공함으로써 추이를 이해하게 하는 것, 이 둘은 영화가 하는 역할과 일치한다.

시간적인 서술은 우리에게 얼마나 중요한가? 우리가 서로 인접하지 않은 시간대에서 벌어지는 사건들을 늘 동일한 시간대에서 이어보려는 추정을 감행하는 것은 일종의 신체적 습관이다. 이야기를 엮어내려는 노력은 습관적인 지각이며, 자연스러운 신체운동이다. 즉 이야기는 구조화되어야 하는 것이고, 시간성에 따라 배열되어야 한다. 최면은 바로 파편적인 이야기들을 구조화하는 작업이고, 전체를 엮어내는 치료이다. 전체와 동떨어져 존재하는 이야기의 부분들(단편적이고 공격적인 추억들)을 이 전체(이야기, 플롯) 속에서 그것들이 있어야 할 자리(제자리)에 갖다 놓는 방법 말이다. 그런데, 이것이 바로 영화가 구성되고 작용하는 과정이 아닌가?[67]

---

67)초기의 관객에게 일루전의 발생은 영화에 대한 최초의 경험이었다. 《열차의 도착》은 앞에서

영화와 최면의 이러한 공통분모 때문에 프로이트는 초기에 영화의 추억-이미지화에 대해서 흥미를 보인다. 마치 영화인들이 프로이트가 역설한 최면 효과와 이론에 흥미를 느낀 것처럼 말이다. 하지만 이것은 단순한 흥미를 넘어서지 못했다.

최면과 영화는 우리가 짐작하는 것보다 더 밀접한 관계를 맺고 있으며, 여전히 많은 부분으로 논의를 확대할 수 있다. 이를테면 그것은 나아가 일상성과 비일상성에 관한 논의로 발전되기도 한다. 우리가 설명해왔듯이, 여기서 영화의 가장 중요한 정체성은 비현실적 세계와 현실적 세계의 치환과 상호작용에 있기 때문이다. 하지만 그것은 우리의 관심을 또 다른 새로운 문제로 이끌고 간다. 아쉽지만, 여기서는 그렇게 문제를 제기하는 정도로 그치기로 하자.[68]

말했듯이 영화라는 것을 전혀 인식하지 못하는 관객에게는 부분적인 이미지이자 공격적인 경험이었던 셈이다. 이것이 어떤 이야기에 삽입되어 흘러갈 때 공포는 반감되고 흥미로 전화된다. 반대로 이야기하면, 이것이 공격적 이미지를 벗기 위해서는 이야기가 필요하다. 전체의 일부가 됨으로써, 구조의 한 부품이 됨으로써 이것은 일루전 상태로 돌입한다

68)이 책에서의 '최면'에 관한 영화적 논의, 그 실례로서의 《블로우 업》, 《블루 벨벳》등, 영화에 대한 분석을 집중적으로 담은 책이 『뱀파이어, 이미지에 관한 생각』(불란서책방 2024)이다. 같은 방식의 설명들이지만 목적과 성질이 조금씩 다르다. 거기서는 '영화'라는 장치가 지닌 존재로서의 역할을 보다 집중적으로 거론했다면, 여기서는 여러 존재의 특징을 동등하게 설명하고 있기 때문이다. 그래서 어떤 면에서는 이 책에 나온 설명이 더 자세할 경우도 있고, 한편으로는 『뱀파이어, 이미지에 관한 생각』에서 더 일관되고 체계적으로 다뤄지기도 한다.

'영화'와 현실
— 현실을 다루는 두 가지 방법

현실, 현실들

최면적 효과를 극한까지 몰고 가, 그 역할을 소진시키고 그것 자체의 묘미에 빠져버려 결코 헤어 나올 수 없는 지경까지 이른 것이 바로 클래식이었다. 물론 현대영화든 클래식이든, 모든 영화가 최면적 작용을 활용한다. 앞으로 설명하겠지만, 현대영화가 우리 앞의 일상에 관한 기록이나 그 일상 속 미상의 시간에 집중한다고 해서 완벽한 일상 그 자체의 실현을 목적하는 것은 아니다. 영화film인 이상, 거기에도 이야기는 있으며, 따라서 영화적 이미지가 존재한다. 그 영화의 배후에서 작동하는 '영화cinema'의 작동이 클래식과 다를 뿐이다. 최면 또는 영화적 상태는 '영화'가 자연스럽게 빚어내는 하나의 현상으로, 어떤 영화이든, '영화'인 이상은 그것으로부터 완전히 벗어날 수는 없다(생각해보라, 심지어 뤼미에르 형제의 '그 영화들'조차 벗어나지 못했다). 다만 그 영화적 상태를 어떻게 이용하는가 또는 어떠한 방향에서 접근하고 있는가 하는 면에서 조금씩 차이가 날 뿐이다.

뒤에서 자세히 말하겠지만, 클래식은 최면상태의 증폭에 지나칠 정도로 집중한다. 마치 그것이 '영화'의 전부인양. 그런 점에서 클래식은 단순히 '영화'를 형식상으로 분류한 것이 아니다. 그것은 '영화'가 자신의 정체성을 확립하는 중에 나타났다. 이 과정 중에, '영화'의 정체성은 '이야기하는 도구'—물론 영화적 방법으로—즉, '상상을 구현하는 도구'로 확립되어갔다. 다시 말하지만, 이는 그가 세상에 태어나서 생존survival하기 위한 선택이었기도 하다. 자신의 역할을 자신을 포함해 아무도 모르는 상태에서, 생존하기 위한 역할을 찾아낸 것. 물론, 그의 주변에 있던 '사람들'이 그를 이용할 방법을 찾은 것이기도 하다. 어떻든, 이 과정 안에서 그는 인류에게 '움직이는 이미지로 이야기를 전하는 도구'로 자리 잡았고 그 이야기를 하는 전통적인 방법을 구축해나갔다. 이 '방법'이 '클래식'이다.

이런 말들이 다소 이상하게 들릴지도 모르겠다. 클래식은 그렇게 미학적 입장이 아니라, 경제적 관점에서 출발한 것이 아닌가? 게다가 그렇게 출발하고 나서도 끊임없이 자신을 전개해나가는 과정에서 이 경제적 요인들을 떨어내지 못하지 않았던가?

하지만 우리는 헐리우드 클래식과 클래식이라는 틀을 혼동하고 있다. 물론 이 클래식이 성립하기 위해서 할리우드는 꼭 필요했다. 클래식의 의미들은 할리우드의 시작과 함께 자리 잡기 시작했기 때문이다. 스튜디오 체제와 영화의 대량생산, 그것이 영화들의 시작이었다. 하지만 동시에 유럽의 영화들도 같은 방향은 아닐지라도 서서히 자기 안에서 이야기하는 방법들을 발견해나감으로써 클래식의 출발을 알리고 있었다. 여기서 주목할 것은 유럽에 이미 대규모 제작사가 있었다 하더라도 산업적 체제는 할리우드에 비해 정비가 덜 된 상태였다는 점이다. 이 사실은 매우 중요하다. 왜냐하면 이것은 할리우드 클래식과 유럽 클래식의 차이를 말해주는 부분이며, 나아가서는 어떠한 과정을 거쳐서 클래식이라는 영화의 정체성이 형성되었는지를 알려주는 대목이기 때문이다.

할리우드 클래식은 집단 또는 체제로부터 시작된다. 그리고 그것은 이야기를 구조하는 방법들에까지 영향을 미침으로써(대량생산과 장르) 그 안에서 자연스럽게 미적 문제들을 만들어낸다. 반면에 유럽의 영화들은 표현으로부터 출발한다. 어떻게 장면을 구성해야 의미를 표현할 수 있는가 하는 미장센의 기초들을 마련하는 데 무게중심이 있었다(그렇다고 오해하지 말기를. 나는 할리우드에는 미장센이 없었으며, 유럽에는 구조가 없었다고 말하는 것이 아니다. 다만 초기 영화에서 어느 쪽이 더 중요한 문제였는가를 거시적으로 더듬어보고 있을 뿐이다). 이 두 가지가 모두 모여서 오늘날 클래식의 개념을 형성했다. 할리우드와 유럽은 그때부터 상호 영향을 주고받기 시작했으며, 서로를 이런저런 모습으로 보완해나갔다. 이처럼 자신을 전개해나가는 과정, 즉 역사를 통해서 '영화'는 자신의 가능성을 서서히 정제하고 찾아나갔다. 문제는 이 생존의 과정에서 '영화'에게 가장 중요한 모티브는[69] 경제성이었다는 것이다. 그 때문에 할리우드 클래식이 중요해진다. '영화'는 할리우드의 상업행위와 산업 체제 안에서 자신을 형성해나갔기 때문이다. 흥행과 예술, 그 둘을 이은 줄 위에서 아슬아슬한 곡예를 펼

---

69) "사물의 본질은 결코 처음에는 나타나지 않는다. 그것은 과정에, 사물의 진전이 이루어지는 와중에, 사물의 힘들이 확증되는 순간에 드러난다."(질 들뢰즈, 『운동-이미지』, 11면.

치는 것. 바로, 이 산업 체제로 인해 클래식은 점점 더 자신의 고리 안에 파묻히고, 영화적 상태를 제공하는 기계적 도구로 자리 잡게 된 것이다.[70]

그렇다고 '영화'가 상업성/경제성과 고리를 끊어야 했다고 말하려는 것은 아니다. 하나의 생산물이 생존하기 위해서는 언제나 경제적 테두리 안에서 움직여야 한다. 예술도 마찬가지이다. 예술도 생존해야 하며, 스스로가 아니라 사회적 고리 안에서 생존해야 하는 것이다. 그래서 이러한 경제적 측면과 예술 간의 관계에 대해 논할 때 누구도 선뜻 무엇이 잘못되었다고 지적하기 힘들다. 다만 경제적 이해가 예술의 고유성을 어느 한쪽으로 지나치게 밀어붙일 때 발생하는 불균형에 관해서는 논할 수 있다. 어쨌든 우리의 관심사는 경제와 예술의 관계를 캐는 것이 아니다. 중요한 것은 클래식과 현대영화가 교차하는 지점에 관해 이해하는 것이다.

클래식이라는 것은 이처럼 사실 '영화'의 시초에는 존재하지 않았다.

---

70) 차차 밝혀나가겠지만, 클래식에 아주 위험한 위기가 찾아온 적이 있다. 그것은 들뢰즈의 지적처럼 행동-이미지의 위기라기보다는, 자신의 정체성에 스스로 몰입하고 빠져듦으로써 겪게 된 위기였다. 존재가 자신의 정체성이 지닌 위대함에 빠지는 순간, 그때부터 문제가 발생한다. 그 존재를 바라보는 모든 대상들은 그 순간 하나의 객체, 존재가 던지는 것을 받기만 하는 객체가 되어버리기 때문이다. 이것이 현대영화인들이 반성을 촉구하고 나선 부분이다. 현대영화인들은 자신들의 출발을 알리기 전에 클래식에 대한 전폭적인 지지로부터 영화를 시작한다. 그들은 채플린, 오손 웰스, 존 포드, 히치콕, 하워드 혹스, 니콜라스 레이 등의 자식들이다. 그점에서 볼 때 누벨바그 세대는 결코 클래식 감독들의 영화가 지닌 가치를 부정하지 않았다. 이들이야말로 영화가 위대한 정체성을 구축한 것에 대해 제대로 평가를 내린 사람들이다. 그럼에도 이들이 정작 문제삼을 것은 클래식이 자신을 과도하게 밀어붙이고 '영화'가 지닌 다른 문제들을 모두 제거해버린 채 오로지 자신을 과시할 뿐인 초기 상태의 저열함으로 돌아가는 것이었다. 이에 대한 논의는 이 책에서 부분적으로 언급되기는 하지만, 직접적으로 다루지는 않았다. 만일 관심이 있다면 이 문제는 『영화의 역사』(김성태 저, 불란서 책방)에 충실하게 담겨있기에 그 책을 참조하기 바란다.

역사라는 일련의 과정 중에서 형태를 갖추고 의미를 확산시키며, 적합한 사회적 관계 속에서 드디어 개념을 얻어간 것이기 때문이다. 오늘날 우리가 클래식이라고 말할 때, 그것은 항상 일정한 개념으로 구축된, 말하자면 역사의 정점에 오른 순간에 불거진 의미들로 이해하곤 한다(고정된 의미로…). 하지만 역사라는 '시간'은 결코 정지하는 법이 없다. 어떤 사건이라도 정점에서 그치지 않는다. 사건의 지속 과정 중, 특징이 불거지는 순간들이 있을 뿐이다. 그리고 그 순간에 이르면, 이 사건은 정점에 오르는 과정 중 목적하고 있던 방향만이 아닌, 다른 여러 갈래의 새로운 길로 분화된다. 30년대 말, 40년대 어느 즈음, 인류에게, 드디어 '이것이 곧 영화이다'라는 공통된 관념이 형성된다. 영화들이 그 '영화'를 분명하게 내어 보이며, 그 존재가치를 확증했기 때문이다. 이 사건, 이렇게 어떤 존재를 이해하는 방식의 전통적인 개념이 성립되면, 그때부터 다시 다른 방향들로 진전하게 마련이다. 그것이 '사건'이다. 그처럼, 클래식이 정점에 올랐을 때, 그 정점을 즐기던 어떤 이들이 새로운 길을 모색했다. 클래식을 그들이 버린다고? 반(反)한다고? '사건'이 대체 어떤 것인지 아예 모르는 듯싶다. 그들은 클래식 안에 있었다. 정점의 최고조에 오른 의미를 즐기고, 만끽했다. 그들의 특별함은 그저 '관객'이 아니라, '클래식'을 비로소 설명하려는 시기에, 그것이 대체 무엇인가를 너무나 잘 이해한, 몸과 반응으로 완벽하게 터득했다는 사실에 있다. 그들은 클래식의 정점을 이해했고, 그 때문에 다른 곳으로 나아갔다. 클래식을 추구하면서('영화'의 고유한 개념으로써의 클래식), 정점을 향해 '아직도' 달려가면서 동시에 '현대영화'라는 새로운 출구를 만드는 이유가 여기에 있다. 정점에 도달하는 순간 두 갈래로 길이 나뉘는 것은 자연스러운 과정이다. 원래의 것이 더욱더 완벽한 완성을 향해 달려가는 과정에서 그것이 놓치고 있는 부분들이 반성적으로 튀어나온다. 이 반성을 바탕으로 새로운 흐름이 생겨난다.

최면이 지닌 의미들을 끝까지 밀어붙이는 것이 '영화'의 본질이라 하더라도, 클래식은 너무 쉽게 그것을 수용해버렸다. 그로 인해 현대영화는 그것을 거부하는 것으로부터 시작할 수밖에 없었다. 그러나 현대영화 또한 최면을 수용하고 있다는 것은 그리 오래지 않아 드러나게 된다. 영화인 이상 어쩔 수 없이 기대고 마는 '영화'의 성질이기 때문이다. 물론 '영화'가 지니는 최면의 문제와 영화들이 지니는 최면의 문제는 혼동해선 안 될 것이다. '영화'가 지니는 현대성과 영화들이 지니는 전현대성을 혼동해선 안 되듯이.

나는 결국 이 구분이 대상에 대한 태도에서 출발한다고 본다. 우리가 말한 '영화'의 현대성이라는 것은 대상을 어떻게 생각하는가에 대한 문제가 아니었던가? 대상이란 무엇이며, 그 대상의 범주에는 어떤 것들이 있는가 하는 문제 말이다.

현실은 애초부터 우리를 둘러싸고 있었다. 이른바 현상이라고 하는 형태로. 그런데 이 현상들은 지나치게 부유한다/모호하다. 어느 순간 우리가 개념을 사용해서 붙들 수 있는 것 같으면, 또 현상은 다시 저만치 달아나고 만다. 현상이 끊임없이 무언가를 따라잡고 있다고 여겼기 때문에 우리는 그것이 달아난다고 생각했다. 현상이 어쩔 수 없이 따라가는 그 무엇이 본질이고, 현상들은 단지 이 본질을 수용함으로써 존재하는 것이다. 그렇기 때문에 플라톤은 본질의 세계가 '실재한다'

고 생각했으며, 현상은 실재가 아니라고 믿었던 것이다. 현상은 본질의 투영에 따라 늘 변화하는 변개물일 뿐, 존재하는 것, 고유하게 있는 것이 아니라고 생각했다. 그렇지 않고서야 어떻게 모든 해답을 찾을 수 있겠는가? 널려 있는 세계에는 중심이 필요하다!

이제 우리는 현상으로부터 떨어져 있게 되었고, 현상을 판단하며 파악하는 자리에 앉게 되었다. '나'를 통과하지 않고는 본질이든 현상이든 접근이 불가능하다. 주관과 객관은 명확하게 구분되고, 그 객관에 다시 중심을 두기 위해서 주관이 그려내는 본질이 존재한다. 이 존재는 하나이고, 실재하는 것이며, 존재 그 자체이다. 이렇게 해서 현실은 단수가 되어버린다. 언제나 단수인 것에 대한 투영이므로.

합리주의자들에게 현실은 하나다. 그것은 복수가 아니며, 여러 갈래로 나뉘어 있지 않다. 다수의 형태로 나타나는 것이 현상인데, 바로 그 현상을 무시하고 본질을 구축하는 것이 합리주의자들의 목표이기 때문이다.[71]

이 하나가 다수가 되는 것, 현실이 아니라 현실들이 되는 것, 그것이 곧 사고의 혁명이다. 우리는 여기에 대해서도 이미 이야기한 바 있다. 이제 '나'라는 주관의 위치는 더 이상 중심이 아니다. 나는 세계 안에 들어가 있으며, 그럼으로써 우리의 이성도 부유한다. 변화하는 것들 안에 모든 것이 놓이게 되고, 중심도 변화하며, 모든 것이 순간순간 달라진다. 이런 경우, 자연히 관계가 중요한 문제로 떠오르게 마련이다.

---

71)따라서 합리성의 혁명은 합리주의자들이 단수를 다수성에 기초한 개념으로 치환함으로써 내부에서 이루어진다. 합리주의자들 또한 이 단수의 무자비함이 가지고 있는 모순을 인정했던 것이다. 이에 따라 구체적인 개념의 확정으로 구조주의가 발생한다

만약 현실이 하나이고 우리가 그것과 단 하나의 선으로 연결되어 있다면, 관계는 형성되지 않는다. 합리주의자들에게 존재는 언제나 선(先)존재 즉, 이미 있는 것이다. 이미 있는 것과 그에 대한 모방으로 나타나는 것 사이에는 관계가 끼어들지 않는다. 그저 굴종과 복종 그리고 끊임없는 복사만이 가능할 따름이다. 외부가 없어도 존재할 수 있는 선존재에게는 다른 존재라는 것 자체가 성립되지 않는다.

베르그송에게로 돌아가 보자. 변화의 수용, 즉 비합리주의의 시대가 바로 베르그송에게서 시작되기 때문이다.

그가 강조한 것이 현상들이고, 그 현상들이 무수하게 자신을 드러내는 이미지에 관한 문제이다.[72] 합리주의자들에게 이미지란 언제나 존재보다 덜한, 존재에게서 무언가가 결여된 것이었다. 따라서 그들은 이미지에 관해 특히 주목할 필요가 없었다.

하지만 현상을 인정하는 비합리주의자들―인정할 뿐만 아니라 질료의 세계야말로 구성의 원리라고 생각하는―에게 이미지는 대단히 중요한 문제이다. 현상의 수없는 변개물이 바로 이미지가 아닌가?

베르그송은 우주에 대해 말한다. 우리가 앞에서 예로 든 그 우주 말이다. 그는 우주에 인간이라는 존재가 없다고 하더라도 운동-이미지는 존재한다고 말한다. 이것은 존재의 위대한 능력이다. 자기와는 구별되는 다른 것이 없다 하더라도 그것은 있다. 누가 당신이 존재한다는 것을 가르쳐주지 않아도 '당신'은 존재한다. 스스로 있기 때문이다

---

72) 베르그송이 언급한 이미지의 문제와 그 분화들에 관해 이해하기 위해서는 『물질과 기억』중에서도 1장 「재현을 위한 이미지들의 선택에 대하여-육체의 역할De la sélection des images pour la représentation-le rôle du corps」을 보기 바란다

에 관계와는 상관없는 존재이다. 먼저 존재하기도 하지만, 그보다 중요한 것은 어떠한 틈새가 없더라도 그대로 존재한다는 사실이다. 그렇지 않다면 틈새에 관한 언급은 필요하지 않았을 것이다.

하지만 베르그송은 우리에게 놀라운 공식을 제시한다. 우리가 틈새를 통하여 이 스스로 존재하는 것, 스스로 있는 것을 분화시킨다는 것이다. 틈새, 앞서도 말했지만, 이것은 대단히 진보적인 사고이다. 우리의 존재에 의해서 우리와 상관없이 존재하던 것들 사이에 분할이 이루어진다는 것이기 때문이다. 그 이전까지 우리는 아무것도 아니었다. 아주 중요한 주관이라고 여겼든, 이성과 감각이 통과하는 수단이라고 여겼든 간에 말이다. 언뜻 보기에는 중요한 주관이라는 점에서 우리가 마치 틈새 이상의 역할, 세계의 본질에 버금가는 역할을 지니고 있다고 말할 수 있지만, 실은 그렇지 않다. 자세히 들여다보면 우리는 단지 가운데에 있는 수단일 뿐이다. 본질이 있고, 현상이 있다. 우리는 본질과 현상 간의 굴종, 복종, 복사를 생각할 수 있는 수단이다. 그렇게 해서 우리는 현상으로부터 제외되고, 현상 이상의 것이 되었을 뿐이다. 그렇다고 우리가 본질이 된 것은 아니잖은가? 우리는 본질을 생각할 수 있는 이성의 일부를 모델 또는 신으로부터 이어받았을(모방했을) 뿐이다. 물론 우리의 지위는 현상 외적이라는 점에서 상당히 높아졌다. 주관자가 되었기 때문이다. 성경적 세계관이 그리스 철학에서 흠모했던 부분도 우리가 본질로부터 주관을 이어받은 존재라는 생각이었다. 그러나 성경적 세계관은 바로 이것에 의해서 훼손되었다. 복종, 굴종, 복사의 시대가 바로 중세이고, 기독교가 권력화한 세계였다. 그 성경은 그것을 말하지 않고, 오히려 반대의 이야기를 들려준다.

어쨌든 우리는 주관자가 되었지만, 그렇다고 실질적인 지위가 상승한 것은 아니었다. 왜냐하면 우리는 끼어 있는 세계로부터 유리된 존재, 현상에 속해 있는 질료이면서도 현상에게서 버림받은 존재가 되었기 때문이다. 시작부터 이율배반이 끼어든다. 관계는 파괴되고, 이상한 단 하나의 관계가 형성될 뿐이다. 즉 굴종, 복종, 복사 사이에 있는 존재가 된 것이다. 나는 부정적으로 말하고 있지만, 현상과 우리 사이의 이 거리는 반드시 부정적인 것만은 아니다. 우리의 삶이 이미 증명하고 있듯이, 이 사고는 우리에게 수많은 이익을 가져다주었다. 해석, 분석, 파악 그리고 판단의 가치들이 우리가 얻은 것들이고 이러한 방식의 사고를 아직도 이어가고 있으며, 그것을 통해 늘 새로운 존재로 가치를 얻어나가고 있다.

그러나 우리는 현상으로부터 유리된 존재라는 데서 다시 시작해보자. 우리가 현상과 맺고 있는 수많은 관계는 어떻게 설명할 것인가? 우리가 이 관계들의 의미를 파악하지 못할 때 삶은 더더욱 공허한 것이 되어버린다. 합리성이 모든 것을 실현해주지는 못한다. 자꾸 빠져나가는 것 또는 설명할 수 없는 것이 발생하며, 그것은 시간에 따라 점점 늘어간다. 합리성의 시대가 마침내 그 종착역에 도착한 것이다.

베르그송은 아주 명쾌하게 말한 셈이다. 틈새, 이것이야말로 합리성이 수단으로밖에 간주할 수 없었던 주관자의 역할을 수용하면서 동시에 관계들을 인정하는 절묘한 해결책이다. 틈새가 됨으로써 모든 분할과 변화가 우리를 통해서 설명된다. 그런 점에서 우리는 베르그송에 따르면 그 분할된 것들, 아니 분할들 자체를 착용하는 이미지들의 집합인 것이다.

분할이 이루어지면, 분할된 것들 사이에 바로 관계들이 생성된다. 베르그송은 고전성을 뒤집어버리는 것이 아니라, 현대성을 설명하면서 고전성이 우리의 지위에 대해 제시하지 못했던 새로운 출구를 마련해 주었다. 본질과 우리와 현상의 관계들에 대해서 말이다.

우리는 틈새이고, 우리의 양옆으로 원原존재가—더 이상 선존재가 아니다—갈라선다. 이 원존재의 분할은 어떻게 이루어지는가? 틈새에 의해 수용되는 지각과 틈새 안에서 일어나는 감정(또는 감화)과 틈새 자신의 욕구를 반영하면서 지각에게로 뻗치는 행동이 아닌가? 그래서 이미지는 세 가지, 지각-이미지, 감정-이미지, 행동-이미지로 분할되는 것이다.

이것이 운동-이미지의 세 가지 모습이다. 운동-이미지 그 자체로는 우리에게 인식되지 않는다. 언제나 갈라진 모습으로 나타나기 때문이다. 그래서 운동-이미지를 움직이는 단면으로 파악한 베르그송의 새로운 설명은 아주 적절한 것이다. 운동-이미지는 곧 이 세 가지 과정을 통해서 부단히 변화하고 있기 때문이다.

고전적인 사고는 운동에 대해 잘못된 공식을 적용해왔다. 언제나 현상과는 유리된 개념이 본질이었기 때문이다. 그래서 대상에 대해서 취하는 지점은 언제나 고정되어 있었다. 움직이고 변화하는 것은 본질이될 수 없지 않은가? 원래의 대상으로부터 잘라낸 것이기는 하되 움직이지 않는 것, 그래서 고정된 단면이 고전적인 사고의 관심사였다. 그렇다면 현상에서 나타나는 움직임은 어떻게 설명할 것인가? 때문에 이 공식은 이중의 잘못을 범하는데, 바로 이 움직이지 않는 단면 이외의 움직임을 상정한 것이다. 하나의 지점, 시간, 단면이 늘 스스로 변화하는 변개가 되는 것이 아니라, 그것은 그대로 있는 채 상황만이 변화한다. 본질이란 자신은 고정되어 있고 단지 드러나는 모습들만이, 외부만이 달라지는 것이 아닌가? 고정되고 움직이지 않는 단면으로 존재하는 본질이 현상이라는 것을 통해 입게 된 옷, 그것이 시간이고 변화이다. 그래서 1장에서 언급했듯이, 운동 또는 변화는 결국 움직이지 않는 단면에 추상적 시간(개념)이 첨가된 공식으로 나타나는 것이다.

달리 말하면, 우리(본질)는 한순간도 변화하지 않는다. 그런데도 우리가 변화하는 것처럼 보이는 이유는 우리 외부의 것, 시간이라는 현상이 변화하기 때문이다. 이것은 현상계의 변화를 완전히 무시하고 있다. 현상계에서 이루어지는 변화는 무엇인가? 실제로 우리는 끊임없이 변화하고 한순간도 멈추는 법이 없고 모든 것은 순간순간 새로운 옷을 입고 나타난다. 이 변화가 곧 생성이며, 시간이다. 우리가 서 있는 지점에서 시간이란 사진처럼 정지된 것의 흐름이 아니라, 현재가 곧 과거가 되고 미래가 곧 현재가 되는 항상적인 생성이다.

이런 점에서 이 '틈새 이론'[73]은 바로 움직이지 않는 단면들의 사이를 수용하고자 한 것이다. 모든 변화는 지속적으로 이루어지며, 어느 것도 정지하지 않는다. 그래서 베르그송은 운동을 아주 단순하게 말했다. 움직이는 단면이라고. 때문에 질적인 변화가 이루어지는 것이라고. 이런 주장은 현대적인 사고가 반영되면서 비로소 가능하게 된 것이다. 그래서 새로운 공식 자체가 현대성을 설명하는 공식이 되는 것이다. 하지만 이것은 고전적 사고를 부정하는 것이 아니라, 보완해주는 역할을 한다.

---

73)물론 공식적으로 이렇게 불리는 이론은 없다. 그저 편의상 붙인 이름일 뿐이다.

원래의 운동-이미지, 다른 말로 하자면 본질이 있다. 우리라는 틈새가 있으므로 해서 비로소 이 본질을 수용할 수 있게 된다. 그래서 현상들이 발생하며—틈새인 우리가 없으면, 현상은 문제가 될 것도 없다—현상 안에서 본질은 원래의 상태를 유지하는 것(움직이지 않는 단면)이 아니라, 새로운 형태로 분화된다. 지각-이미지와 감정-이미지, 행동-이미지로 말이다. 틈새의 역할이란 바로 이러한 것들을 만들어내는 데 있다. 지각하고, 그것을 다시 자신 안에서 쪼개고, 분할하고, 재통합하여 내보내는 것, 그것이 틈새의 역할이다.

현실은 이 세 가지 다양성에 따라 서로 다른 모습으로 나타나는 하나가 된다. 어째서 아직도 하나일까? 여기까지 우리가 설명한 것은 단지 틈새에 의해서 분화되는 우주의 모습일 뿐이기 때문이다. 여전히 우주는 하나이며, 오로지 틈새와의 관계를 통해서만 서로 다른 상들을 가지게 된다. 아직도 우주를 모으기 위해서는 집합이 필요하다. 세 가지 이미지의 집합이 바로 우주를 구성할 것이다(우리가 이해하는 우주, 의미화된 우주).

따라서 진정한 현대성은 이 설명 이후에 또 다른 것을 발견함으로써 비로소 성립된다. 틈새와의 관계가 아니라, 이 이미지들 자체를 넘어서 분화된 것들 사이에서 다양하게 파생될 관계들에 주목하면서 우주는 다시 쪼개지고 수없이 분할되는 것이다. 들뢰즈가 행동-이미지의 위기라고 이름 붙인 것이 바로 이것이다.

합리주의자들에게 현상은 존재나 실재가 아니다. 그러나 베르그송의 공식에 따르면, 그것은 본질을 함유한 존재이다. 다만 본질에 대해 서로 다른 이미지를 지니고 있을 뿐이다. 그리고 이처럼 현상이 실재를 얻고 존재가 됨으로써 행동-이미지는 은밀한 위기에 봉착하게 된다. 이제까지 행동은 언제나 우주의 집합에 들기 위해 정확하게 지각의 작용에 대해서 작동하는 것이었다. 그런데 어느 순간 행동이 서서히 스스로 새로운 우주를 만들어내기에 이르러 때에 따라서 행동은 지각과는 전혀 상관없이 빚어진다. 바로 현상의 부유라는 표현은 이러한 무수한 행동-이미지의 분화를 일컫는 것이다.

지각이 있다. 지각의 순간에 이미지는 순간적으로 내재하면서, 수없는 이미지들로 전개되고 또다시 어느 순간 하나로 이어지면서 행동을 통해 나타난다. 이미지들이 지각에 대해 행동으로 나타나며, 감정의 촉발이 행동을 통해 발화되는 것이다. 그래서 모든 것들이 예측 불가능하고 부단히 변화하고 있음에도 불구하고 원칙이 제공될 수 있었다. SAS나 ASA라는 공식이 성립될 수 있었던 이유도 거기에 있다.

하나의 상황에 뒤이은 행동, 그 행동이 몰고 오는 결과 또는 행동에 뒤이은 새로운 상황의 발생, 그것에 따른 또 다른 행동… 모든 것이 그렇게 펼쳐진다. 세계를 설명하고자 할 때 이 공식을 벗어나는 것들은 예외일 뿐이다. 하지만 예외가 세계를 차지하는 경우가 발생한다. 이러한 과정은 다음의 세 가지 개념적 단계로 정리할 수 있다.

현상들이 있다. 본질의 단순한 모방들이라고 보았던 현상들은 아무것도 해결해주지 못했다. 이 현상들은 실재/존재가 아니었기 때문이다. 이 상태에서 이미지란 전혀 고려의 대상이 아니다. 그런데 다음 단계에서 운동을 실재하는 그대로 파악하기 시작하면서 현상은 실재/존재가 된다. 그래서 본질과 현상 간의 관계가 틈새에 의해 생겨나고, 다시 그 관계에 따라서 세 가지 서로 다른 상들이 나타난다. 이제 고전적 사고는 그야말로 현상에 대한 합리성을 획득했다. 현상의 변화를 그대로 인정하면서, 그 변화를 위한 공식(지각-감정-행동)을 만들어낼 수 있게 되었기 때문이다. 그런데 현상들이 자신의 실재/존재를 스스로 강조해나감에 따라서 우리는 무시되어온 것들을 하나하나 재발견하기 시작한다. 지각이 꼭 맨 나중에, 행동으로 이어지는 것도 아니다. 또 행동이 있더라도 지각에 대한 것이 아닌, 무수한 자의적인 돌발들이 발생한다. 이것이 세 번째 단계이다. 현상들은 틈새에 의해 인식되면서 인식된 꼴로만 존재하는 것이 아니라 틈새들까지 아우르며 항시적인 변화로 나타난다. 베르그송이 말한 것처럼, 운동을 통해서 전체에 질적인 변화가 이루어진다. 계속해서 전체가 변화하는 것이다. 전체는 그대로 있고 현상들이 나타나는 방법만이 다양한 모습으로 나타나는 것이 아니라, 그 부분적인 변화에 따라서 그 전체도 한꺼번에 변화한다.

베르그송은 사실 후자의 이 두 경우를 모호하게 엮어냈다. 그러나 그가 실수한 것은 아니다. 그는 다만 운동에 대한 설명을 시도했고, 그것을 바탕으로 현상이 어떤 것인지를 말했을 뿐이다. 사실 시간-이미지란 베르그송 이후에 나타나는 것이 아닌가?

무수한 현상들이 전체에 구속되지 않고 발생하며, 전체 또한 변화시킨다. 이것이 행동-이미지의 위기이며, 새로운 이미지들의 출현이다. 하나였던 현실이 다양성을 얻게 되고, 그런 다음 다양성을 넘어서서 다수로 쪼개지는 것 말이다. 왜냐하면 틈새를 놓아두고 변화함으로써 틈새가 포착할 수 있는 범주 안에서만 움직이는 것이 아니라, 틈새까지 아울러 변화시키는 전체의 변화로 이어지기 때문이다(들뢰즈는 필름 누아르에서 이것에 해당하는 과정을 발견했다고 여겼다).

우리에 대해서 하나였던 현실이 우리까지도 포함하는 무수히 쪼개진 현실들로 나타난다. 이것이 바로 새로운 갈림길이다. 현실과 현실들, 단수와 복수, 외부의 주관과 내부의 주관….

예술 전체가 이러한 사고의 변이에 따라서 새롭게 변화했다. 우리가 예술을 이해하지 못한다면, 예술의 역사를 이해하지 못한다면, 그것은 바로 이러한 입장을 간과했기 때문일 것이다. 현대 이전과 현대의 차이 그 사이에 경과지에 해당하는 어떤 기간이 존재한다.

이런 점에서 보면 '영화'처럼 모호한 것도 없다. 왜냐하면 '영화'는 현대와 함께 탄생해서 현대의 특성(우리가 1장에서 근대성이라고 규정한 것)을 가지고 있었기 때문이다. 그럼에도 불구하고 여전히 '영화'가 지니고 있는 고전적 육체는 어떻게 설명할 것인가? 그리고 새롭게 열어가는 현대적 육체는? 이 '영화'에게 현대적 육체란 사실 다시 찾은 현대성이다(19세기가 이미 열어 보인 현대modem를 '영화'는 50년대 후반에 이르러서야 비로소 의식하기 시작했기에).

'영화'가 모호해 보이고 고전과 현대를 이야기할 때 혼동을 빚는 이유는 바로, 이 때문이다. 하지만 우리는 앞에서 이것을 나름대로 설명해보았다. '영화'라는 장치가 나타났다. 새로운 사고를 반영하며, 새로운 방식으로 작동하는 장치가 나타났다. 그러나 장치의 탄생이 곧바로 그 장치가 이끌어내고자 하는 결과로 이어지는 것은 아니다. 제아무리 새로운 장치라고 하더라도 그 장치는 우선은 기존의 것들을 모방하게 마련이다('영화'가 현대적 생산물이면서 동시에 고전적 사고 체계 안에서 성장한 이유이다). 대상의 모방이라고 우리가 말했던 것 말이다.

그리고 자신 이전의 대상들을 그대로 수용하면서 진행하게 된다. 아마도 장치 자신의 방법들은 그 진행 과정에서 서서히 발견될 것이다. 물론 이 발견은 진행 과정에서 채 눈치채지도 못하는 사이에 갑작스레 이루어진다(편집). 그러나 자신의 방법들을 깨닫자마자 그것은 대상을 새롭게 조명하기 시작한다. 그리고 기존의 것들(다른 고전적 예술들)이 자신의 역사 안에서 드러내고자 했던 것들을 자신의 방법으로 성취함으로써 미적인 정점에 이른다(고전영화). 하지만 그와 동시에 새로운 방향을 모색하기 시작한다. 왜냐하면 완벽하게 파악된 방법에 따라서 새로운 '눈'을 덧입게 되기 때문이다. 우리는 다음 장을 통해서 고전영화와 현대영화의 정체를 이해하는 열쇠가 될 과정을 설명하게 될 것이다.

텍스트/컨텍스트

두 개의 현실이 있다. 하나는 오직 본질에 대한 모방으로만 존재하는 것이고, 다른 하나는 어떤 것에 대한 모방이 아니라 그 자신으로 존재하는 것이다. 당연히 이러한 두 개의 현실은 우리가 지니고 있던 세계관들에서 시작되었고, 그 현실을 표현하고자 하는 예술들에 서로 다른 영향을 미친다. 그것들이 곧 고전/현대라는 차이를 만드는 것이다. 이 둘 사이에는 사실 여러 다른 입장들이 자리 잡고 있다. 우리는 그 전부를 파헤치지는 못할 것이다. 하지만 이들이 어떻게 서로 다른 입장을 지니고 세상과 결합하고 있는지를 여기서 우리는 좀 더 명확하게 짚어볼 것이다.

의식은 대상을 쪼개고, 분할하고, 재통합한다. 이것이 1장과 2장을 통해 이미 언급한 의식의 역할이다. 예술에 관한 문제들 전체를 이해하는 데 이것만큼 중요한 진술은 그리 많지 않을 것이다. 대상을 쪼개고, 분할하고, 재통합한다….

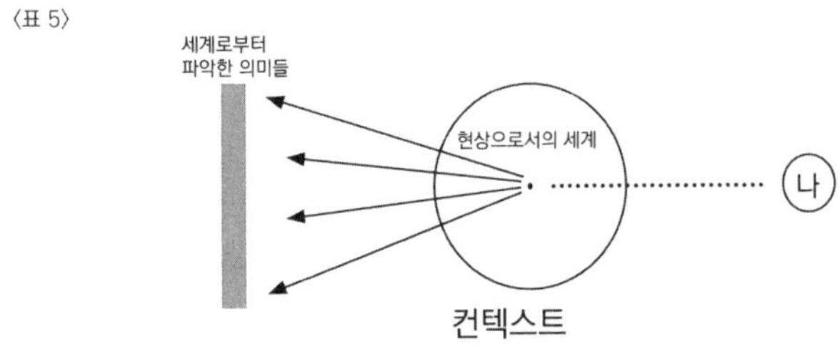

의식은 세계를 바라본다. 그러나 이 의식이 바라보는 것은 단지 현상들만이 아니다. 의식은 언제나 현상들을 넘어서 나아간다. 전근대에서 현상들이란 언제나 본질의 모방이기 때문이다. 따라서 의식은 그 본질을 찾아 나선다. 현상들을 쪼개고 분할하고 그로부터 본질의 형상들을 찾아내며, 이를 통해서 주관이 긁어오고자 하는 본질―이것이 진짜인지 아닌지는 별개의 문제라 나는 '주관이 긁어오고자 하는'이라는 표현을 썼다―을 구성하고 재통합한다. 이성은 주관에 속한 것이기 때문에, 사실 이 도식의 얼개는 다음과 같아야 할 것이다.

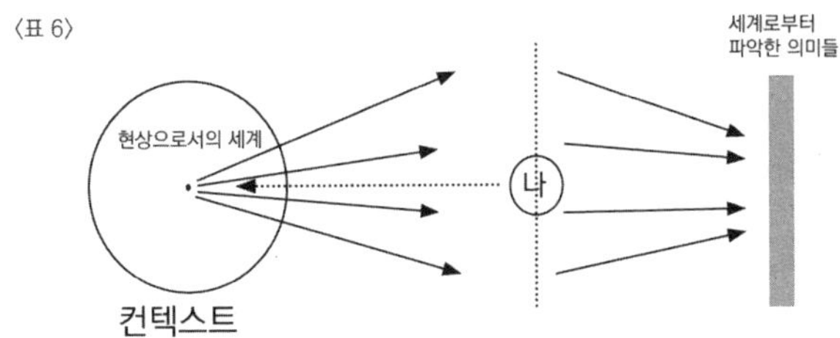

그런데도 우리가 처음의 도식을 그린 것은 우리가 현상들을 바라볼 때는 언제나 현상 그 자체가 아니라 그 너머를 판단한다는 것을 표현하기 위해서였다. 따라서 원래의 현상과 의식이 재통합한(좀 더 정확하게 말하자면, 의식이 파악한) 현상은 완전 별개의 것이다. 그래서 의식 안의 현상이란 사실 의식이 주목했던 현상들의 원인이 되는, 그것들보다 앞서 존재하고 상위의 지위를 차지하는 현상적 본질이다. 본질은 언제나 현상들에게 자신을 나누어 주는 존재로, 결코 하위일 수가 없지 않은가? 그래서 이 의식 안의 현상은 비록 주관의 이성 안에 존재하는 것이지만, 개념적으로 보면 실제 현상보다 훨씬 더 크다. 의식 안의 현상을 판단함으로써 세계 또는 현상이 명백하게 드러나게 되기 때문이다.

이러한 세계관으로 볼 때 텍스트는 어떤 것일까? 텍스트는 의식 안의 현상, 본질, 의미 따위를 구현하기 위한 것이 아닌가? 텍스트는 실제 현상(컨텍스트)의 일부를 떼어오는 것이 아니다. 그것은 의식이 포착한 내용들을 제대로 표현하기 위해서 적절한 가짜 현상들을 재구성한다. 이럴 때 바로 텍스트는 허구로 지어진 집이 되며, 텍스트 안에서 보이는 현상이란 결코 컨텍스트에게서 추출된 부분이 아니다. 그것 역시 의식이 구성하는 현상에 불과하다. 따라서 개념적으로 볼 때 텍스트가 기대고 있는 것은 컨텍스트가 아니다. 텍스트는 자기 나름의 컨텍스트를 구성한다. 그래서 우리는 현상과 의식 안의 현상에 대해서 언급했을 때와 똑같은 말을 할 수 있다. 우리를 둘러싼 컨텍스트가 있으며, 텍스트 안에 구성되어 있는 컨텍스트가 있다. 후자는 전자의 본질에 가까운 것이며, 전자의 모호한 정체를 명확하게 밝혀줄 수 있는 그런 컨텍스트이다. 물론 우리가 컨텍스트 자체를 둘로 구분할 필요는 없다. 왜냐하면 그 이전에 이미 텍스트와 컨텍스트의 관계가 명확하게 드러나기 때문이다.

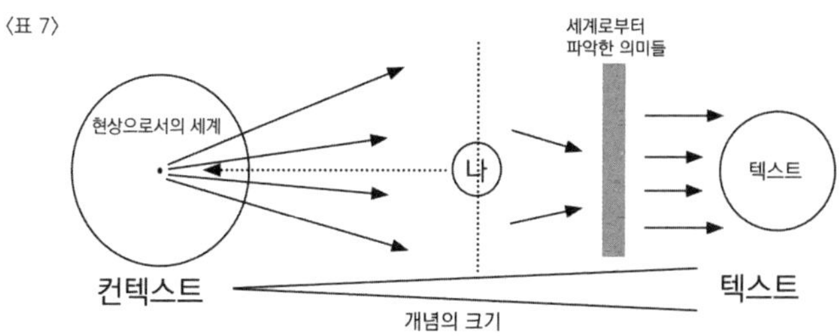

텍스트가 표현하고자 하는 것은 현상이 아니라, 의식이 포착했던 내용이다. 그 내용은 본질에 가까운 것으로, 언제나 현상들의 모호한 정체를 나름대로 뚜렷하게 보여주는 것이다. 개념의 크기로 볼 때 결국 텍스트가 언제나 컨텍스트 위에 놓이지 않는가? 우리는 텍스트를 이해함으로써 우리가 사는 세계에 대한 표지를, 지도를 작성할 수 있다(컨텍스트에 대한 지도). 텍스트란 이미 세계의 정체를 낱낱이 파헤치고 있는 지도이다. 따라서 그것에 대한 이해는 우리를 세계에 대한 이해, 즉 컨텍스트에 대한 이해로 이끌고 간다. 해석과 해독이 겨냥하는 대상은 오직 텍스트일 뿐이라, 우리는 컨텍스트에 대한 해독을 감행할 필요가 없다. 텍스트는 컨텍스트의 정체를 적절하게 표현하기 위해서 표현력이나 수사 등을 동원한다. 그래서 텍스트는 구조가 되고, 우리는 그 구조를 해석하고 분해함으로써 텍스트를 이해한다. 그로써 우리가 살고 있는 컨텍스트를 이해하게 된다.

텍스트 안의 인물들과 대상들이란 언제나 텍스트 자신이 드러내고자 하는 내용을 표현하기 위해 만들어지고 조절되고 억압된 것들이다. 그래서 인물들의 심리와 대화 그리고 행위는 철저하게 텍스트의 목적에 구속되어 있다. 이 텍스트가 우리가 사는 컨텍스트의 해석이자 얼개라는 것은 여기서도 드러난다. 주제/본질/내용과 현상(인물, 사물, 상황…)의 관계는 여기서도 복종, 굴종, 모방이 아닌가? 그렇기 때문에 텍스트는 모든 것을 이루고 있으며, 모든 것을 함축한다. 우리는 결코 구조 없이, 즉 텍스트와 같은 해석된 구조 없이 컨텍스트를 임의로 만날 필요가 없다. 이미 컨텍스트 자체가 구조의 모방, 본질이라는 거대 구조의 모방이라고 전제하지 않았던가?

세계는 먼저 쪼개지고 분할된다. 그리고 의식에 의해 재통합되어, 보이는 것과는 다른 세계가 형성된다. 그 세계는 보이는 세계의 정체이고 해석이다. 이 세계를 표현하기 위해 주관은 텍스트를 만들어내며, 오직 이것을 표현하기 위해 모든 요소를 지어낸다. 그렇게 허구가 구성되지만, 그럼에도 불구하고 이것은 가짜가 아니다. 왜냐하면 이것은 철저하게 파악된 세계를 담고 있기 때문이다. 그래서 이 허구는 본질이며, 세계의 정체를 간직한 것이다. 우리가 허구를 보고, 읽고, 들으며 세계를 파악하는 것은 바로 이러한 관계가 허구와 컨텍스트 사이에 성립되어 있기 때문이다. 세계는 비록 텍스트 안에 가짜라고 불리는 허구로 구성된 것이지만, 오히려 현상을 멀리하기에 본질에 가까운 것이며 속성상 인텔리전트하다.

우리의 의식이 늘 끊임없이 세계를 해석하고 판단하고자 하는 이유는 이런 관계에서 찾아볼 수 있다. 작품의 완결성, 텍스트의 완결성이라는 개념도 이러한 관계를 전제하지 않고는 성립할 수 없다. 텍스트는 컨텍스트와는 별개로 완결된 존재이다. 그것이 드러내고자 하는 것은 현상들의 덩어리인 모호한 세계가 아니라 정제되고 파악된 세계, 즉 해석된 세계이다(지도로 완벽하게 이해된 세계). 이러한 텍스트에 대해 우리는 두 가지 표현을 던질 수 있다. 시간으로부터 자유로운 텍스트(현상에 구속되어 있지 않은 허구이기 때문에)와 스스로 완결된 컨텍스트(세계를 지니고 있기 때문에)가 그것이다. 이는 우리가 작가나 작품을 연구할 때 그들이 보여주는 세계란 어떤 것인가 하는 질문을 던질 수 있는 근거이기도 하다. 텍스트가 이러한 것이 아니라면, 그것이 보여주는 독립된 세계도 존재하지 않을 것이다. 그 세계 안에서 모든 것은 명백한 기능을 지니고 있으며, 의미를 담당하고 있다. 텍스트 안에서 임의로운 것은 하나도 없다.

반면에 다른 입장에서 보면, 이것은 실재하는 시간으로부터 일탈한 텍스트이다. 이 텍스트는 단지 세계, 현상, 시간에 대한 해석일 뿐, 그것 자체를 우리에게 제시하지 않는다. 우리는 텍스트 안에서 파악된 의미들을 가지고 세계를 쪼개야 한다. 우리가 만나는 것은 언제나 즉자적인 세상이므로 우리는 의식 안의 세계로 대응해야 한다. 원칙, 구조, 계율, 법, 규격화된 관계, 조직 따위란 바로 이 임의로운 현상들을 마주하고 살아가야 하는 우리에게 주어진 본질의 지침이다. 텍스트화된 것들에 대한 이해가 없다면, 세계는 모순덩어리이며 명확하지 않은 몽상의 우주일 뿐이라서 이 세계는 믿을 만한 것이 못 된다. 그것을 주관하는 본질만이 신뢰할 만한 표지이다. 그래서 이 세계관이 그리는 지도는 현상들이 자유롭게 떠다니는 세계 속의 삶을 표현한 것이 아니라, 의식이 정확하게 재단하는 지점들, 내용들, 본질들을 표기한 것이다. 지도를 작성하는 것은 곧 구조를 그려내는 것이며, 해석을 가하는 것이다. 좌표가 있고, 그 좌표가 그 지점의 현상을 대체한다.

결국 텍스트가 표현하는 현실이란 허구이다. 우리가 만나는 현실들은 무수히 많지만, 텍스트는 그것에 대한 본질로서의 현실을 표현한다. 현실이 단수인 까닭은 바로 이것이다. 이러한 세계관의 시대에 우리는 결코 컨텍스트 안의 무수한 현실들을 의식하지 않는다. 그 대신에 의식이 만들어낸 텍스트와 허구 속 본질로서의 현실을 의식한다(reality!). 이 허구 안의 컨텍스트(reality, réalité)가 우리를 둘러싼 컨텍스트(the real, réel)를 대체하고 구속한다. 여기서 예술 또는 최면의 문제로 들어가 보자.

현상으로서의 육체는 중요하지 않다. 우리는 의식들 안에서 새로운 육체를 만난다. 그것이 본질로서의 육체이고, 표지로서의 육체이다. 허구이고 이미지에 불과하지만, 모든 것을 조절하고 모든 것의 의미를 담고 있는 육체이다. 육체의 개념은 이처럼 언제나 두 개로 나뉘어 있다. 질료의 육체와 본질의 육체로 말이다. 즉 모호한 육체와 명백하게 이 모호함을 파악하는 이미지로서의 육체. 이 후자가 성립되기 때문에 우리는 모든 것을 주관하는 존재가 되고, 모든 것을 명백하게 판단하는 주체가 될 수 있다. 우리는 이 세계를 조직하고 이끌어나갈 수 있는 존재인 것이다.

현상이 무의미하기에 현상 속의 육체도 무의미하다. 텍스트, 의식 안의 현상만이 의미를 지닐 뿐이며, 그 안에 형성되는 육체만이 의미를 지닐 뿐이다. 이성의 작용은 언제나 감각의 작용보다 앞서며, 감각의 불완전함을 보완한다.

　이렇게 구성되는 것이 클래식이다. 이것이 고전적인 텍스트가 지니는 특성이며, 구조이다. 허구라고 말할 때 우리는 종종 그것을 가짜라는 사실만 가지고 판단하려 드는 오류를 범하곤 한다. 그러나 이 허구는 질료의 측면에서, 즉 현상의 측면에서 보았을 때만 가짜일 뿐이다. 진짜를 표현하기 위한 가짜인 셈이다. 결과적으로 허구는 결코 가짜가 아니며, 늘 본질이고 그것이야말로 진짜이다. 고전적인 텍스트가 우리에게 주는 가치가 바로 여기에 있다. 그것은 우리에게 지도를 제공하며, 이 지도는 언제나 있음 직하다. 왜냐하면 늘 있었던 것들로부터(보이는 현상/컨텍스트) 파악된 내용을 표현하고 있기 때문이다. 본질은 실제 존재이기 때문에, 그것에 대한 표현은 언제나 있음직한 모습으로 나타난다. 보편성, 개념들, 표지들, 응축된 소재들, 상징들의 덩어리가 클래식이 만들어내는 허구의 육체이다. 이렇듯, 만들어진 것이 원래 있던 것을 대체하고 치환한다.

앞서 우리는 이따금 '영화'의 의의에 대해 다음과 같이 말한 바 있다. 그는 우리에게 예술의 탄생과 발전 과정을 이해하게 해준다고… 사실 이 말은 자주, 영화라는 장치의 가치를 설명하기 위해 애매하게 이용된, 그러니까 어떤 점에서 정확하게 그런 역할을 보여줄 수 있는지가 파악이 안 된, 그저 찬미의 수식어에 불과했다. 하지만 이제까지의 이해를 통해 보면 이 말은 적확하다. 우선, 이 말을 던진 자는 아주 단순했겠지만, 실제로 벌어진 일이기도 하다. 우리가 이 책에서 다루고자 하는 '영화'는 그 자신의 의미와 가치를 구축해간 존재로서의 위치이다. 잠시 이 문제를 덮어보자. 그리고 순전히 '수단'으로서의 역할만 생각해보자.

여기 하나의 수단이 발견되었다. 이제까지 기술적 발전단계가 이에 이르지 못해, 고려해보지 않았던 수단이다. 움직이는 이미지라는 재현의 수단인데, 새로운 만큼, 도대체 어디에, 어떻게 써먹을지 알지 못했다. 여기까지야 우리가 말해온 바다. 이때부터 어떠어떠하게 발전해왔다고 말했다. 이 과정을, '영화' 자신에 대한 의의 빼고 순전하게 보자는 말이다.

이 '수단' 자체의 태생 시기는 19세기 말, 20세기 초이다. 이것은 진짜 '수단'이 되기 위해서 모방해야 했다. 자신이 어떤 표현 수단인지 알아야 했고 이용 가치를 주장해야 했다. 사람들은 아주 단순했는데, 이 과정에서 자신들에게 이미 익숙한 '서사'에 다가가고자 했다(이 수단이 탄생하기 전까지 인류가 알고 있던 서사하는 방법들도 여기에 포함된다). 즉, 고전적 서사, 영화를 떠나서 예술에 있어서 클래식(고전)을 닮고자 했다는 말이다. 인간이 이때까지 알고 있던 '서사'의 개념에 충실한 역할을 수행한다. 움직이는 이미지라는 새로운 상태를 제외하면, 관객에게 감상시키는 '서사'의 개념과 기능은 딱 고전적 서사의 의미와 역할이다. 아무것도 모르는 아이가 마치 부모를 닮아 성장하듯… 부모들이 이해해오던 '세계'를 완벽하게 다뤄내고 투영하는 존재가 된 것이다. 이 과정이 곧, 어떤 수단이 어떻게 예술적 표현이 되어갔는가를 보여준 것이 아닌가? 그러므로 영화에서의 클래식은 한편으로는 곧, 우리 인류가 이해하는 예술의 고전적 개념을 드러내 준다. 우리는 이 책에서, 이 과정 안에서도 '영화'의 고유성이 드러나고 발전하고 있음을 말해왔지만, 이는 '영화'라는 장치의 고유성이지, 이 장치 활용의 고유성은 아니다(필름들의 역할). '영화'와 영화들이 함께 순전한 자신의 고유성을 추구하기 시작한 것은 그래서 '현대영화'가 된다. 물론, 그 목적과 시도의 중대함을 말할 뿐이다. '현대영화'라고 명명한 것 자체가 그 고유성을 드디어 확립했다고 보기는 어렵다. 영화에게 있어, '현대'의 위대함은 고유한 특질을 지닌 도구의 출현과 그 개념의 성립, 그럼으로써 앞으로의 전개에 있다. 즉, '현대영화'는 드디어 온전히 '영화' 자신의 개념을 논하기 위한 기회를 마련하고 발전시켰지만, 결코 '클래식에서 현대영화로' 하는 식으로 전개되지 않았다. 실제, 예술에서도 '현대'는 새로운 시도였고, 예술 전반에 대한 인류의 이해를 확장했지, 전통적 의미를 완전히 없애지 않았다. 영화에 있어서, '현대영화'라는 개념도 마찬가지로 이해해야 한다. 클래식보다 나아갔으되, 그것을 폐기하자는 것이 아니며, 새로운 의식을 첨가함으로써 더 발전한 어떤 상태로 나아가는 중요한 계

기였다. 말하자면 전통적 고유성에 첨가된 새로운 의식이며 발전이
었다.

데꾸빠쥬와 몽타주 découpage & montage

　영화는 다른 예술들이 구축해온 고전적 미학의 완성을 보여주는 도구였다. 물론 이것은 철저하게 육체의 실현이라는 입장에서였다. 고전적 육체란 다른 예술들에서는 전혀 성립될 수 없었다. 다른 예술들이 시도하던 고전적 미학의 완성이란 육체의 실현에 있는 것이 아니라, 그 반대편, 즉 육체의 파괴에 있었기 때문이다. 정신적 작용 또는 정신적 이미지로의 환원 말이다. 다른 예술들의 목적은 현실을 망각하도록 하는 것이 아니라, 현실 속에서 정신적인 것들을 끌어올리고 본질의 정체를 하나하나 파악해가도록 돕는 데 있었다. 하지만 고전적 미학 또는 고전적 사고가 본질의 완성을 추구한다는 점에서, '영화'보다는 다른 예술들이 오히려 '완성'이라는 개념에 더욱 어울리지 않을까? 그런데 왜 우리는 '영화'에서 완성된다고 말했을까?

　다시 합리주의적 세계관으로 돌아가 보자. 우리의 입장에서는 가시계가 실제로 존재하는 세계이다. 그렇다고 물론 스토아 학자들이 거침

없이 말한 것처럼 가지계란 전혀 존재하지 않으며 순전히 가짜일 뿐이라고 말할 수는 없다. 가지계 역시 엄연한 존재이며, 경우에 따라 상당히 중요한 현실적 표지들을 제공하기도 한다. 이 존재가 규명되지 않는 이유는 그곳에 현상적 이미지가 부여될 수 없기 때문이다. 바로 이런 점에서 고전적 사고의 증명 또는 완성이란 '영화'를 만나면서 시작하는 것이 아닐까? 현대 이전과 현대를 나눌 때 우리가 알아두어야 할 것이 있다. 분류를 감행할 때 염두에 두어야 하는 것은 언제나 분류는 중심에서 이루어진다는 사실이다. 경계로 갈수록 늘 모호해진다. 경계에서 벗어나 자신의 중심으로 갈수록 특징들은 뚜렷한 차이를 보이게 된다. 인간과 동물의 경계면에서 우리는 얼마나 분명하게 선을 그을 수 있을까? 감성적 표현과 감정적 표현의 경계는 과연 무엇일까? 그것은 사고능력의 단계들이다. 야수와 애완동물의 차이와도 흡사한.

'영화'는 현대성modernity의 산물이며, 현대성 자체를 자신을 통해서 실현해 보여준다. 그 현대성의 총체는 현상이고 육화이다. 이런 특성을 염두에 두고 본다면, 고전적 사고가 '영화'와 결합하는 순간은 관념적 존재의 '존재'가 규명되는 순간이 아닐까? 고전적 관념의 세계는 비로소 육체를 얻고, 자신의 완성을 바라본다. 현대성과 고전성의 만남이 이루어지는 지대, 그것이 바로 '영화'이다. '영화'가 혁명적 사건일 수 있는 까닭도 여기에 있다. 다시 말해, 고전성은 '영화'를 통해서 이제까지 자신이 고려해보지 않았던 현대성과 만났고, 드디어 자신의 완성을 보게 된 것이다. 정신적 이미지가 가지지 못한 것이 바로 육체였고, '영화'는 그 이미지에 육체를 입혀줌으로써 그것에 실질적 소재(혹은 '장소')를 제공해주었다.

　현대 이전과 현대가 만나는 지점 또는 고전이 자신을 보완하는 현대를 만나는 지점이 바로 '영화'인 셈이다. 영화들은 그 지점을 향해 가는 과정을 단계별로 보여준다. 때문에 '영화'가 클래식을 구축함으로써 자신을 완성해나가는 과정은 전혀 잘못된 것이 아니다. 들뢰즈는 운동-이미지의 위기를 현대의 출현과 결부 지어 이야기했지만, 그것은 고전의 교정일 뿐, 현대 이전과 절연된 현대의 출현을 알리는 것은 아니었다. 즉 현대적 사고가 시작되는 지점일 뿐이라는 이야기이다. 정작 현대는 자신의 두 번째 테마, 시간-이미지를 통해 실현된다. 그가 설명했듯이 '영화'가 클래식을 형성하는 것은 모방의 과정임이 틀림없지만, 단지 모방만 이루어지는 것은 아니다. 그 모방은 거꾸로 보면 고전적 사고/미학이 새로운 출구를 찾아가는 과정이기도 하다. '영화'는 사건으로서 자신의 역할을 충실히 수행하고 있었던 것이다.

　우리는 여기서 현대영화의 출현과 함께 한 발짝 앞으로 더 나아가게 될 것이다. 어쨌든 중요한 것은 시기적으로 볼 때도 현대영화가 나오는 시점이 바로 클래식이 완성되는 시점이었다는 사실이다. 그 클래식은 현대영화라는 개념이 나오기 전까지는, 다름 아닌 '영화' 자신의 완성이었다.

　주체는 세계의 내면 또는 '너머'를, 즉 본질을 파악한다. 주체는 그것에 허구의 질료를 입히고자 한다. 그것을 가지고 세계를 만들어가는 것이다. '영화'야말로 여기에 가장 잘 어울리는 장치이다. 의미가 규정되고, 그것을 통해 만들어지는 실제로 치환될 만한 세계가 거기에 있다. 클래식에게 편집보다 데꾸빠쥬가 훨씬 중요한 작업이었던 이유도 이런 맥락에서 살펴야 하지 않을까?

‘영화’로 볼 때, 그것이 만들어지는 과정인 데꾸빠쥬는 아주 중요한 단계였다. 물론 처음부터 데꾸빠쥬의 중요성을 인식했던 것은 아니다. 초기 영화에서 데꾸빠쥬는 단순히 제작 단계의 한 공정에 불과했다. 그리고 지금도 많은 영화인은 이 단계를 아주 평범한 생산작업의 하나로만 여긴다. 하지만 실제 제작에서 데꾸빠쥬나 몽타주가 그렇게 기술적인 의미만을 지니는 것이든 아니든, 그것은 우리의 관심사가 아니다. 그러한 작업이 수행하는 역할, 즉 영화제작 현장이라는 측면에서 그것을 이해하든 그렇지 않든, 그 안에는 실제로 아주 중요한 ‘영화’의 의미가 담겨 있기 때문이다. 물론 이러한 의미를 아주 손쉽게 폄하할 수도 있을 것이다. 그러나 ‘영화’의 작동을 이해하는 것은 실제 제작에서도 중요한 문제라는 점을 지적하고 싶다. 그것은 바로 기술적 필요 때문에 시작된 데꾸빠쥬가 하나의 개념이 되어가는 역사를 통해 입증된다.

초창기 영화인들은 아주 단순한 제작 페이퍼를 만들었을 것이다. 페이퍼 없이도 제작이 가능한 영화들을 찍는 것이 대부분이었기 때문에, 때에 따라 페이퍼는 처음부터 존재하지 않았을지도 모른다. 그러나 영화가 담고자 하는 상황이 점점 더 많아지면서 아마도 페이퍼는 필수가 되었을 테고, 그것에 일정한 역할이 주어지게 되었을 것이다. 앞으로 찍어야 할 상황들에 대한 짧은 설명이나 그 상황에서 전개되어야 하는 내용 따위를 담음으로써 촬영의 공백을 메워나가는 식으로 말이다. 그러면서 이 페이퍼는 두툼해지고, 자신의 용도를 차츰차츰 넓혀나간다. 촬영의 내용과 더불어서 촬영에 필요한 요소들에 대한 명기까지 이루어지는 것이다. 다르게 말하면, 그것은 진짜가 아닌 거짓을 만들어가기 위한 준비물들이었다. 따라서 '영화'가 이야기를 받아들이게 되면서 페이퍼는 진정한 필수항목으로 등장하게 된다. ≪ 햄릿 ≫이든, ≪로미오와 줄리엣≫이든 원작 또는 어떤 아이디어의 원형에 대한 정확한 설명들이 필요했고, 그러면서 데꾸빠쥬는 허구를 만들어가는 작업이라는 의미를 지니게 되었다. 제작과정의 하나로 시작된 이 작업 안에 결국 허구의 제작이라고 하는 의미가 첨가됨으로써 상당히 중요한 문제들이 발생한다. 그리고 그 문제들을 풀어나감으로써 비로소 컨티뉴이티와 데꾸빠쥬를 구분할 수 있게 된다.

의미들을 분절하는 행위를 가리키는 데꾸빠쥬는 제작될 영화가 추구하는 목적을 위해서 전체의 내용을 분해하는 작업이다. 그러므로 이 데꾸빠쥬의 과정 안에서 의미들은 바로 행위를 통해서 드러나고, 명확하게 제어된다. 전체의 분할 또는 파편화라고 부르는 것, 즉 행위의 분절 같은 작업이 데꾸빠쥬를 통해서 수행되며, 그것은 육체를 부여하는 작업이기도 하다. '의미'에 행위를 부여하고, 실제상황을 제공하는 것말이다.

그렇기 때문에 우리는 데꾸빠쥬의 역할이 일반적인 예술에서 의식이 하는 역할을 과정적으로 수용하고 있다고 말하는 것이다. 이미 말했듯이, 의식은 대상을 지각하는 순간 그것을 쪼개고 분할한다. 이 단계에 해당하는 '영화'의 작업이 바로 데꾸빠쥬이다. 그래서 데꾸빠쥬는 행위의 분절이며, 운동의 분할이다. 관념을 운동으로, 허구의 현상들로 분할하는 구조화의 첫 단계인 셈이다.

의식이 현상을 주목한다. 그 현상들로부터 본질을 끄집어내기 위해 주목된 것들을 이리저리 짜 맞추고 분할해본다. 그것은 결국 관념을 파악하기 위한 작업이고, 본질을 파악하기 위한 작업이며, 그것들을 펼쳐놓기 위한 작업이 아닌가? 지각-이미지들이란 바로 이렇게 갈라진 이미지들이다. 데꾸빠쥬는 이 갈라진 이미지들을 가지고 작업을 수행한다. 오직 전체 텍스트가 목적으로 하는 관념, 본질, 주제를 표현하기 위해서 말이다. 이 단계에서 빠진 것이 있다면 시간이다. 데꾸빠쥬가 구성하고자 하는 것은 행위들 그리고 운동들의 분할이기 때문이다.

결국 데꾸빠쥬는 전체에 의해 통제된 허구의 조직체를 만들어낸다. 그러나 우리는 이 허구를 결코 '가짜'라고 부를 수 없다고 말했다. 그것은 또 다른 차원의 현실이고, 주어진 시간(영화 상영시간) 동안 현실—우리 육체의 상태라는 측면에서—을 대체하는 일시적인 '실재'이기 때문이다. 이렇게 보면 데꾸빠쥬는 결국 현실을 만드는 과정이다. 관념적 전체에 현실의 옷을 입히는 과정이기 때문이다. 관념은 분할을 통해서 드러나고 명백해진다.

여기서 실제로 페이퍼가 존재하는지는 그다지 중요하지 않다. 그것이 바로 컨티뉴이티와 데꾸빠쥬 간의 개념적인 차이를 설명하는 핵심이다. 컨티뉴이티는 없을 수도 있다. 영화가 현장의 즉자성을 강조하고자 할 때 컨티뉴이티는 얼마든지 사라질 수도 있다. 하지만 데꾸빠쥬는 그렇지 않다. 그것은 텍스트의 구성이라는 측면에서 이루어지는 작업이기 때문에 사실상 결코 없을 수 없다. 페이퍼의 형태로 존재하든 그렇지 않든, 데꾸빠쥬의 작업은 어떤 상황에서도 수행되고 있다.[74]

---

74) 그래서 고다르의 초기 작업에서 컨티뉴이티의 부재를 예로 들어 누벨바그의 특징, 현대영화의 정체성을 설명하고자 하는 것은 잘못이다. 고다르의 초기 작업에서 부재하는 것은 바로 컨티뉴이티가 아니라, 클래식의 데꾸빠쥬이다. 데꾸빠쥬의 개념을 이해하는 것이 중요한 이유는 바로 이와 같이 '영화의 정체성을 설명하는 데 중요한 전초를 제공하기 때문이다. 따라

어떤 의식이 있고 그 의식에 의해서 전체가 쪼개지는 작업, 전체에 육체를 부여하는 과정 그리고 그를 통해 전체가 낳을 결과를 통제하는 사전작업이 존재하는 한, 데꾸빠쥬는 언제나 존재할 수밖에 없는 것이 아닐까?

따라서 데꾸빠쥬가 아주 중요한 위치를 차지하는 것이 바로 클래식이었다. 고전적 미학에 충실한 클래식은 의식의 세계를 구현하는 것이었고, 데꾸빠쥬가 그를 위한 첫 번째 단계였기 때문이다.

물론 데꾸빠쥬를 통해 만들어진 것들, 그 조각들 전체가 전부 그대로 결과로 이어지는 것은 아니다. 순간순간 현장에서 새로운 데꾸빠쥬가 이루어지며, 그것에 의해서 끊임없이 분할되기 때문이다. 게다가 이 분할들 그 자체가 전체를 구성하는 것도 아니다. 우리는 이미 알고 있다. 데꾸빠쥬는 전체를 구성하는 것이 아니라, 전체를 나눈 조각들이라는 것을. 그것들은 다시 한곳으로 통합되어야 하며, 그렇게 함으로써 새로운 전체가 구성되는 것이다. 의미(혹은 주제)를 발화하기 위한 또는 드러낼 수 있을 만한 조각들로 분할된 후에 다시 적절한 상태로 재결합됨으로써 전체가 완결되는 것이 아닐까? 그래서 필요한 것이 편집이며 재통합—의식의 마지막 작업으로서—이다.

전체의 의미는 데꾸빠쥬에 의해서 분할된다. 이 분할은 필수적이다. 왜냐하면 우리가 단지 정신적 이미지에 불과한 의미를 그대로 전달하는 것은 아니기 때문이다. 물론 우리는 단순한 대화로 텍스트를 구성할 수 있다. "사랑은 서로를 위해 희생하는 거야"라고. 하지만 이것은

서 컨티뉴이티의 존재 여부는 그다지 중요한 내용이 아니다. 클래식의 경우에도 컨티뉴이티는 얼마든지 없을 수 있다.

주체가 개념적으로 수용하고 있는 '사랑'이라는 것이 지닌 정체성의 일부일 뿐이다. 실제의 사랑은 현상 안에 존재하며, 상황 안에 존재한다. 때문에 우리는 현상적으로 이 사랑을 재조명하고자 또 다른 텍스트를 구성하는 것이다. 이야기를 통해서 자신의 '사랑'을 설명하고자 하는 것이다.

그래서 '희생하는 사랑'은 그 개념 또는 의미를 드러낼 수 있을 만한 것들로, 즉 현상적인 상황들이나 행위들로 분할된다. 그러나 이 분할은 우리가 알고 있는 것처럼 전체('희생하는 사랑')를 부분들로 나눈 조각이다. 이것들이 결합되고 재통합됨으로써 현상들의 덩어리인 작품으로 태어난다. 의미나 개념에 불과했던 '사랑'이 결국 상황을 덧입은 '사랑', 현상으로 나타난 '사랑'으로 탈바꿈하는 것이다. 따라서 질적인 의미에서 처음의 전체와 재통합 이후의 전체는 다르다. 전자는 관념이며, 후자는 현상이다. 즉 관념을 파악하고 이해할 수 있는 현상 말이다. 결국 이 현상도 가상이고 허구일 뿐이다. 이 허구를 만드는 과정, 관념을 현상으로 통합해내는 작업이 바로 몽타주이다. 그리고 몽타주의 재료는 데꾸빠쥬를 통해서 만들어진 조각들이다. 몽타주는 데꾸빠쥬의 경우와 마찬가지로 결코 현실을 질료로 하지 않는다. 그 질료는 허구의 조각들이며, 그것을 이리저리 엮어 전체로서의 허구를 만들어내는 것이다. 의식이 지각된 대상에 대해서 수행하는 마지막 작업이 몽타주이다. 따라서 몽타주는 전체가 완결되는 단계인 것이다.

막연한 의미가 있다. 그것이 현상을 통해서 어떻게 드러날 수 있을까? 그것을 어떻게 구체화시켜야 할까? 구체화란 분할이며 쪼갬이다. 가능한 것들로 나누어보는 과정이다. 하지만 이렇게 분할된 조각들은 애초 그 막연한 의미의 일부들이다. 이것을 적절한 연속성을 바탕으로 배치함으로써 처음의 의미는 이제 구체적인 모습으로 드러나게 된다. '사랑은 희생하는 것이다'는 결국 데꾸빠쥬를 통해서 '사랑'과 '희생', 즉 '어떻게 희생하는 것인지', 그렇게 해서 '얻어지는 사랑은 무엇인지', '왜 그런 결과가 발생하는지' 등등의 구체적인 조각들로 분화된다. 그리고 다시 몽타주에 의해서 '희생하는 사랑'이라는 관념의 정체를 보여주는 통합체가 되는 것이다.

이제 이 몽타주의 기본적인 작업이 명확해진다. 그것은 원인과 결과의 구성, 하나 다음에 이어질 다음 조각의 구성과 배치, 전체의 구체적인 얼개를 짜는 것이다. 따라서 몽타주가 수행하는 근본적인 역할은 바로 생략이다. 왜냐하면 분할된 조각들은 구체성을 띤 모든 경우의 수이며, 그 안에서 다시 적절한 요소들을 구성해서 나머지는 털어내고 하나의 집합을 만드는 것이 몽타주이기 때문이다. '희생'의 다양한 꼴들은 가장 적절한 하나의 꼴만을 남기고 모두 사라져버린다. 원인과 결과의 적절한 흐름을 위해서 수많은 조각이 제거된다. 몽타주라는 단어의 의미는 이음이지만, 개념적으로 그것은 생략일 수밖에 없다. 정제하는 행위, 하기야 모으는 행위라고 해도 틀린 말은 아니지만 말이다.

그래서 결국 몽타주는 데꾸빠쥬와 마찬가지로 클래식의 정체성을 설명하는 하나의 단계가 된다. 고전적인 예술은 이처럼 구체화된 덩어리이자 집합이며, 여기서 바로 몽타주가 전체의 관념에 상응할 만한 전체라는 집합을 만드는 것이다.

통합이란 결국 불필요한 것들을 제거하고, 꼭 필요한 것들만 배치하는 행위이다. 이 몽타주라는 과정을 거치면서 텍스트는 하나의 완결된

구조를 획득한다. 그래서 편집은 자연스럽게 구조화, 배치의 개념과
함께 논의되는 것이 아닐까?

빨랑-세껑스plan-séquence

처음으로 돌아가 보자. '영화'를 이해한다는 것은 과연 무엇일까? 100년의 세월이 흐르면서 그것을 이해하려는 방법들도 숱한 분화를 겪지 않았을까? 하나의 유일한 양식이 먼저 태어나지만, 존재는 언제나 그렇듯 그 단 하나의 양식으로 자신을 꾸준히 유지하는 법이 없다. 사회 또는 세계가 존재를 내버려 두지 않는다. 세계 안에 오직 그 존재만이 있다면 자기 자신의 내부운동에 의해서라도 변화할 것이다. 하지만 수없이 많은 다른 존재들과 상호 영향을 주고받으며 자신을 유지해 나가는 것이 우리가 사는 세계이다. 그런 세계 속에서 관계는 존재의 있음을 증명하는 경로이며, 생존의 실밥이다. 관계의 생성과 변형 그리고 유지에 따라서 우리는 서로 다른 존재 양식을 지니게 될 것이다. '영화'의 경우도 여러 번 말한 것처럼 탄생하는 순간부터 숱한 변화를 겪어왔다. 계속해서 새로운 존재로 변화를 거듭하며 지금까지 흘러왔다. 때로는 생존하기 위해서, 때로는 과시하기 위해서, 때로는 있어야 하므로….

그렇게 양식들이 분화함에 따라, ‘영화’를 이해하고 수용하는 방법들도 자연히 변화하게 마련이다. 이를테면 고전영화와 현대영화는 적어도 지금까지 나타난 ‘영화’의 양식 중에서 가장 거대한 범주를 이루는 두 가지 정체성이다. 이 영화들은 애초 개념의 접근에서부터 자신의 완성에 이르기까지 판이한 차이를 보이며, 전부 다른 관점에서 조망되어왔다. 이런 점에서 이들은 서로 다른 영화라고 할 수 있으므로, 서로 다른 방향으로 이해할 필요가 있다. 여기서 우리는 두 가지 질문을 던져보기로 하자.

첫째, 왜 다른 정체성을 지닌 영화들이 만들어지는가? 둘째, 그러한 구분에 대해서 어떻게 접근해야 하는가?

우리는 이 구분에 대해 앞서 충분히 이야기했다. 그것들을 하나로 모아놓고 설명하지 않았을 뿐이다. 고전영화와 현대영화라는 이 구분은 도대체 무엇이며, 왜/어떻게 이 구분을 수용해야 하는가?

물론 여기에는 반감이 있을 수 있다. 그러나 이 구분에 대한 반감은 그다지 적절한 것이 못 된다. 그것은 이 구분의 문제를 호도했을 때 또는 이 구분의 문제를 전혀 엉뚱한 방향에서 접근할 때 빚어지는 명백한 오류이다. 현대영화는 비록 내용에 의해 현실과 밀접한 관련을 맺고 있어서 때때로 그렇게 논의되지만, 정치적, 사회적 입장에서 해석하는 것과는 분명하게 다른 차원의 문제이다. 이 점에서 그러한 접근은 아주 커다란 오류를 범하고 있다. 그런 접근을 주장하는 사람들은 ‘영화’가 역사적 과정을 거치면서 옷을 바꿔 입었다는 관점으로 현대영화를 설명한다. 하지만 실제로는 ‘영화’와 그의 육체에 관한 질문들,

구성 요소들, 결국 정체를 판단하는 기준들이 완전히 바뀐 것이다. 그에 따라서 영화의 내면성 자체가 새로운 것이 되었음은 물론이다. 그렇다면 우리는 이 기준들에 대해 먼저 질문을 던져야 할 것이다. 그것은 이 구분을 이해하기 위해 일차적으로 물어야 할 질문이고, 새롭게 입은 옷에 관한 물음은 그로부터 이어질 이차적 질문이다. 다시 말해, 미학적인 차원에서 이 변화가 무엇을 의미하는지에 대한 문제 제기가 먼저 있어야만 한다. 그리고 나서야 변화한 뒤의 영화들로부터 공통으로 발견되는 다른 요인들이 있는지, 그렇다면 그것이 미학적 정체성과 어떠한 관련이 있는지 그리고 그 관련을 밝히고자 하는 것이 과연 정당한지를 논의할 수 있는 것이다. 하지만 그 순서가 뒤바뀐다면 어떤 문제가 생겨날까? 그것은 결국 전체의 호도로 이어지지 않을까? 이를테면, 다음과 같은 오류를 범하게 될 것이다.

● 실제

그들은 이제 자신이 달라졌음을 깨달았다. 자기 몸에는 더 이상 유아복이 맞지 않으며, 무언가 다른 옷으로 갈아입어야 한다는 것을 말이다. 그래서 다른 옷을 입고자 했을 때, 주위를 둘러보니 유행처럼 일정한 색(이를테면 이념, 좌파)을 강조하는 옷들이 널려 있었다. 그래서 그들은 그런 옷 중 하나를 집어 입었다.

● 오류

그들은 일정한 색의 옷을 입고 있다. 일정한 반성을 거친, 유행처럼 나타난 색을 입는다. 그들의 정신이 이미 그러한 색에 대해서 집착하고 있다는 것을 말해주지 않는가? 그 색의 문화적, 사회적 특색은 이러저러하다. 그렇기 때문에 그들의 정신은 근본적으로 그러한 사상의 바탕 위에 구축된 것이 아닌가? 그들은 전복적이다!

　좀 더 주의 깊게 이 문제들을 짚어보자. 우선 저 오류가 망각하고 있는 것은 육체의 변화이다. 입은 옷을 두고서 우리는 정신의 집착을 말한다. 하지만 정신은 육체와의 관련 없이 성립할 수 없다. 정신만이 홀로 독립하여 존재하지 않듯이, 육체에 대한 고려는 필수이다. 게다가 이 오류의 경박함은 단지 거기에서 그치지 않는다. 그들의 육체가 고려되지 않기에 정체성은 오직 입은 옷에 의해서만 파악되고 판단된다. 모든 것들이 외피에 의해서 규정되는 것이다. 그렇게 됨으로써 원래 육체의 문제와는 상관없는 외피를 통해 읽힌 가짜 육체의 문제만이 개념적으로 부각되고 만다. 잘못 파악된 육체를 두고, 그들의 움직임 전체에 대해서 원래의 의미와는 상관없는 오류투성이의 해석과 비평이 난무하게 된다. 이에 따라 우리는 계속해서 가짜 담론, 나름대로 비축된 논리에 따라 애초부터 잘못된 방향을 걸어가는 담론들의 양산을 보게 된다.

　이것이 현대영화를 둘러싼 오류이다. 누벨바그 그리고 나아가 네오리얼리즘에 대한 정치적 해석들을 보면 하나같이 그들의 표현을 거론하는 법이 없다. 그리고 스스로 증식을 거듭해 표현에 대한 문제까지 장악하는 새로운 껍데기의 담론을 만들어낸다(결과적으로 마땅한 단어로 해설된 듯하지만, 그조차 모호하게 만들어버리는, 네오리얼리즘과 누벨바그 등에 대한 네이버 사전의 설명처럼 말이다). 그 담론에 의해서 이들의 이해가 이루어짐은 물론이다. 그렇게 해서 전혀 색다른 누벨바그, 네오리얼리즘이 나타나고, 계속해서 그런 잘못된 이해가 줄

기차게 이어진다. 그러한 결과가 쌓이다 보니 전체를 모호하게 바라보게 된다. 누벨바그에 대한 잘못된 이해 그리고 작가주의라는 유령, 그들을 의식한 미학적 기준의 선언인 도그마에 대한 성과급주의 등등…

현대영화를 이해하기 위해서는 미묘하면서도 새로운 시각이 필요하다. 그것에 대한 논의를 이끌어내는 것 자체가 '영화' 전체의 담론과 이어지기 때문이다. 어떤 면에서 네오리얼리즘과 누벨바그는 현대영화의 개념을, '영화'의 새로운 정체성을 구축했다고 할 수 있다. 그렇다고 그 반대도 반드시 성립하는 것은 아니다. 다시 말해 현대영화 = 누벨바그인 것은 아니라는 말이다. 네오리얼리즘과 누벨바그 세대가 '영화'에 대해서 던진 질문들이 현대영화라는 개념을 형성했지만, 그렇게 튀어나온 새로운 '영화'인 현대영화가 곧 누벨바그고 네오리얼리즘이라고 말할 수는 없다. 그렇다면 누벨바그와 네오리얼리즘이 모습을 감춤과 더불어 현대영화도 하나의 운동이나 경향처럼 사라져야 했을 것이다. 이것이 가장 미묘한 지대이다. 정확히 말하면 결국 영화들에 의해서 '영화'라는 정체성이 성립되었지만, 그 '영화'라는 개념에 의해서 이 전체 영화들이 해석되고 판단되는 것은 아니라는 점이다. 이것이 '영화'와 영화들의 구분, 정체성과 현상들의 구분, 도구의 문제와 생산품의 문제들을 구분해야 하는 이유이다.

우리는 앞에서 고전영화와 현대영화의 의미들을 말했다. 그것을 좀 더 명확하게 정리해보자. 그러기 위해선 먼저 역사를 들여다보아야 할 것이다.

1895년, '영화'가 탄생했다. 그 '영화'는 현대의 산물이며, 현대적 사유의 도구이다. 이는 고전적 미학이 기초하고 있던 합리주의적 사고들의 변화를 염두에 둔 사고이다. 베르그송에 의해 표면화된 운동에 대한 사유, 좀 더 정확히 말하자면 운동-이미지에 대한 사유로 말미암은 비합리주의적 사고의 발화들이 합리주의적 사고에 대한 반성 또는 대체로서 나타났다. 세계는 현상과 따로 떨어진 본질에 의해서 규정되는 것이 아니라, 그 현상이 본질을 드러낸다. 따라서 이전의 세계가 언제나 현상보다 본질을 상위에 두고 그것이 현상을 조정하는 요인으로 간주해왔다면, 현대가 드러내는 것은 정반대의 양상이다. 즉 현상 그 자체의 중요성을 부각하는 것이다. 그것으로부터 빚어지는 사건들의 핵심을 파악하는 것 말이다. 우리는 이제 더 이상 현상을 우리가 만들고 조직한 이미지나 관념으로 구성할 수가 없다. 현상은 언제나 그것들을 비껴가고 있으며, 언제나 새로운 존재로 탈바꿈하고 생성되고 변전된다. 그렇기 때문에 우리는 그 현상들 너머의 개념을 취하는 대신, 이제는 현상과 현상 간의 만남과 반응에 주목해야 한다. 의미와 본질은 그것들 안에서 만들어지는 것이니까.

이는 실로 혁명적인 사고이다. 왜냐하면 이제까지와는 다른 방식으로 대상을 판단하는 것이기 때문이다. 미학적 의미도 당연히 그에 따라 지각변동을 겪게 마련이고, 텍스트의 개념은 바뀌게 된다.

이전 시대에서 텍스트란 언제나 일정한 의미를 담보로 만들어지는 것이기 때문에 본질 또는 관념을 목적으로 구성되어 있었다. 그래서 텍스트는 컨텍스트(현상들)에 대한 해석이며, 그것을 그렇게 나타내게끔 하는 원리였다. 이 원리를 목적으로 하기에 개념적인 크기로 볼 때 텍스트가 컨텍스트보다 훨씬 본질적이며 상위에 있다고 하지 않았던가? 텍스트를 이해함으로써 컨텍스트를 이해할 수 있으며, 컨텍스트 자체에서는 드러나지 않는 본질을 파악할 수 있다. 컨텍스트에서는 드러나지 않는 본질, 즉 컨텍스트가 결여하고 있는 것 말이다. 텍스트에 담긴 의미를 드러내기 위해 꾸며진 현상들(허구들)은 근본적으로 이 컨텍스트와는 다른 존재들이다. 왜냐하면 이들은 본질의 조각들을 위해서 만들어진 현상들이기 때문이다. 주체(이성)는 이 현상들을 통제하는 힘을 지니고 있다. 달리 말하자면, 주체의 위대함은 의미 있는 현상들을 만들어내는 능력에 있다. 그래서 텍스트는 완결을 지향한다. 반면에 이후의 시대로 가면 이것은 완전히 뒤바뀌고 만다. 텍스트란 기껏해야 현상들 사이에서 빚어지는 섬광들 또는 반응들을 담고 있는 것에 불과하다. 더 이상 현상들 너머의 본질도 없고, 관념도 없다. 그렇기 때문에 현상들 자체가 중요하다. 따라서 주체라는 것이 성립한다면, 그것은 오로지 이 현상들의 충돌, 히아투스, 만남을 수용하기 위해서일 것이다. 텍스트는 이 충돌, 히아투스, 만남의 기록이다. 섬광, 반응, 만남의 저장이요 보존이다. 이럴 경우, 텍스트는 컨텍스트의 하부에 위치한다. 이제는 텍스트를 이해하기 위해서 컨텍스트를 이해해야 한다.

이런 점에서 이전 시대의 도구들이 고전적 개념의 텍스트를 구성하는 것을 목적으로 삼고 있었다면, '영화'라는 도구는 이후 시대에 등장한 새로운 텍스트이다. 영화야말로 현상들의 만남과 반응의 기록이기 때문이다. 영화는 구조로서 말하기 이전에 보여주는 것이다. 그것은 해석을 통해 이야기가 드러나고, 정신적 이미지로 환원되는 과정을 거쳐서야 - 그것이 곧 추상이다 - 존재의 의미를 부여받는 것이 아니다. 거기에 있음으로써, 현상적으로 나타남으로써 존재가 규명되는 것이다. 그래서 우리는 '영화'를 현대성의 실현이라고 부르는 것이다. 그것은 운동을 추상하는 대신에 운동을 드러내며, 이미지를 암시하는 대신에 이미지의 움직임을 보여준다.

이 책의 1장에서 말한 바와 같이, 이런 점에서 '영화'는 현대성을 담아내는 도구이며, 현대적 사유의 진행을 보여주는 도구이다. 영화라는 텍스트는 현대 이후의 텍스트가 아닌가? 현대적 사고가 밀어붙이는 현대의 미학, 그것을 담당할 하나의 표현 도구로 바로 '영화'가 출현한 것이다.

하지만 우리는 여기서 하나의 그늘을 말해야 한다. '영화' 자체는 그러한 도구임이 틀림없지만, 그러한 도구로서 자신의 가치를 보여주지는 못했다. 베르그송이 '영화'를 두고 전현대의 옷을 벗기는 도구가 아니라, 전현대의 핵심을 드러내는 도구이자 물리적 조건에 종속된 채 정신적 작용의 틈새에 기묘하게 안착하는 시스템으로 폄하했던 그러한 조악함에 머물렀던 것이다. 우리는 그것에 대해 당시 '영화'가 자신에 대해 미처 다 파악하지 못했던 탓으로 해명했다. 그렇기 때문에 다른 것들에 대한 모방과 차용에서 시작해야 했다고 말이다. 이것은 틀린 이야기는 아니다. 분명히 '영화'는 다른 것들을 모방해야 했다. 그럼으로써 자신의 존재를 발견해나가기 시작한 것이다. 그러나 그것은 영화 자신의 존재를 찾아 나가는 과정에서 일어난 일이지, 현대성의 내용을 담아나가려는 차원에서 전개된 일은 아니다. 우리가 고전과 현대의 구분을 하고자 할 때 범하는 오류가 바로 이것이다. 과연 '영화'가 현대성의 내용을 발견해나가는 과정으로 이러한 모방의 단계를 거쳤던 것일까? 그렇다면 모방 이후 무려 50년이 지나 네오리얼리즘과 누벨바그에 와서야 비로소 현대성의 완성이 이루어졌다는 것인가? 만일 그렇다면 네오리얼리즘과 누벨바그는 영화사에서 그처럼 전복적인 순간으로 기록되지는 않았을 것이다.

물론 모든 것은 과정이다. 퇴보를 향해서 달려가건, 진전을 위해서 달려가건 그 모든 것이 과정임은 틀림없다. 하지만 우리가 설명했듯이, 이렇게 바라보면 '영화'로선 제2차 세계대전 이전의 50년은 하나의 결과만을 위해 희생된 모순의 시간이 될 것이다. 모방에 해당하는 기간은 실제로는 최초의 순간에 잠시 나타났을 뿐이다. 고전영화와 클래식이라고 하는 미학은 이미 모방의 단계를 벗어나 자신을 개척해나가고 있었다. 그런데도 지금까지 계속해서 '모방'의 개념을 적용한다면, 그것은 영화뿐 아니라 그 어떤 것에든 적용할 수 있는 항상적이고 지속적인 넓은 의미의 '모방'이어야 할 것이다. 따라서 우리는 현대성의 설명이나 베르그송의 태도를 지적하면서 모방이나 조악함을 이유로 들 수는 없다. 그것은 다른 차원의 문제이기 때문이다.

'영화'라는 존재는 자신의 완결지점에서 새로운 출구를 발견하게 되었다. 거기서 고전과 현대가 나뉘게 된다. '영화'라는 도구의 출현이 현대성의 산물이며, 현대적 사유의 한 방편이라는 것은 사실이다. 그러나 현대란 반드시 고전과는 다른 방향으로, 즉 이전과 모든 것을 단절하면서 나아가는 것은 아니다. 오히려, 클래식이 자신의 미학을 완성할 수 있었던 것은 바로, 이 현대적 사고의 출현 덕분이었다.

고전적 텍스트의 문제를 다시 떠올려보자. 그것은 정신이며, 육화되지 않은 허구이다. 그것에 입혀지는 육체란 언제나 정신적 이미지로 구성된 육체일 뿐이다. 정신이 파악한 내용의 구축을 위해서 현상을 희생한다. 텍스트를 통해서 버려졌던 이 현상이 복구되고 되살아나는 것이 아니라, 새로운 현상, 즉 정신적 이미지에 의해 구축된 현상이 그 자리를 차지한다. 허구적 조직들이 현상의 자리에 들어서는 것이다. 이 경우에 텍스트가 개념적으로 놓치고 있는 사실성은 어디에서 끌어오게 되는 걸까? 그것은 텍스트 구성의 첫 단계, 즉 파악한 내용의 서사화라는 부분에서 끌어오게 된다.

'이것은 사실 그 자체를 구성하고 있는 기록은 아니지만, 그 모호한 사실(실제 현상)을 통해서 파악할 수 없는 진실 또는 본질, 다시 말해 사실성을 담고 있는 것이다'라는 식으로.

이 방식은 오랫동안 정당한 지위를 누려왔다. 이것이 우리가 대상에 대해서 사고하는 방식이었으며, 대상을 구성하는 방식이었기 때문이다. 그러나 현상들이 무시되어서는 안 된다는 문제 제기가 이어지고, 현상들에 의해서 본질이 파괴되는 상황을 겪으면서 이제 전혀 다른 질문들이 떠오르게 되었다. 이를테면 텍스트는 정신이 꿰뚫어 본 본질의 재구성이고 내용의 서사화이기 때문에, 사실보다 더 사실적이며 사실을 통해 엿볼 수 있는 것보다도 더 많은 사실성을 드러낸다는 생각에 대해 의문을 제기하게 된 것이다.[75]

---

75) 사실성의 구축은 바람직한 것이다. 하지만 그것이 일단 구조적인 사고의 체계가 되면서 오랫동안 우리는 모순된 방법들에 발목을 잡혀왔다. 사실 자체의 실존을 무시하고, 오직 사실성의 실존을 말해온 것이다. 사실성은 관념일 뿐, 실존이라기보다는 존재의 한 단면이지 않은가? 그것이 사실과 적확한 치환관계를 이루기 위해서는 사실과의 관계에 대한 끊임없는 반성이 필요하다. 그러나 우리는 정신이 구성하는 것들에 영원이라는 가치를 부여하고자 했다. 텍스트에 대한 반성도 마찬가지이다. 텍스트의 완결성이란 텍스트 외부와의 관계를 통해서 빚어지는 것이다. 텍스트는 컨텍스트 위에 있는 것이 아니라, 컨텍스트와 영향을 주고받으며 작동하는 것이라는 말이다. 그럼에도 불구하고 우리는 쉽게 세계를 만들어냈다. 관념의 세계가 있다고 하는 것은 특이하지만 가능한 일이며, 우리의 인식을 설명하기 위해서

19세기는 놀라운 사고의 반향을 불러일으킨 시기였다. 과학적 발명품들과 기술의 진보, 산업구조의 구축은 한편으로는 이전 세계의 질서를 공고히 하면서, 다른 한편으로는 서서히 그 모순에 대한 지적을 불러일으키는 환경을 조성했다. 이러한 상황에서 고전성에 대한 반성이 시작되었다.

텍스트는 이제 현상을 입을 필요가 생긴다. 육체를 얻는다는 것은 얼핏 단순해 보이지만, 이처럼 질료, 즉 사실을 획득한다는 뜻을 담고 있다. 물론 '영화'만이 이러한 출구를 마련한 것은 아니다. 그러나 이러한 점에서 '영화'는 현대적 사고의 싹으로부터 시작해서 고전성이 필요로 하는 것을 채워주는 도구로서, 정신적 이미지에 현상을 부여하는 도구로서 올라서게 된 것이다. 다시 말해, 고전적 사고는 도구로서의 '영화'를 통해서 자신의 정당성을 증명해나갔고, '영화'라는 이 희한한 발명품은 자신의 현대적 작동의 가치를 확보해줄 대상으로 고전성을 발견하게 된 것이다. 그렇기에 '영화'는 바로 고전성의 완결을 공고하게 해준 하나의 입증인 셈이다. '영화'가 기존의 고전적 텍스트인 문

도 필요한 것이다. 그러나 이 세계를 불변하는 원칙적 요소들의 집합으로 만들어버린 것은 커다란 오류였다. 그 세계(관념적 세계)가 주어짐으로써 모든 것 위에 존재하는 주체가 가능해지고, 그 세계의 원칙이 원래 자신을 가능하게 했던 원천인 현실을 지배하는 이상한 정당함을 획득한 것이 아닌가? 이 정당함과 텍스트가 지닌 불변의 완결성 그리고 구조는 필요한 것이기는 했지만, 시간이 지나면서 모순을 드러내게 된다. 관계 설정의 가능성을 염두에 두지 않았기 때문이다. 시간이라는 변수가 우리에게 관계의 변화를 촉구하고 있었는데도 말이다. 현상과 본질, 실재와 존재, 사실과 사실성은 굴종, 복종, 귀속의 계급적인 구조가 아니라 상호적인 관계임을 알아야 할 것이다. 따라서 관계는 다시 규명되어야 한다. 그러기 위해서 본질과 현상 간의 관계가 복구되어야 하지 않겠는가? 관념적 이미지와 현상적 이미지 사이의 정당한 관계가 회복되어야 했던 것이다. 이에 따라 허구의 현상이 아니라, 육체가 있고 살아 있는 현상들을 질료로 수용할 필요가 발생했다. 그것이 전근대적인 사고에 변화를 가져온 요인이다.

학, 오페라, 연극 따위를 모방하는 단계를 거쳐 새로운 고전적 텍스트인 클래식을 만들어 나가게 되는 힘은 바로 이 상호 관계의 회복에 있었다.

따라서 고전성의 완결을 위한 진전이 클래식의 역사라고 할 수 있다. 이제야 우리는 다음 단계를 바라보는 시점에 왔다고 말할 수 있다. 완결을 향해 가다 어느 순간 정점에 이르러 고전성은 자신의 중심과 위기를 동시에 발견하는 것이 아닐까? 중심이 구축되고 나면, 그 구축된 중심에 걸려들지 않는 새로운 환경들을 보게 되는 비전이 생긴다. 그때 나타난 것이 리얼리즘의 새로운 구축, 새로운 리얼리즘, 즉 네오리얼리즘이었다. 고전성 안에서 우리가 설명한 얼개가 리얼리즘이라는 말로 불리는 것이라면, 제2차 세계대전 이후의 새로운 사고에 네오리얼리즘이라는 말을 붙이는 것은 바로 그 때문이다. 그것은 사조의 이름이 아니라 이처럼 미학적 수준에서 영화 전체의 변화를 예고하는 용어임에도, 그것에 대해서 잘못된 판단을 하고 있었다는 것은 역사적 사실에서도 드러나고 있다.

사운드가 발명되었다. '영화'에서 컬러의 발명도 아주 중요한 변화의 계기 중 하나지만, 사운드의 발명에 버금가지는 않는다. 1927년이 사운드가 발명된 공식적인 연도이다. 그 이전에 '영화'는 무성이었다. 무성영화와 유성영화를 구분할 때 우리는 심각한 잘못을 저지르고 있다. 그것은 무성영화를 아직 완성되지 않은 '영화'의 단계로 인식하는 것이다. 그런 나머지 가끔 궁색하고도 유치한 변명을 대곤 한다. 무성영화 때도 소리는 있었으며, 이미지와 함께 연주되고 있었다는 사실을 강변하는 것이다. 하지만 그것은 정당한 주장이 아니다. 인간에게 '영화'는 무성의 상태에서 시작했고, 그것은 결핍이 아니라 도리어 '영화'의 가장 중요한 정체성을 구축하는 근거가 되었다. 따라서 앞의 주장은 오히려 최초의 '영화'가 지닌 가치를 떨어뜨리는 것일 뿐이다. 사실 그때의 소리와 그 이후의 소리는 개념적으로 다르다. 이미지의 전개를 돕는 것이 아니라 관객의 이해를 돕기 위해, 지루함을 덜어주거나 상황을 설명하기 위해 들어간 첨가물, 엄밀히는, 스크린의 이미지들에 지각을 집중하기 위한 첨가물에 불과한 것이 무성영화 시절 스크린 바깥의 소리라고 할 수 있다. 하지만 사운드 영화는 다르다. 그 경우 소리란 하나의 표현으로 나타나는 것이 아닌가? 1927년 이후에 유럽의 '무성영화' 사회에 밀려온 무기력과 혼돈은 그 때문이었다. 그것은 '소리'가 표현의 하나로 자리 잡은 과정이었고, 따라서 '내적 소리'가 되어가는 과정이었다.

우리가 무성영화라고 부를 때 모순은 그것이 곧 '영화' 자신이었다는 점을 무시한다는 사실이다. 그래서 마치 무성영화 시대가 '영화'의 유아기, 기껏해야 슬랩스틱 코미디 류의 시기로 폄하된다는 점이다.

그렇다고 이때의 영화들만이 진정한 영화라고 주장하려는 것은 아니다. 소리가 표현의 하나로 끼어든 것은 '영화'의 가능성에 주어진 새로운 첨가물이다. 그런 점에서 무성영화들이야말로 진정한 영화들이고, 그 이후는 변질된 것이라는 당대 이론가들의 주장은 잘못된 것이다. 한발 물러서서 생각해보면 우리는 그들의 주장이 전적으로 옳지는 않지만, 다시 한번 돌아볼 만한 중요한 의미가 있다는 사실을 알게 된다. '영화'가 곧 이미지에서 시작했다는 점에서 말이다.

어쨌든 사운드의 도래는 '영화'에 중요한 변화를 몰고 온다. 당시 이론가들과 영화인들에게 이 변화는 놀랍고도 충격적인 것이었다. 그것이 곧 '영화'의 정체가 바뀌었다는 증거라고 판단했기 때문이다. 정체의 변화란 결국 미학적 차원의 변화가 아닌가? 곧 리얼리즘과 관련한 변화 말이다. 그래서 죠르쥬 사둘은 자신의 영화사에서 사운드 이후의 영화적 전개에 대해 '시적 리얼리즘'이라는 용어를 사용한다. '시적 리얼리즘', 다시 말해 아무런 형용사도 붙지 않은 리얼리즘과는 다른, 전혀 새로운 개념의 리얼리즘이라는 것이다. 마찬가지로 이탈리아의 움베르토 바르바로는 네오리얼리즘이라는 용어를 이 사운드 영화들에게 붙여주었다. 이유는 간단하다. 이전과 다른 리얼리즘의 문제가 전개될 것이라고 보았기 때문이다. 하지만 사둘의 시적 리얼리즘이라는 용어도 틀렸으며, 네오리얼리즘이라는 용어도 마찬가지이다. 시적 리얼리즘은 하나의 경향으로서, 리얼리즘을 다른 방식으로 표현한 것에 불과하다. 따라서 오늘날 역사는 여전히 이 시기를 리얼리즘의 시대로 놓고 있으며, 그중에서 사운드를 활용해 독특한 세계를 보여준 일부 작가군에게 시적 리얼리즘이라는 이름을 달아준다. 이런 점에서 시적 리얼리즘은 시대적 용어일 수는 없다.

같은 맥락에서, 바르바로의 네오리얼리즘이란 이름이 그에 걸맞은 대상을 만난 것은 제2차 세계대전 이후였다. 사운드 영화는 결코 '영화'의 정체를 바꾸지 못했으며, 바뀐 정체에 걸맞은 진정한 네오리얼리즘 영화들이 출현한 것은 제2차 세계대전 이후 이탈리아에서이다.

이것은 단순한 역사적 사실이지만, 우리에게 네오리얼리즘이라는 이름이 가지는 의미를 거꾸로 설명해준다. 말 그대로, 이전과는 다른 리얼리즘 개념의 시작과 궤를 같이한다는 의미 말이다.

앞에서 우리는 고전성의 발전에 따라 사실성과 사실들, 본질과 현실/현상 사이에 새로운 관계가 성립되었다고 말했다. 이것은 또한 실제 사회적 배경이 촉발시킨 문제들이기도 하다. 미학적 관점에서, 사운드 이후 비로소 클래식은 완성기를 향해 달려가기 시작한다. 우리가 말한 대로, 새로운 관계가 구축된 것이다. 그것도 현상과의 관계가 재구성된 것(무성이 담보하는 표현성에서 소리가 첨가된 재현으로 재구성된 것)이었기 때문에 고전성을 공고히 다지는 구실을 했던 것이다. 하지만 세상은 서서히 변하고 있었다. 19세기 말에 시작된 현대적 사고가 점점 더 굳건히 뿌리를 내려가고 있었던 것이다. 현실은 점점 더 통제를 벗어나고 있었기에 관념적으로 해명될 수 없었다. 마찬가지로 구조는 이제 하나가 아니라, 여럿이 되었다. 그러면서 구조와 세계 사이에 무수히 새로운 관계들이 나타났다. 바야흐로 관계들의 재정립이 필요하게 된 것이다.

하지만 쉽사리 판단해서는 안 된다. 구조는 하나가 아니라 여럿이고 그에 따라 다양한 관계들이 터져 나오기 때문에, 유동적인 사고를 가져야 한다는 생각이 널리 설득력을 얻게 된 것은 사실이다. 하지만 그렇다고 구조를 통해 세계를 파악할 수 있다는 기존의 생각이 쉽게 사라진 것은 아니다. 고전성의 핵심인 본질과 관념의 추구는 결코 사라지지 않았기 때문이다.

내가 현대적 사고가 성립되고 나서 고전성의 완성이 이루어졌다고 설명하는 것도 바로, 이 때문이다. 관계들이 다양하게 터져 나오는 상황―산업사회의 구축―이 도래하자, 그에 발맞추어 고전성은 현대가 지적하는 것들을 받아들인다. 그러나 그것은 어디까지나 받아들이는 것일 뿐, 다른 사고로의 전환이 아니다. 전환을 거치는 일 없이 관계의 재정립만을 통해서도 얼마든지 설명할 수 있는 세계였기 때문이다. 이후 지역주의적이고도 전체주의적인 서구 사회의 발전은 군데군데 파열지점을 안고 있기는 하지만, 전체적으로 볼 때 이러한 새로운 관계를 모색하기 위함이 아니었던가? 세계는 수많은 현상들로 분화되지만, 이 현상들은 그럭저럭 통제 가능하며 여전히 의미에 의해서, 즉 지각에 의해서 포착 가능한 것들이었다. 그래서 고전성의 완성은 하나의 구조에 대한 신뢰에 바탕을 두고 다양한 사회적 구조를 수용하는 방향으로 진행함으로써 이루어진 것이다.

그러나 제2차 세계대전은 이러한 상황을 바꾸어놓았다. 그것은 먼저 다양한 사회구조를 파괴했다. 전쟁이 파괴하는 것이 다름 아닌 이 구조가 아닌가? 다시 말해, 이제까지 구조라고 불린 정지된 지도를 바꾸어버린 것이다. 그렇게 해서 위기가 닥친다. 구조가 사라지고, 현상들은 구조 없이 떠다닌다. 사실 애초부터 현상, 즉 현실은 모호했다. 하지만 그 모호함을 대체할 수 있었던 것이 바로 이 구조였다. 그런데 구조 바깥dehors, 부유하는 것들로서의 카오스가 전체로 확산된 것이다. 그러고는 놀랍게도 이 모호함이, 부실한 현상이 주목을 받기에 이른다.

모호함을 통제해온 구조가 사라짐에 따라, 현대적 사고가 진정한 현대적 반성을 이끌고 고전적 축으로부터 떨어져나와 자신만의 방식으로 새로운 육체를 입어야 한다고 판단하게 되었다. 이것이 바로 새로운 리얼리즘의 출발이었다. 누보로망의 출현과 새로운 미술 운동들은 이러한 축 위에서 전개되었다. 의미로 담을 수 없는 현상과 수사화할 수 없는 현상들의 출몰이 가져온 결과물인 셈이다.

육화의 도구인 '영화'에게 이러한 현상의 출몰은 그야말로 심각한 위기를 제공했다. 다음의 인용문이 그것을 설명하는 것이 아닐까?

그렇기 때문에 우리가 이미 행동-이미지의 위기라고 파악했던 특성들이 드러난다. 발라드의 형태, 클리셰의 증식, 결과와는 거의 관련이 없는 사건들, 예컨대 감각-운동적 연관의 이완 같은 이런 특성들 전부가 중요성을 띠게 되었고…[76]

이처럼 현상들에 대한 통제나 의미화가 이루어지지 않는다는 것은 무엇을 말할까? 그것은 바로 행동-이미지로 통제될 수 없는 것들이 빚어진다는 뜻이 아닐까? 행동-이미지의 위기란 행동-이미지 자체의 일시적인 소멸이다. 대상이 없는 행동-이미지가 분출되는 것 또는 아예 의식의 단계, 감정-이미지의 단계에서 사라져버리고 마는 것. 두 가지 모두 결과는 마찬가지이다. 대상이 없는 행동-이미지의 무수한 분출이란 바로 허위의식이 아닌가? 의식은 통제이다. 만일 통제할 대상이 없다면, 그것은 허위가 되며 오류를 빚게 된다. 따라서 세계의 변화에 좀 더 주의 깊게 주목하는 사람들에게 이 허위는 제거의 대상이다. 그래서 그들은 행동-이미지를 보여주는 것이 아니라, 그것을 의식의 단계에서 또는 감정의 단계에서 소멸시켜버린다.[77] 이것이 바로 현대영화

---

76) 질 들뢰즈, 『시간-이미지』, 10면.

77) 이것은 이후에 현대영화와 미장센과 몽타주를 설명하는 데 중요한 근거가 된다. 만약 '영화' 가 전적으로 현상들을 기록하는 것이라면, 고다르의 밀리땅 시대(참여시대)의 '영화'가 진정한 영화일 것이다. 하지만 이 현대영화인들의 반성은 자신들도 의식을 지니고 있다는 것을 인정하는 데서 이루어진다. 다만 의식이 결과를 통제하지 않을 뿐이다. 게다가 감정-이미지의 하나로서 클로즈업이 이미지-크리스털이 된다는 설명이 가능한 것도 이 때문이 아닐까? 의식이 있기 때문에 소멸시키는 대신, 그 한 점으로 응축되는 것들을 그 상태대로 행

의 출발점이다. 이 두 가지 상태에 따라서, 즉 얼마만큼 한쪽에 기울어 있는가에 따라서 이들 영화는 다양한 모습을 띤다. 이들이 개념 면에서는 하나로 묶이면서도 다양한 차이를 드러내는 이유가 바로 여기에 있다. 관계는 더더욱 복잡한 경우의 수로, 비집합으로 나타나는 것이다.

어떤 것이 소멸되든 간에, 중요한 것은 이 소멸이라는 것이 영화적으로 무엇을 의미하는가이다. 리얼리즘의 내용에 일어나는 변화는 그렇다 쳐도, 그 변화의 얼개는 실제로 어떻게 나타나는 것일까?

데꾸빠쥬는 정확한 재단이며, 의식이 자기 결과물을 분할하는 작업이다. 사물을 쪼갤 때 우리는 이미 그 사물의 특성과 의미에 관한 가정을 바탕으로 그 작업을 수행한다. 데꾸빠쥬가 구축하는 것은 허구들, 분산들, 그러나 산술적인 입장에서 정확하게 대상을 통제하는 요소들이다. 그러나 이것이 이루어지려면 의미는 사전에 얼개를 갖추고 있어야 하지 않겠는가? 그러한 상황이 주어지지 않을 때도 여전히 이 데꾸빠쥬는 가능한 것일까? 통제되지 않는 대상이 있다는 것은 쪼개지지 않는, 분할되지 않는 대상이 존재한다는 말이다. 즉 무의미한 것들, 부유하는 것들, 모호한 것들, 관계가 잘 포착되지 않는 것들이 갑자기 세상에 꽉 들어찬 것이다. 따라서 데꾸빠쥬의 의미나 과정적 개념은 이제 그다지 중요하지 않게 된다. 왜냐하면 이런 세상에서 주체는 관념을 가지고, 통제할 수 있는 의미들을 가지고 대상을 꿰뚫어 보는 것이 아니기 때문이다. 그것은 대상을 만난다. 그저 만날 수 있을 뿐이다. 주체가 할 수 있는 것이라고는 이제, 이 모호함을 정확하게 포착할 수 있

동-이미지의 단계를 대체하도록 보여주는 것, 즉 감정-이미지와 행동-이미지간의 응축, 교합 또는 이중적 소멸이 바로 이미지-크리스털의 단계인 것이다.

도록 우리에게 자신이 만난 경험을 전해주는 것뿐이다. 그래서 네오리얼리즘의 미학은 '만남'으로 압축된다. 우리가 앞에서 설명했던 새로운 현대의 텍스트가 바로 그렇게 이루어진다.

몽타주의 위대한 지위, 즉 전체를 만들고 재생산하는 지위는 데꾸빠쥬의 소멸과 함께 변화를 겪는다. 몽타주는 이제까지 이러한 데꾸빠쥬의 조각들을 가지고 행하는 작업이었기 때문에 언제나 프리젠테이션이 아니라 리-프리젠테이션이었다. 재-현하는 것, 현전케 하는 것이 아니라 재-현하는 것.

그렇기 때문에 쁠랑-세껑스plan-séquence(원컷-원시퀀스)가 재현으로서의 몽타주를 대체하려 한 것이다.[78]

이 문구는 그런 맥락으로 설명될 수 있다. 이것을 이해하려면 먼저 몽타주가 왜 재현으로서의 몽타주인지를 알아야 한다. 그런 다음에야 비로소 이 쁠랑-세껑스의 의미를 찾아 나설 수 있다.

세계를 나누고, 나눈 조각들을 엄격하게 통제함으로써 전체가 만들어진다. 그래서 이 전체는 늘 만들어진, 재현된 전체이다. 추상적 시간은 아니지만, 몽타주가 부여하는 것은 철저하게 재조립된 시간이다. 시간조차 고전성에게는 대상이었기 때문이다. 하지만 만남이라면, 현상과의 조응에 대한 기록이라면, 우리는 적어도 재조립의 개념을 버려야 하지 않겠는가? 네오리얼리즘이 찾아낸 보석과도 같은 장치, 그

---

78)같은 책, 7면.

들의 기본적인 장치가 바로 쁠랑-세껑스이다.[79] 쁠랑-세껑스는 대상을
절개하고 조립하는 대신, 만남을 충실하게 기록한다. 하나의 전체적인
장, 즉 현상들의 전체적인 모호한 덩어리가 하나의 쁠랑으로 다루어진
다. 이것은 사실 우리가 현대성 안에서 파악하는 세계의 모습이지 않
은가?

'나'라는 주체가 아직도 가능하다면—이 가능성이 담보되어야만 무
엇을 설명할 수 있고, 텍스트라는 존재가 존재할 수 있는 이유를 획득
하므로—그 주체는 이전에는 모든 것을 대상으로 보는 위치였지만, 현
대에 와서는 세계 안에 하나의 현상으로 들어선 자신의 경계들을 주목
하는 위치가 되었다. 쁠랑(쇼트라는 뜻. 그러나 프랑스어에서 이것은

〈표 8〉

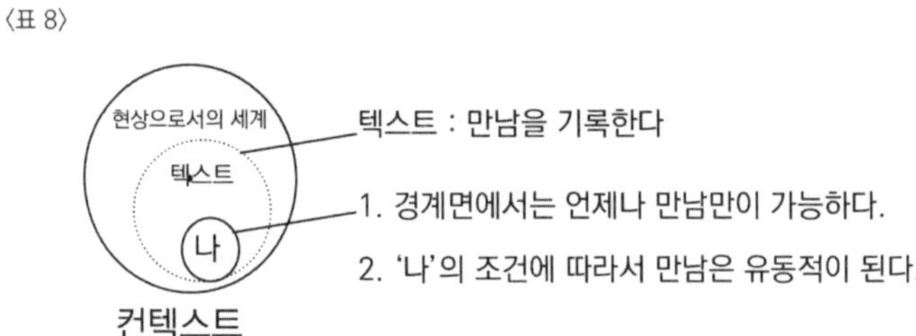

---

[79] 그렇다고 명칭으로서의 쁠랑-세껑스가 네오 리얼리즘에서 시작한 것은 아니다. 오히려 그
시작은 르누와르의 《게임의 법칙》이다. 하지만 이 작품에서 유사성이 없지는 않지만, 쁠랑-
세껑스가 전체에 대해서 차지하는 가치를 제외한다면, 네오 리얼리즘에서의 역할과는 다르
다. 르누와르의 작품에서는 고전적 서사로써 전개의 치밀함을 위해 사용된 측면이 더 강하
기 때문이다.

구상, 계획, 따라서 그것들을 담고 있는 공간적 의미의 '면面'의 뜻으로 쓰인다)이라는 개념은 철학적인 측면에서 볼 때 이전에는 세계의 전체에 대한 대치로 나타났고, 언제나 의식에 의해 분할되고 쪼개진 다양한 면들의 집합을 이루고 있었다. 그러나 이제는 주시가 아니기 때문에, 그저 모호해질 뿐이다. 여기서 '나'(주체)는 현상 안의 부유하는 현상체가 아닌가? 면이란 과거에는 실질적인 접점이 아니라, 의식이 구축한 의미의 덩어리였다. 하지만 더 이상 우리는 그러한 면을 가질 수 없다. 모든 것은 모호하고, 부서지며, 불명확하기 때문이다. 우리가 과거의 면 개념을 상정할 수 있다면, 그것은 현상으로서의 나와 외부의 현상 간의 조응을 기록한 하나의 덩어리로서만 가능할 뿐이다. 그것도 현상과 현상 사이의 빗김, 반응, 사건이기 때문에, 과거처럼 고정된 것이 아니라 움직이는 것으로 나타날 것이다. 그래서 다시 우리는 진정한 움직이는 단면들이란 개념을 만나게 된다. 초창기 현대성을 논할 때 이야기하는 움직이는 단면과 지금의 움직이는 단면이라는 개념 사이에는 미묘한 차이가 있지만 말이다. 세깡스, 어떤 의미의 덩어리가 내포된 장 또는 공간은 이제 하나의 쁠랑으로 구성된다. 그리고 그 쁠랑은 더 이상 쪼개지고 분할된 의식들의 집합이 아니라, 그저 현상들과의 만남을 기록한 것일 뿐이다. 그러므로 나는 쁠랑-세깡스가 아니고서는 결코 텍스트가 구성될 수 없으며 현대의 의식이 반영될 수 없다고 말하는 것이다. 적어도 이 새로운 상황에서는.

좀 더 정확하게 말하면, 사실은 세깡스의 구성이 달라진 것이다. 과거에 세깡스는 어떻게 구성되고 파악되었을까? 그것은 '쁠랑들'을 통해서 나타나는 것이 아니었던가? 우리가 어떤 상황에 대해서 의미를 부여하고자 할 때 또는 그렇게 의미를 포착할 수 있다고 믿을 때, 그 상황, 즉 세껑스는 의식들로 분할될 수밖에 없다. 쪼개지고 분할된 자신의 조각을 만드는 것, 그것이 곧 의식이 아닌가? 이 의식이 의미의 뻴랑들을 만들어낸다. '영화'가 사유의 한 형태, 사유하는 조각들이라고 설명하는 것도 바로, 이 때문이다. 세계의 어떤 세껑스('사건'이라고 말해도 마찬가지이다)가 수많은 의식들, 즉 의식에 의해서 만들어진 의미의 덩어리로서의 뻴랑들(사건을 구성하고 지시하는 다양한 요소들)로 분할되는 것과 마찬가지로, 영화에서의 어떤 상황도 자연스럽게 이러한 뻴랑들/프레임들로 구성되지 않는가? 그런 이유로 프레임은 의미의 구현이며 의식이라고 말하는 것이다.

하지만 세껑스의 성질이 달라졌다. 환경이 달라졌다는 것, 다시 말해 현상들이 부유하며 더 이상 쪼개지지 않는다는 것은 바로 이 세껑스를 두고 하는 말이다. 과거에는 의식이 개입하여 세껑스를 의미들로 나누고 쪼개는 것이 가능했지만(구체적으로는 scene와 shot들로 나뉘는 것), 이제는 우리가 설명했듯이 더 이상 분할될 수 없게 되었다. 모든 것이 그저 무의미한 덩어리를 이루고 있기 때문이다. 그래서 우리는 분할하고 쪼개는 대신, 그것을 있는 그대로 받아들인다. 이것이 바로 의식의 새로운 역할이다. 의식은 이제 분할하지 않는다. 그가 분할하는 것이 있다면 반응들의 성질들일 뿐이다. 반응 하나하나에 의미를 부가하는 대신 말이다. 그래서 뻴랑이 세껑스 전체를 담아내며 나타난다. '영화'는 아주 정확하게 미학적인 변화, 즉 사고체계의 변화를 수용하고 있는 것이다.

다시 몽타주

　그래서 쁠랑-세껑스는 새로운 미학의 모든 것을 설명해주는 도구이다. 누보로망에서 '묘사'가 하는 역할도 바로 이런 것이 아닐까? 누보로망 전체를 설명해주는 것 말이다. 하지만 영화 전체가 이렇게 단 하나의 쁠랑으로 드러나지는 않는다. 그래서 우리는 다시 모호함에 빠진다. 어째서 쁠랑-세껑스가 몽타주를 대체한다고 말할 수 있는가?

　다시 쁠랑에 대한 설명으로 돌아가 보자. 달라진 쁠랑의 개념, 그것이 열쇠이기 때문이다. 앞서 한 이야기를 정리해보자. 쁠랑은 정확한 의식이다. 쁠랑은 세껑스를 의미로 분할한 것이고, 이미지의 덩어리를 영역으로 분할한 것이다. 그런데 바로 이 쁠랑의 이러한 개념이 해체되었다. 쁠랑은 더 이상 의식이 아니다. 그리고 의미를 담당하는 영역도 아니다. 쁠랑이 존재하면서도 존재하지 않을 수 있는 것은 바로 이 때문이다. 다시 말해, 쁠랑은 어떤 것을 분할한 것이 아니라, 그저 보여지는 것이다(도식을 통해 보자면 그때그때 만나는 것). 그렇다고 무의미한 조각도, 또 정확한 조각도 아니다. 그래서 전체 세껑스를 보여주기도 하고, 무의미한 조각 하나를 보여주기도 한다. 더 이상 의식을 통해 뻘랑을 포착하는 것이 아니기 때문이다. 이런 상황에서 볼 때 고전영화와 현대영화에서 전체의 의미가 드러나는 방법은 엄청난 차이를 보이지 않겠는가?

뻘랑들이 모여 상황에 해당하는 내용 또는 의미를 구성한다. 이렇게 구성된 것이 세껑스이며, 다시 이 세껑스들이 적절한 배치를 이룸으로써 전체가 재구성되는 것이다. 하지만 뻘랑이 이러한 역할에서 떨어져 나갔다는 것은 세껑스가 곧 '의미의 집합'이라는 개념이 흔들리고 있음을 말해주지 않는가? 그것은 결국 전체를 재구성함으로써 전체를 통제할 수 있다고 믿은 우리의 사고를 뒤흔들기에 충분하다.

어떤 면에서는 모든 것이 반대방향에서 이루어졌다고 할 수도 있다. 이제는 전체를 관념으로 대치하려는 시도들이 무의미해졌다. 전체Tout는 그대로 부유하는 조각들의 모임이며, 더 이상 의미로 통제되거나 의식으로 분할된 정확한 집합Ensemble이 아니다. 무한하게 구속되지 않는 열린 전체이다. 이 전체를 관념의 밧줄로 묶는다는 것은 얼마나 무모한 일인가? 통제되지 않는 것들의 덩어리이기 때문에 그것은 세껑스로 분할되지 않는다. 그럼에도 불구하고 세껑스로 나눈다면, 그것은 만남의 무수한 덩어리를 드러내는 것에 불과하다. 마찬가지로, 뻘랑이라는 의식의 단위도 더 이상 성립할 수 없다. 그것 역시 세껑스처럼 그저 만남의 조각일 뿐이다. 이러한 상황에서는 뻘랑이 나타나더라도, 그것은 의식이 아니라 주어진 상황의 조각에 불과하다.

그래서 이 조각들은 이전처럼 존재하지 않는다. 의미를 규정하지도 않으며, 자신을 의식이라고 주장하지도 않는다. 갑자기 모호한 상황 그대로 거기에 있는 것이다.

현대영화의 몽타주를 말할 때 우리가 이전의 쁠랑의 개념으로부터 출발할 수 없는 이유가 바로 거기에 있다.[80] 이제는 몽타주 자신이 집합의 차원에서 전체에 대한 관념을 대체하지 않기 때문이다. 쁠랑-세껭스가 몽타주를 대체한다는 것은 이러한 개념이 이전의 개념을 대체한다는 말이다.

의미가 규정되지 않기 때문에 몽타주는 과거와 같은 재구성이 아니다. 몽타주 곳곳에는 쁠랑이 어떤 상황을 전체로 대체한 쁠랑-세껭스들이 있고, 그저 조각난 것으로서의 쁠랑들이 있다. 그래서 엄밀히 말하자면, 과거의 의미를 가지고서 현대영화 전체에 대해서 몽타주라는

---

80)여기서 우리가 너무 쉽게 범하는 오류가 있다. 들뢰즈는 그의 책 『운동-이미지』에서 쁠랑과 쁠랑을 짜나가는 작업인 까드라쥬(cadrage:영어로 말하자면 프레이밍[framing])를 이렇게 설명한다. "우리는 이미지 안에 있는 모든 것들, 예컨대 장식들, 인물들 그리고 그밖의 요소들을 모두 포함하는 닫힌 체계, 상대적으로 닫힌 체계의 한정을 일컬어 까드라쥬라고 부른다"(23면) 그래서 우리는 쁠랑 역시 한정되어 있으며, 즉 닫혀 있으며 그 닫힘의 지속적인 체계화가 까드라쥬라고 여긴다. 하지만 그것은 완전한 오류이다. 들뢰즈는 그 정의가 잠정적이라고 분명히 말한다. 바로 그 정의 앞에 다음과 같이 쓰고 있기 때문이다. "그 문제는 나중에 교정하기로 하고, 우선 아주 단순한 정의로부터 출발해보자."(23면) 여기서 의문점 하나를 간단히 풀어가보자. 고전영화에서 쁠랑은 의미들의 집합니다. 따라서 닫힌 체계라는 개념은 이 점에서 보면 전혀 틀린 것이 아니다. 그런데 왜 들뢰즈는 나중에 교정하기로 하자고 했을까? 하긴 그가 '이제 이렇게 교정하기로 하자'라고 깔끔하게 쓰는 부분이 있던가? 우리는 지나치게 성급하며, 모든 것을 단순한 문구로 정리하고 싶어한다. 그러나 사고란 그런 것이 아니다. 그것은 끊임없는 풀림이며, 만개이다. 바로 이 경우에도 들뢰즈는 그 사고를 정확하게 구사하고 있는 것이다. 왜냐하면 고전성이 '영화'의 전개를 따라 하나하나 수정과 변화를 거쳐서 스스로의 개념들을 해체하고 미처 현대영화로 가기도 전에 급기야 느슨하고 무의미해 보이는 결합체들을 먼저 만들어냈기 때문이다. 게다가 이것은 아주 서서히 나타난 것이고 말이다. 니콜라스 레이, 오손 웰스, 프랭크 카프라 등의 작품들의 등장이 좋은 예일 것이다. 그렇기 때문에 들뢰즈가 말한 '교정'은 긴 역사적 기간을 거치며 이완된다. 그 모든 과정이 그가 말한 교정의 일부에 해당하는 셈이다

딱지를 붙일 수 없다. 이전의 몽타주는 재구성일 뿐이지만, 현대가 적용되는 세계 또는 현대가 근심하는 세계는 더 이상 재구성이 아니라 현전하는 덩어리로서의 세계이기 때문이다. '영화'의 경우에도 마찬가지이다. 우리가 고다르의 작업을 설명하면서 그가 행한 방식의 독특한 편집 장면을 인서트 컷insert cut이라고 부르는 것은 완벽한 와전이다. 무언가 변화하고 거대한 표지들이 솟아오를 때 그렇게 안일하게 접근해서는 안 된다. 이 용어는 이 '전체'를 설명하는 데 전혀 들어맞지 않는다. 인서트 컷은 삽입됨으로써 자신의 의미를 부여받는다. 하지만 여기서 뻘랑들은 의미 없이 존재하는 것이다. 따라서 영화 속에 삽입되어서 결정적인 의미를 전달하거나 환기의 역할을 수행하는 인서트 컷과는 다른 것이다. 그것의 역할이 있다면 거기에 있음으로써 현상을 강하게 부각하는 일이다. 그래서 몽타주의 잘라진 조각, 몽타주를 해체하는 조각들이라는 점에서 이 뻘랑들은 이제 몽타주-컷이다.

몽타주는 이렇게 몽타주-컷으로 대체된다. 뻘랑-세껑스 역시 몽타주-컷으로서 거기에 있을 뿐이다. 따라서 전체란 재구성되는 것이 아니라, 보여지는 것이다. 몽타주의 기능과 의미는 변화한다. 그것은 전체의 모호함, 현실, 현상을 보장하는 차원에서 거기에 기능적으로 존재한다. 그렇다면 이 기능은 다시 초기 '영화'가 그랬듯이, 기술적이고 기능적 수준의 '편집'으로 되돌아가는 것일까? 그래서 누벨바그의 영화들, 특별히 몽타주-컷이 빈번하게 드러나는 고다르의 작품을 일컬어 프리미티브 이마쥬primitive image(초기 이미지)는 이름을 붙여주는 것일까?

뻘랑-세껑스를 통해 알 수 있듯이, 현대영화의 몽타주가 초기 영화의 기능적 편집으로 돌아가는 것은 아니다. 초기 영화에서 편집이란 단지 이야기를 구성하기 위한 방법일 뿐이었다. 이 이야기 자체가 고전성을 언급할 만한 수준도 못 되었으며, 유희에 가까운 보드빌쇼 류의 이야기에 불과했다. 그 단계에서 편집이란 필름이라는 질료에 의해 이루어지는 것이기 때문에 하나의 기술적 단계일 뿐이었다. 편집은 '영화'가 고전적 의미에서 진정한 이야기를 수용함에 따라 비로소 미적 장치로 발돋움한다. 따라서 이 초기 상태의 편집이 지닌 기능이라고는 오직 전환뿐이다. 여기에 통제나 조절, 관계의 성립과 같은 미학적인 기능이 주어지는 것은 고전영화들에 이르러 가능했다. 그러나 현대영화의 몽타주가 고전적 의미의 몽타주가 구축한 미학적 기준들을 버리고 기록이나 저장 또는 드러냄을 목적으로 하는 현상의 보전으로 돌아간다고 해서, 이제까지 자신이 구축해온 미학적 위치를 폐기하고 초기 상태의 단순한 기술적 수준으로 내려가는 것일까?

우리가 현대영화에 부여하는 '초기 영화성'은 시대적인 귀환을 의미하는 것이 아니다. 컷의 수준에서 보면, 고다르의 영화들과 초기의 컷들은 언뜻 흡사할 수도 있다. 쉴 새 없이 컷으로 구성되어나가는 지나치게 단속적인 흐름이 할리우드 영화에 비해 덜 매끄러워 보이며, 오히려 초기 무성영화와도 같은 인상을 줄 수 있다. 하지만 그렇게 단순하지 않다. 이 '초기'라는 수식어는 다른 의미로 쓰인다는 것을 알아야 한다. 그것은 당시 영화들에서 나타나는 이미지들과 편집의 기술적 수준에 그대로 머물러 있다는 뜻이 아니라, 처음에 고전성의 완성으로 달려가기 이전의 '영화'라는 표현 도구가 지니고 있었던 개념을 나타내는 것이기 때문이다. 그런 의미에서 이것은 현상의 포착이라는 '영화' 자신의 근본적인 도구성을 구현한다는 차원에서 사용되는 개념이라고 할 수 있다.

우리가 현대영화에 대하여 말하는 자기 반영성도 마찬가지로 설명할 수 있다. 모든 예술은 자기 자신을 반영하고 있다. 대상을 자신의 방식으로 표현할 때, 즉 대상을 향해 자신의 시각으로 이미지를 조명할 때 거기에는 자신이 반영되고 있는 것이다. 그렇게 해서 자신을 자신이 만들어내는 이미지 안으로 밀어붙이는 것이다. 그런 점에서 오직 현대영화만이 자기 반영성을 지니고 있다고는 말할 수 없다. 이 점에서 나는 오히려 우리가 쓰는 용어의 개념이 반대로 활용되었다고 말하고 싶다. 대상의 지각은 언제나 '자기'를 반영한다. '자기'가 주체로 나서며, 이에 따라 다른 모든 것은 객체가 된다. '자기'라는 주체에 의해서 객체들이 갈라지고 쪼개지고 분할된다. 그렇게 분류된 것들은 '자기'가 그것을 분류할 때 사용한 의식의 수준에서 이차적으로 재전개되는 '자기'의 과정을 거쳐 재통합된다. 그래서 만들어진 몽타주/재구성된 전체가 바로 '자기'/주체가 결정지은 객체들의 본질이 아닌가? 이것은 의미가 만들어지는 하나의 과정이며, '의미'라고 이름을 붙일 때 전제된 존재의 과정이다. 그렇다면 '자기'를 대상 안에 개입시키는 것, 즉 '자기'를 대상의 이미지에 반영하는 것은 현대의 특징이라고 할 수 없다. 이는 오히려 존재로서는 일상적이고도 보편적인—따라서 늘 주어지는—특징이 아닌가?

이 '자기'가 존재하기 위해서는 모든 것을 객체화시킬 수 있는 능력, 조건, 세계관이 전제되어야 한다. 다시 말해, 주체와 객체의 분리가 전제되어야 한다는 뜻이다. 하지만 현대의 미학과 세계관은 이것과는 완전히 정반대이다. 주체와 객체가 분리되는 것이 아니라, 이제까지 객체라고 부르던 것 안으로 주체가 이동하는 것이기 때문이다. 따라서 주체의 객관화 또는 대상화가 이루어지며, 그렇게 주체의 권력적 위치가 해체됨으로써 모든 것의 지위가 그저 관계상의 문제들로 전화된다. 그렇기 때문에 전체가 수많은 관계-이미지들로 얽혀 있는 것이다. '자기'는 그처럼 다른 것과는 경계를 이루는 '자기'가 아니라, 다른 것들과의 관계 속에서 구성되는 유동적인 '자기'로 바뀐다.

그런 면에서 볼 때 오히려 현대예술이 자기가 만든 것들에 자신을 반영하고 있는 것을 일컬어, '자기 반영성'이 아니라 '반영성'으로 불러야 하지 않을까? 만약 현대적인 사고 안에서 '자기'가 계속해서 '자기'를 대상 안에 투영시키고 있다면 그것은 크나큰 모순일 것이고, 과거와 구별할 필요가 없는 상황이 나타날 것이기 때문이다. 우리는 말했다. 텍스트는 이제 '자기'가 판단한 것들을 담아내는 것이 아니라, 현상들의 만남 또는 현상과 현상의 충돌, 그래서 모호함의 덩어리인 현상더미 전체를 끌어안고 있다고. 따라서 그것이 만약 무언가를 반영하고 있다면 그것은 '자기'가 아니라, 자신의 주변부에서 발생하는 전체의 모호함을 반영하고 있는 것이다. 즉 '자기'의 투영이 아니라, 자신을 감싸고 있는 세계의 투영인 셈이다.

조금 지나치게 느껴지는가? 그렇다면 방법의 차원에서 다시 이야기해보자. 고전적인 의미에서 몽타주는 그야말로 '영화' 자신의 모든 방법이 그대로 투영된 개념이다. 영화가 어떻게 세계를 보고, 판단하고, 나누고(데꾸빠쥬), 재통합시키는지가 오롯이 담겨 있기 때문이다.

하지만 몽타주-컷이나 쁠랑-세껑스는 그러한 몽타주 기능(개념)의 파괴이다. 그것은 재구성의 방법이 아니라, 더 나아가 구성의 방법이 아니라, 눈앞에 벌어진 것 전체를 담아내는 방식이기 때문이다. 거기에서 의미를 통제하는 하나의 원칙이라는 개념의 '자기'는 사라져버린다. 그 대신 새로운 전체, 부유하는 '자기'를 포함한 전체가 드러난다. 그래서 이 현대영화는 특정한 또는 특권적인―이 말처럼 이 경우에 잘 어울리는 말도 없을 것이다―것을 반영하지 않는다. 거기에는 모든 특권적인 것들이 더 이상 자신을 주장하지 못하는 '전체'가 반영되어 있다. 현대영화의 특징이 '전체의 반영'이라고 말하는 이유가 바로 여기에 있다.

때에 따라서는 이렇게 의미를 축소해 자문할 수도 있을 것이다. '초기 영화성'이 영화적 도구성, 즉 '현상의 포착'이라고 하는 가장 특권적인 성질―그때까지 존재하지 않았던―을 가리킨다는 점에서 이 초기의 원천적인 '자기'를 반영하고 있지 않은가? 하지만 이 경우에 우리는 '영화'라는 것에 대해서 다시 상기해야 할 것이 있다. 그것이 나타내고 있는 것은 특권적인 성질이 아니라, 범상하게 주어진 일상성이라는 점 말이다. 현상의 포착이란 현상의 응축이 아니라, 현상의 일상적인 널브러짐이나 흐트러짐을 담는다는 말이다. 응축하고, 모으며, 경계를 세우는 것이 오히려 특권적인 것이다. 조금 다른 말이지만, 현대성 이전에 예술은 그렇게 자신의 특권을 세우지 않았던가? 사진의 경우, 이 포착의 가능성을 어디로 밀어붙였던가? 의미화, 평균화가 아니라, 특정한 위치들을 세우는 방향으로 끊임없이 나아가지 않았던가?

그래서 '초기 영화성'이란 다름 아닌 일상이다. 추상적 시간으로 모이는 것이 아니라, 지속으로서의 시간을 통해 운동-이미지가 가능하게 되는, 그런 비등점 없는 일상성 말이다. 이 '자기'는 우리가 지금까지 말해온 그 '자기'가 아니다. 그런 까닭에, '영화'가 자기 반영성을 갖추고 있다고 할 때 우리는 단순하게 발명품, 즉 장치의 뜻으로 '영화'의 의미를 끌어가는 것이 아닐까? 특권적이라는 딱지를 붙일 수 있다면, 오직 기계로서의 '영화', 장치로서의 '영화'뿐일 것이다.

지가 베르토프의 《카메라를 든 사나이(1929)》는 사실 경계가 아주 모호한 영화이다. 이 영화는 때때로 이 '초기 영화성'을 드러내는 동시에, 이후 '영화'가 발전시켜나갈 개념의 '눈'을 보여주는 선구적인 작품이다. 그런 점에서 이 작품이 차지하는 역사적 지위는 정당하다. 카메라가 어떤 장치인지를 첨예하고도 묵시적으로 드러내고 있기 때문이다. 몽타주에 대해서 말을 할 때 우리는 반드시 '눈'으로서의 카메라를 말해야만 한다. 왜냐하면 몽타주는 몸을 이루고, 카메라는 그 몸의 지각을 이루기 때문이다. 그런 점에서 우리는 이 개념의 역사도 다음과 같이 간단히 구분해볼 수 있다.

초기 '영화'에는 몽타주가 존재하지 않았다. 그것은 단지 편집이고, 전환일 따름이었다. 이것은 거꾸로 당시에는 '눈'이 존재하지 않았다는 것을 말해준다. 카메라는 단지 수용일 뿐이었다. 지각이 아닌 수용 말이다. 지각해야 할 만한 내용들이 벌어지지 않았기 때문에, 지각된 것들을 통합하는 작업 또한 필요하지 않았다.

하지만 고전적인 서사를 '영화'가 만들어내기 시작하면서 새로운 내용이 전개된다. 카메라는 '눈'이 된 것이다. 그것도 정확하게 가늠하는 눈이고, 빈틈없이 솎아내는 눈이다. 눈은 세계를 본다. 하지만 이렇게 말할 때 거기에는 두 가지의 '봄'이 존재한다. 보이는 것으로서의 봄과 바라보는 봄. 보이는 것을 막연히 바라보는 눈이 무의미한 눈이라면, 무언가를 바라보는 눈이야말로 의미 있는 눈이고 진정한 눈이다. 우리는 그렇게 특권적으로 지각하는 능력을 우수한 것으로 여겼다. 무질서보다는 질서가, 무의미함보다는 의미 있음이 언제나 '더'이며 '이후'가 아닌가? 물론 이 문제에 관해선 조금 뒤에 이야기할 것이다. 하지만 이 시대에는, 그러니까 적어도 고전적 사고 안에서는 그것이 당연한 순서였다.

그러나 고전적인 텍스트에서 카메라는 언제나 보완일 뿐이다. 데꾸빠쥬가 먼저 있으며, 그 원칙에 따라 그것이 보고 싶어 하는 것을 바라보게끔 조절되기 때문이다. 하지만 이것이 눈으로서의 카메라가 지니는 중요성을 특별히 훼손하지는 않는다. 원래 지각하는 눈의 구실은 이런 것이 아니던가? 그것은 무작위로 펼쳐진 것들을 보는 장치가 아니라, 그 안에서 질서를 간파하는 눈, 의미를 골라내는 눈, 다시 말해 이성에 의해 조절되는 장치였다. 현상적인 눈에 결여된 것이 바로 이 힘이다. 현상으로부터 무언가를 벗겨내는 것이 발견하는découvrir 행위가 아닌가? 이것이 우리가 장착해야 하는 눈이고, 이성의 훈련을 통해 성립되는 눈이다. 의식이 사전에 조절한 내용을 지각하고 그 안에서 의식의 수행을 돕도록—본질을 구성하기 위해—무수한 항들을 분류하고 선별하는 눈인 것이다.

카메라는 바로 이런 것이었다. 따라서 몽타주가 중요하기는 하지만, 그것은 상대적인 의미에서 그렇다는 것뿐이다. 카메라 역시 이미 장치로서의 전체에 참여하는 데 기능을 할당받고 있다.

하지만 현대의 카메라는 어떨까? '초기 영화성'으로 '영화'가 되돌아간다고 할 때, 그것은 적어도 카메라의 개념까지 한정하는 것이 아닐까? 카메라는 이제 발견하거나 벗겨내는 도구가 아니다. 우리가 객체라고 믿던 것 안으로 걸어 들어간 '우리'—더 이상 구별되는 주체가 아니다—에게 '눈'의 기능은 예전과 같은 것이 아니기 때문이다. 그것은 더 이상 의식의 도구가 아니다. 그것은 통제되지 않는 지각, 보임을 따르는 지각이다. 그러나 이처럼 보여진다고 해서 그것이 바라봄보다 훨씬 '덜' 기능적일까? '더'와 '덜'의 모순이 여기에 잠재해 있다.

무질서 안에 질서가 자리한다는 것을 우리는 알아야 한다. 무질서 안에 존재하는 일련의 부분들이 지닌 속성이 질서이다. 그렇다면 이제 전후 관계, 지위 관계는 변경되어야 하지 않겠는가? 무질서가 '더' 있으며, '더' 지속적이며, '더' 항존적이다. 마찬가지로 생물학적 지각의 내용 안에, 즉 보임을 수용하는 장치로서의 기능 안에 무언가를 특별히 주시함, 바라봄이 자리 잡고 있지 않은가? 따라서 보임이 '더'이고, 지속적이며, 항존적이다. 우리는 모든 경우에 우리의 주체를 지나치게 반영시켰다. 그것이 우리의 오류이고, 그것에 대한 반성이 오류의 되돌림일 것이다. 분명하게 말하지만, 반성, 즉 번복이 아니라 반성 말이다. 답은 역시 열려 있다. 무질서와 보임이 답이 아니기 때문에, 이것은 반성일 따름이다. 거기서 새로운 질문을 끊임없이 던지고, 새로운 공백의 지도를 무수히 그려가야 할 것이다.

그런 점에서 이 눈은 이제 현상적인 눈이다. 의식하고 골라내는 눈, 데꾸빠쥬/의식이 미리 쪼개놓은 것들을 취사선택하거나 의미 있는 항들을 발견하는 눈이 아니라, 무작위적이고 흐트러진 눈이다. 그렇다고 그것이 완전히 무의미한 텍스트의 출현을 말하는 것은 아니다. 우리가 고전/현대를 말할 때 오해하게 되는 까닭은 우리의 본성이 무의미를 잘못 분류하는 데 있다. 무의미는 과연 의미의 반대말일까? 공허는 위치의 반대개념일까? 무의미 안에 의미가 소속되어 있으며, 공허 안에 좌표가 정해져 있다. 그래서 무의미가 '더'이고, 지속적이며, 항존한다. 그것이 결국 참이다. 반응들의 기록과 만남들의 기록은 무의미의 기록이 아니다. 좀 더 포괄적인 수준에서 바라본 무의미, 즉 열려 있음의 기록이다. 따라서 이 기록이란—이제야 카메라를 말함으로써 모든 것이 정리되는데—조건에 걸려든 것들(고전적 텍스트)의 반대를 가리키는 무작위적인 기록이 아니다. 그것은 언제나 직관이다. 간파 또는 차연에 대한 이해로서의 직관 말이다. 그것이 곧 몽타주-컷이며 뽈랑-세껑스이다. 프레임은 정확한 의식의 통합체를 벗어나, 반응을 선택하고 직관적으로 현상을 간파하는 열린 틀이 되는 것이다.

　우리는 이 말을 조심스럽게 써야 할 것이다. 열려 있음은 닫혀 있음의 정확한 반대가 아니기 때문에. 고전적 텍스트도 열려 있으며, 현대적 텍스트 또한 닫혀 있기도 하다. 이것을 정확하게 구분할 수 있는 잣대는 직관과 의식이 될 것이다. 고전적 텍스트는 의식이다. 의식은 체계에 의해 닫혀 있는 것이다. 그러나 그 의식은 다른 의미에서 보면 열려 있기도 한데, 끊임없이 의미의 세계로 풀려가고 있기 때문이다(원숭이 엉덩이는 빨개, 빨가면 사과, 사과는 맛있어…). 사전에 주어진 개념으로 구성된 체계에 의해서만 닫혀 있다는 말이다. 반대로 현대적 텍스트는 직관이다. 직관은 복수이다. 그것은 현상의 수용이자, 현상의 분별이다. 그래서 언제나 열려 있다. 특권적인 체계 없이 풀려 있기 때문이다. 그러나 이 직관도 다른 의미에서 보면 닫혀 있기도 하다. 그것은 사건을 제기하고 문제를 제기할 뿐, 답을 내리는 것은 아니기 때문이다. 그것의 한계가 바로 거기에 있다. 그럼에도 현대적 텍스트가 새로운 가능성을 내포하고 있으며, 엄밀하게 보면 그 어느 때보다 열려 있다는 것은 바로, 이 때문이다. 그것은 커뮤니케이션이 아닌가? 질문을 던지고 문제를 제기하는 것, 다시 말해 주어진 지도에 의문을 품는 것 말이다. 해답은 이 텍스트를 통해 세상과 만나고 있는 관객들에게 있다. 물론 그 답은 이전의 답과 같지 않다. 질문들의 항에 정확히 들어맞는 배타적 항으로서의 답이 아니라는 말이다. 그 답은 역시 열려 있다. 왜냐하면 직관의 형태로, 질문의 형태 그대로 우리의 사고 안에서 끊임없이 떠다니기 때문이다. 그래서 위험하다. 늘 끊임없이 전개될 뿐, 마무리되는 것이 없다.

키아로스타미의 《체리 열매의 맛》(1997)을 보면, 길을 따라 쉴 새 없이 부유하는 좌표가 전개된다. 그 사이에 '사건'이 빚어진다. 하지만 이전처럼 이유도 없고, '사건'이 풀어내는 것도 없다. 구덩이에 자기 몸을 집어넣는 마지막까지도 '해결'은 없다. 섬광이 일고, 천둥이 치며, 그렇게 예측되지 않는 시간대로 풀려버린다. 그러고는 나타나는 촬영 장면… 이렇게 말하자. 클로즈업이, 표정이 차지하던 이미지-크리스털이 이제 하나의 장으로 나타난다. '영화'는 그렇게 좌표가 무한히 풀려가는 세상의 모습을 덩어리째 즉자적으로 드러낸다. 무엇을 해명하는 것이 아니라, 쌓아가는 것이다. 그것이 세상이지 않은가? 하지만 나는 말했다. 바로 그렇기 때문에 위험하다고.

이 직관은, 이 새로운 눈은 어떤 수준에서 적용될 수 있을까? 그것은 때때로 우리의 직관이 받아들이는 것들을 정제하지 못하는 상황에서는 문제들만 부추기는 꼴로 나타나지 않는가? 문제를 새로운 차원에서 올바르게 인식하는 것은 중요한 일이지만, 그것이 쉴 새 없이 되풀이되다 보면 그 자신이 하나의 강요된 형식으로 나타나기도 한다. 그런 점에서 현대적 텍스트의 가치는 상당히 중요하지만, 어느 틈엔가 그것은 자신을 새로운 틀에 가두게 되기도 한다. 직관은 반성이고, 지속적인 문제 제기이다. 하지만 거기에 틀이 간섭하면, 그것은 새로운 반성 또는 새롭게 전개되는 지속을 버리고 갑자기 '양식'이 된다. 현대영화가 하나의 양식이 된다는 것은 우스꽝스러운 일이다. '도그마Dogma그룹'이 현대영화의 중심점을 정확하게 지나가면서도 동시에 위태롭게 보이는 것은 점차 양식화된 틀로 자리 잡아가는 듯한 모순을 보여주기 때문이다.

이제 우리가 말해 온 것들을 정리하기로 하자. 구분은 가치를 결정짓는 것이 아니라, 차이를 나누고 지적하는 작업이다. 우리는 고전영화와 현대영화에 대해서 말했다. 될 수 있으면 어느 것이 더 중요하다고 말하지 않고 균형을 잡아가려고 노력하면서 말이다. 실제로 고전과 현대를 두고 어느 하나가 다른 하나에 비해 더 낫다고 함부로 평가할 수 없다. 의식은 훌륭한 분석을 이루어내고 지표를 제공하면서도, 의식을 비껴가는 것을 무시해버릴 수가 있다. 무의식의 바다 위에 떠 있는 것이 의식인데도 말이다. 반면에 직관은 모든 것을 전체적으로 수용하고, 끊임없이 질문을 던진다. 그렇지만 늘 반성으로 돌아가지 않을 때 그것은 그저 어지럽게 풀린 실타래에 지나지 않는다.

이렇게 말하자. 인간은 이제 이 두 가지 방식으로 사고한다. 물론 한 가지로 사고할 때보다 훨씬 혼란스러워졌을 수도 있다. 하지만 사물을 다양하게 바라본다는 점에서 더더욱 풍성한 의미를 얻게 된 것일지도 모른다. 그러나 그것은 중요하지 않다. 사고는 어떤 방법을 찾아내서 해답을 끌어내는 것이 아니라, 반성을 감행하고 계속해서 새로운 지도를 만들어가는 것이기 때문이다. 중요한 것은 이제 우리가 이 사고들을 감행할 수 있게 되었다는 사실이 아닐까?

우리는 지금까지 '영화'에 대해서 말했다. '영화'도 마찬가지이다. 그것은 제법 빠르게 이 인간의 역사가 지니는 두 가지 사고를 받아들였다. '영화'는 특권적이 아니라고 말했지만, 여기서 만약 '영화'에게 무언가를 헌정하고자 한다면 특권적이라는 표현을 붙여줄 수도 있을 것이다. 사고하는 방식을 체화시켜 보여준다는 점에서 특권적인, 또한 커뮤니케이션의 장치라는 점에서 특권적인…

이를테면 '영화'는 생각하기 위해서 만들어졌다. 즉 병을 치료하기 위해서.[81]

현실에 대한 두 가지 태도와 얼개를 드러내 주는 것이 바로 고전과 현대라는 두 지표이다. 고다르는 '영화'가 치료의 도구라고 말했다. 현대영화가 아니라. 차이를 구별하려는 것을 가치를 결정하려는 것으로 오인하는 경향을 염두에 둘 때, 이 태도는 새로운 것이다. 그야말로 차이에 대해서 잘 이해하고 있을 때, 우리는 전체를 통합적으로 이해할 수 있다. 그것도 고정된 전체Ensemble가 아닌, 열린 전체Tout로서 말이다.

'영화'는 전혀 새로운 도구였다. 그리고 지금도 여전히 새로운 도구이다. 아벨 강스가 '영화'에 대해서, 그것이 지닌 새로움과 그것이 제시

---

81)장-뤽 고다르, 「영화와 역사에 관하여 A propos de cinema et d'histoire」, 『Trafic』, No. 18, 31면.

하는 비전에 대해서 다음과 같이 말했을 때는 아주 오래전이었다. 하지만 여전히 '영화'는 계속해서 이 사실들을 이루어가고 있다. 우리와 세상의 만남 그리고 경계들을 풀어가는 또 하나의 도구, 그것이 바로 '영화'이다.

영화는 인간을 새로운 의미로 창출해낼 것이다. 인간은 눈을 통해서 듣게 될 것이다. 마치 탈무드에 나오는 것처럼, 그들은 소리를 보게 될 것이다. 그들이 시의 운율에 반응했듯이, 그들은 이제 빛의 운율에 반응하게 될 것이다. 그들은 새와 바람과 대화하게 될 것이다. 철로에 선율이 담길 것이며, 하나의 바퀴는 고대 그리스 사원에 버금가는 아름다움을 지니게 될 것이다. 새로운 형태의 오페라가 탄생할 것이다. 우리는 가수들을 보지 않고도 그들의 목소리를 음미하게 될 것이며, 그 즐거움이라니… 발키리(북유럽 최고 신인 오딘의 열두 딸로, 죽은 전사의 영혼을 천국으로 인도하는 여신들)가 말을 타고 하늘을 달리는 모습도 보게 될 것이다. 셰익스피어, 렘브란트, 베토벤은 영화를 만들 것이다. 왜냐하면 그들의 왕국은 이전과 같으면서도, 동시에 훨씬 더 넓어졌기 때문이다. 예술적 가치들은 온통 소란스러운 전복으로 가득하게 될 것이며, 게다가 지금까지 있어온 어떤 것보다 위대한 꿈들이 환상적이고도 급작스럽게 꽃을 피울 것이다. 단순한 인쇄 기계를 넘어서, 모든 심리적인 상황을 변조할 수 있는 꿈의 공장이요 왕수(금이나 백금 따위를 녹이는 화학 용액)요 리트머스 용액이기도 한 '영화.'
이미지의 시대가 온 것이다![82]

---

82)아벨 강스, 『영화예술Art de cinema』, 1927.

몽타주 이후

　새로운 조건, 새로운 현실, 새로운 세상…. 잠시라도, 현재 우리가 마주치고 있는 상황에 대해 생각해보자.

　이 책은 2천 년 초반에 쓰였다. 당연히 지금과는 차이가 있다. 하지만 조금 냉정하게 보면, 그때도 사실 영화를 에워싼 환경은 이전과 다르게 가고 있었다. 지금이 유독 특별한 시간이 아니라는 말이다. 우리야, 변화 중의 어느 정점에 유독 주목하곤 하지만, 변화는 항속적이다. 시간의 위대함, 한편으로는 무자비한 폭력성이 바로 거기에 있다. 제아무리 붙잡으려 해도 거침없이 흐르며, 따라서 모든 것을 끊임없이 이전과 다르게 몰아간다는 점. 그러니, '시간'이라는 거대한 위상에서 보자면, 지금 대단한 듯 벌어지는 변화도 전혀 대단하지는 않은, 우리의 심적 호들갑이 붙들어 맨 의미에 불과할 수도 있다. 그러나 —

　우리의 어지간한 삶은 이처럼 '시간'과 같은 의식 수준에서 세상을 돌아보지 못한다. 인간이라는 의식의 종합체 수준을 벗어난 성인聖人들을 제외하고는, 시간을 초월한 의식을 지니기는 영, 어렵다. 때문에, 우리는 변화를 의식하며, 그것을 쫓고, 기를 쓰고 '변화'의 의미를 얻어내려 힘을 쓴다. 사실, 대개의 사람에게는 '변화'란 머리 위의 짐이어서, 쫓고 따르며, 적응하지 않으면 안 되는 대상이다.

2천 년 초입, 21세기 도입부였던 그때 이미 지난 세기와는 다른 영화들이 있었지만, '영화'라는 개념의 힘은 무리 없이 작동하고 있었다. 따라서 나는 당시의 21세기식 변모를 책 안에 투영할 생각은 하지 않았다. 더구나, 이 책은 개념을 다뤘고, 다양한 양태를 쫓는 역사서는 아니었으니….

이후, 조금 긴 시간의 폭을 넘어서서, 결국 '영화'의 역사에 대해 썼다. 물론, 딱 1927년 이전까지 썼고, 뒤이은 부분을 계속해서 생각하고 정리하며 쓰는 중이다. 아마 그 역사의 후반부, 즉, 현재라는 시점에 가까워져 오는 과정에서 21세기 영화의 문제들이 진중하게 다뤄지리라.

그다음에 곧이어 출판한 『뱀파이어, 이미지에 관한 생각』은 사실 어떤 면에서 이 책 『영화』와 같은 시기에 쓰였어야 한다. 나는 '영화'의 역할과 뱀파이어라는 존재의 개념 간의 묘한 인접성을 프랑스에 있을 때부터 집요하게 파고들었으며, '영화'의 개념을 그처럼 흥미로운 존재와의 연관 아래 쓰고 싶어 했다. 원고는 일찌감치 썼지만, 결국, 한참의 시간이 지나 출판하게 되었다. 이 책이나, 『뱀파이어, 이미지에 관한 생각』은 어떤 개념, 정체성, 의미를 다룬다. 그러니 주제 상 중복될 수밖에 없는 것들이 있다. '최면'과 영화에서의 그를 말할 때 아주 좋은 텍스트인 《블로우 업》이 그러하고, 들뢰즈의 일부와 베르그송의 추억-이미지와 연관된 설명 또한 그러하다. 말하고자 하는 의미는 같지만, 내용이 같지는 않다. 이를테면, 블로우 업에 대한 설명은『뱀파이어, 이미지에 관한 생각』이 더 자세하고, 반면, 들뢰즈, 추억-이미지와 연관된 진술은 이 책이 더 자세하다. 한마디로, 이 책,『영화』는 '영화'라는 장치 자체에 대한 진술이라는 선에서 쓰였고,『뱀파이어, 이미지에 관한 생각』은 '영화'가 작동하는 방식들을 강조하는 선에서 쓰였다. 즉, 뱀파이어가 사는 방식, 존재하는 방식이라는 틀 위에서…

21세기 '영화'의 문제는 이어지는『영화의 역사』에서 집중적으로 다뤄질 것이다. 하지만, 지금 이 책이 복간되는 마당에, 잠시라도 현재와 미래의 문제를 무작정 덮어놓을 수는 없다는 생각이 들었다. 왜냐하면 21세기에 맞이하게 된 영화의 문제는 결국, 개념의 문제이고, '영화'라는 장치의 정체성이 하나의 관건이기 때문이다.

나는 학교에서도 '영화'에 대해 말한다. 시나리오 강좌이든, 미디어 강좌이든, 아니면 영화이론들이든, 모든 것을 관통하는 항목이 있다면 '움직이는 이미지', '영화'이다. 그런데, 이 책에서 다루는, 인류에게 고유한 하나의 표현방식이 된 '영화'를 말하다 보면 자꾸 걸리적거리는 것이 있다. '영화'가 바로 지금 달라지고 있어서?

아니다. 엄밀히 말하면 아직 '영화'의 문제는 아니다. 내게 걸리는 것은 바로 강좌를 듣는 이들인데, 지금의 환경에서 영화들을 접하고 보고 있는 그들이 '영화'라는 것의 고유성에 해당하는 개념들을 과연 얼마나 이해할까이다. 영화를 보는 환경이 달라져서? 극장이 아닌, 모니터 안에서 발견하는 영화 ? 그러나 단순하게 '보는 환경'의 차이가 아니다. 영화들, 혹은 '영화'를 대하는 전체적인 관계의 문제인데, 간략하게 역사적으로 압축해서 말해보자. 영화들과 '영화'의 관계로….

초창기, 그러니까 기계의 탄생에서 1920년대까지… 당연히, 늘, 항상… '영화들'보다 '영화'가 있었다. 물론 어떤 이들은 의아하게 여길 것이다. 10년대 후반쯤이 되면, 사람들의 시선을 끈 것은 영화들이 아닌가 ? 대단한 감독들이 있었고, 미국에서는 전 세계를 강타했다고 할 만한 슬랩스틱이 있었다. 채플린과 키튼의 인기는 시쳇말로 하늘을 찔렀다. 더구나 이들은 '영화'라는 장치의 의미에 심취한 자들은 아니었다. 그러니, 관객들에게는 늘 영화들이지 않았을까 ? 더구나 우리는 앞서, 이 시기에 '영화'를 의식하고 주목한 자들은 거의 없었다고 말했다. '영화'라는 존재에 대한 성찰, 심도 있는 주목은 40년대에 꽃을 피웠으며, 나아가 '현대영화'라는 클래식과는 다른 첨가물을 빚어냈다고 말이다. 그렇다면, 40년대까지 '영화'는 가려져 있었다고 봐야 하지 않을까 ? 스크린의 뒤편에서, 그러니까 이미지의 뒤편에 숨겨진 존재.

하지만, 다음과 같은 표는 '영화'와 영화들의 관계, 그것들에 대한 관객의 인지를 아주 쉽게 드러내 줄 것이다

비록 그리피스가 있더라도, 채플린의 영화와 키튼의 그것들이 있더라도, 나아가, 의미심장한 유럽의 영화들이 줄기차게 쏟아져나오더라

〈표 9〉

19세기말	1920년대	1927~ 1930년대 초	1940년대~ 50년대 말	1970년대 말	1990년대	21세기
시네마토그래프의 출현	영화들의 완성	사운드의 출현	클래식과 모던	CG	네트워크	새로운 영화들
'영화(CINEMA)'를 본다		영화들로의 관심의 전환	영화들을 가능케 하는 힘으로서의 '영화'에 대한 의식	'영화'의 정체성을 잊어가기	'영화가 아닌 영화들의 출현	?
'영화'가 자신의 존재를 보게 함		영화들의 시대	'영화'의 시대		영화들로 넘어가기	'영화'를 망각한 영화들의 시대

도, 사운드 이전의 영화들은 어쩔 수 없이 늘 '영화'를 보여줄 수밖에 없었다. 다만 이 시기에 관객들 누구도 표현장치로서의 '영화'의 힘을 이해하지 못했을 뿐이다. 그러나 감독들은 달랐다. 심지어 채플린과 키튼 같은, 오락을 만들어내고자 하는 이들도 말이다. 왜냐하면, 이때 이 장치에는 이미 존재하는 매뉴얼이 없었다(오늘날 우리는 일종의 매뉴얼을 학교에서 익혀간다). 그들이 사람들을 웃기거나, 울거나, 몸서리쳐지게 하거나, 혹은 실제처럼 움직이는 이미지를 통해서 비범한 의미들을 포획하고 그 경이로움에 빠뜨리기 위해서는, '영화'를, 매뉴얼도 없고 누구도 말해준 바 없는 '영화'를 연구하고 생각하며, 난도질해야 했다. 그러니까, 그들은 항상 '영화'에 매달려 있어야 했고, 그의 힘을 자신들의 이미지들에 투사시켜야 했다. 관객들은, 웃고 울며 떠들고 호들갑을 치더라도, 결국, 항상 '영화'가 작동하는 방식을 보고 있던 셈이다. 게다가 아직 인류에게는 이 새로운 표현 도구에 대한 자연스러운, 습관적인 감각이 생기기 이전이다. '영화'가 나타난 것은 이제 기껏 이, 삼십 년에 불과했다. 때문에, 영화들 이전에, 이야기들 이전에 '영화'가 하는 모든 짓이 놀라웠고, 신기했고, 즐거웠다. 그래서 무르나우의 심각하고 이루 말할 수 없이 늘어지는 영화 《파우스트》도 대중들에게 쉽게 접근할 수 있었다. 오늘날 이와 같은 방식의 조음, 늘어지며, 이미지 하나하나의 의미를 판독하고 경이에 빠져들도록 만드는 영화들은 대중들에게 선사되지 않고 '예술영화'라는 적합지 않은 이름으로 존재하는 데, 보라, 오늘날 이 '파우스트'와 이 '뱀파이어'는 CG와 함께 항상 스펙터클 액션으로 변해, 대중들의 눈을 사로잡도록 만들어진다. '뱀파이어'가 골치 아프게, '존재'에 대한 의미의 성찰로 진행했던 줄거리는 대충 생각해도 아벨 페라라가 끝이었다(《The Addiction》, 1995).

　한마디로 이 초창기. 생소한 것은 '영화'였고, 신기한 것도 그였으며, 경탄의 대상도 실은 '영화'였다. 그런데 -

　'사운드가 이 '영화'의 과시를 덮어버렸다!' 사운드의 출현은 아무도 주의를 기울이지 않은, 예기치 않은 사건이었다. 덩치만 크고 사업수행이 부실해 단번에 몰락하게 된 워너브러더스가 사실상 망한 상태에서 행한 마지막 업무 중의 하나에 지나지 않았다. 그렇다고 워너가 기사회생을 목적으로 한 시도라고 이해하면 안 된다. 사실상 워너는 당시 이미 망한 상태였으며 은행 서류에 사인만 안 한 상태였다. 그런데도 워너는 이 위기 속에서도 울며 겨자 먹기로 수용한 지난 대출 때의 계약을 이행해야 했다. 그래야, 위약금이라도 물지 않으니까. 그것이《재즈 싱어》였다. 그 몇 해 전 워너는 긴급자금을 대출하며 은행이 끼워팔기로 한 사운드 기술vitaphone을 억지로 구입해야했는데, 대출계약서에 이 기술을 적용한 영화를 제작하는 조건이 있었던 것이다. 그러니,《재즈 싱어》는 그가 일으킨 결과와 상관없이, 자포자기한 워너의 마지막 계약이행에 지나지 않았다. 그런데 이런!

　대성공한다. 신기하다. 누구도 '영화'에 사운드가 없다고 불평한 바가 없다. 영화인들도, 배급업자들도, 관객들도!

　'영화'에 사운드는 필요 없었다. 그런 의미에서 이 사건은 '인간'이 끼어들 틈이 없는 난데없는 일이었다. 행여, 세상 모두가 아니라고 해도 어떤 특출난 한 사람이 자신의 놀라운 선구적인 의지를 관철한, 터무니없는 할리우드 영웅담 따위도 끼어들 틈이 없다. 당시의 상황에 대한 상상을 살짝 동원하면(선뜻 해명하기 힘들지만) 이 영화를 보러

간 이들도 사운드에 열광하고 싶어 했던 것은 아닐 것이다. 그저, 영화들을 고르다, 얼 졸슨AL Jolson과 반라의 무희들이 열을 지어 다리를 드러낸 포스터를 선택했을 것이다. 놀랍게도 포스터에는 사운드가 있다는 지시도 없다(사운드 영화에 대한 개념이 없었으므로 어떻게 표기해야 할지 몰랐을 것이다. 게다가 사운드의 존재 여부가 선전 대상이라고도 여기지 않았을 것이고…). 이후의 유성영화들이 '토키영화 talkie'라는 유인책을 표기한 것과는 딴판이다. 관객들에게 내세운 선전용 표기는 '워너브라더스의 최고작(supreme triumph)'이었을 뿐이다. 간신히 사운드와 연관된 바가 있음을 짐작할 수 있는 표기는 개봉관의 간판에 'with Vitaphone'이 전부였다. 따라서 관객들이 이 영화가 '사운드 영화'라는 새로운 제작품임을 알 수는 없었다(일부, 신문 기사에서 생뚱맞은 소식을 접한 이들을 제외하면). 그러니 이 영화의 성공은 정말로 예기치 않은 일이었다. 영화를 본 관객들은 대체 이전에 비해 어떤 광적인 즐거움에 휩싸였던 것일까? 이후로 유성영화의 시대가 왔으니 말이다.

사운드는 이처럼 우연찮은 발견이었다. 기술로서의 사운드야 발명이었지만, 동기화synchronization된 사운드의 묘미를 발견하는 것은 관객의 몫이었다. 그래, 이 사건의 핵심은 '관객'에게 있다. 극장 안에는 항상 극을 돕기 위한 음악이 있었다. 하지만 이 음악은 사실상 극과 따로 노는 것으로써(어느 정도 사건의 리듬을 맞추었다 할지라도), 극에의 집중을 돕는 장치에 불과했다. 하지만 동기화된 음악은 달랐다. 그것은 마치 무대 위의 향연을 보는 듯한 경험을 제공했던 것이다. 관객들은 열광했고, 이날 이후, 노래와 춤이 없는 것은 더 이상 영화가 아니었다. 어디에나 노래와 춤이 끼어들었다. 그럴 수 있을 만한 이야기

들이 다뤄졌고, 따라서 한편으로는 의미심장한 미적 긴장을 제공하고
자 하는 서사적 완성도에 대한 욕구는 저 멀리 치워졌다. 서사의 수준
은 한없이 낮아졌고, 관객들은 그에 게의치 않았다. 스크린 위에서 노
는 일에 집중하는 것, 그들이 깨달은 영화의 묘미는 바로 그것이었기
때문이다. 이후, 대사가 영화를 다시금 의미를 교환하는 서사물로 회
복시켜놓았고, 음향효과가 서사에 긴장감을 더하는 미적 장치가 되었
지만 몇 년이 더 지난 후의 일이다.

　관객들에게는 이제 영화들은 무조건 사운드가 있어야 했고, 보고 들
을 만한 것이 되어야 했다. 보라, 사운드의 출현은 '영화'를 뒤로 밀고,
관객의 주시를 스크린 위에 멈추게 했다. 그렇다고 퇴보는 아니다. 왜
냐하면 인류는 '영화'가 작동하든 말든, 진짜 순전히 스크린 위, 영화
들을 찾고 즐기기 시작했기 때문이다. 왜냐하면 이십년대까지 영화는
인류에게 즐거운 발명품이었지, 완벽하게 체화되어 습관적 지각 상태
에서 만나는 대상이 아니었으니까, 이처럼 익숙해지고, 영화적 지각
이 관습화되는 과정이 있어야만 했고, 이는 사운드가 시작한 일이었
다. 말하자면 유성영화는 영화가 되었고, 다른 말로 하면 영화는 곧 유
성영화였다. 즉, 인류에게 이제 ('영화'가 아니라) 스크린에서 마주하
는 '영화는 어떤 것이다'라는 법칙이 성립되었고, 습관화된다. 그래야
만끽하고, 빠져 살며, 이후에 그 의미를 캐는 일이 광범위하게 시작된
다. 일부, 뛰어난 영화인들, 학자들이 아니라, 보통 인간들인 관객들 사
이에서 말이다. 영화들의 시대, 이야기의 시대가 왔고, 그것들이 두루,
다양하게 습관화되어 갔다. 이 과정, 아주 중요하다. 이 시기가 있어야,
전통(클래식)이 성립되고 그 의미가 축적된다. 영화들을 이해하는 관

객이 있고서야 제대로 시작된 것이 다시 '영화'이다.

20년대 이전까지의 '영화'에 대한 자각이 '인식'과 관계된 민감한 레이더를 지닌 이들에게 집중되었던 것이라면, 40년대 이후에는 객석에서 무엇을 즐기든, 그 원천을 의식하는 관객들의 일반적 지각이 된다. 그리고 그렇게 ―

'영화'의 위대한 시간이 찾아온다!

50년대부터 70년대까지를 보라. 그때 '영화'가, 그때 영화들이 얼마나 지적이었는가를… '영화'를 의식하지 않은 작업은 없었으며, '영화'의 눈으로 간파한 사람들의 이야기를 다뤘다. 내가 보기에 가장 독특한 황금기였다. 특별한 영화감독, 이론가들만이 '영화'를 탐지하고 즐긴 것이 아니라 모든 관객이 그를 의식하고 즐겼다. 인류의 의식 속에 '영화'가 깃들고, 자연히 이 장치가 인텔리전트해질 수밖에 없었던 이유이다. 만드는 자만이 아닌, 인류 전체의 지각으로 작동했으니까!

그런데, 그 모든 것이 정말이지 허망하게 마감된다.

69년에 시작된, 이전까지 인류에게 '세계'라는 단어 속에 포함되지도 않았던 물질 없는 공허에의 주목이 급기야, 얼마 후, 질료 없는 공간의 이야기를 가짜 질료, 질료 성만 어슴푸레 갖춘, 숫자들이 만들어 낸 이미지로, 우주라는 분명한 이름으로 스크린에 올렸다. 이전에도 SF는 있었다. 하지만 언제나 질료들로 인해 허덕였다. 어설픈 인형, 분장, 미니어처… 영화 속에서 우주는 그렇게 '영화'의 대상인 질료에 묶여 언제나 지구에 속박당해 있었다. 하지만 《스타워즈》는 영화에 있어서 이 질료의 공식을 저만치 걷어차 버렸다. CG라고 썼고, 크레딧에는 특수효과라고 표기되었지만, 이것이 디지털의 출현이고 의미이다. 더 이상 특수효과가 아닌데, 사실 여전히 고집스럽게 그리 부르는 일이 더 음험해 보인다. 그나마 특수효과가 동원되어야만 상상의 체현이 가능했던 시절과의 단절 같아서이다. 이런 류의 이야기들은 이전에도 즐거운 상상의 일환이었고, 이를 영화화하기 위해서는 여전히 질료가 동원되어야만 했다. 형체 없는 상상에도 질료가 관계하고 있었다는 말이다. 이는 사실 판타지의 근간 개념이다. 질료가 있어야, 질료 위의 세상이 있어야 판타지가 성립되니까(우리가 있고, 상상, 몽상, 망상이 있다!). 그런데, 이제는 모든 영화가 디지털 과정을 거친다. 더 이상 CG는 특수효과가 아니라 일반적 효과이다. 달리 말하면 특수효과여야만 하고, 그 상태에서만 성립되던 것이 이제는 보편화되었고, 일반화되었다는 말이다. 심지어, 이제는 SF만이 아닌, 모든 영화들, '사실'에, '현상'에 더 민감하게 접근하는 영화들까지 디지털로 보정된다. 세계가 색과 빛, 구성의 보정작업을 거치는 것이다. 여기서 카메라의 무언가가 무너지고, 어떤 면에서는 결국, 이제는 모든 것이 특수화, 질료 없는 수치화, 질료를 의식하지 않은 이미지화, 근거 없는 서사가 됐다는 말이 아닌가?

디지털은 그렇게 기이한 세계로 우리를 끌고 갔다. 실체로부터 우리의 관심을 떼어, 이전까지 존재하지 않던, 사실상 공간일 수 없는 공간으로 우리를 끌어들였다. Virtual Space, 인터넷이고 네트워크이고, 방송이다. 이전의 네트워크는 어떤 장소와 다른 장소의 연결망이었다. 지금은 들어가서, 놀고 의식하는 공간이다. 스튜디오와 내 응접실, 혹은 방의 관계가 방송이었다. 하지만 이제 그 스튜디오와 방이라는 실체적 공간은 이 체계에 더 이상 힘을 발휘하지 못한다. 방송은 그저, 무언가 자본의 의식 외에는 없는 어떤 것과의 교감이니까.

그래, 영화관이 사라질 것이 문제가 아니다. 스크린이 없어졌다는 개념이 더 정확하다. 모니터는 스크린이 아니다. 그것은 단지 내가 선택하고 볼 것을 취하는 창구에 불과하다. 극장도 물론 이점에서는 마찬가지였다. 하지만 그 스크린은 시작되면, 볼 것에 그치지 않았다. ‘영화’였기에, 지속적으로 인간의 의식과 관계를 맺었다. 서로 소통하며, 놀라운 세계로 우리를 몰입시켰다. 하지만 지금의 선택은 몰입으로 이끌지 않고, 재미있다 아니다의 판단의 취미로 이끈다. 의식은? 물론, 여전히 작동할 것이다. 그러나, 이제 우리의 ‘의식’을 묶는 것은 ‘영화’가 아니라 ‘이야기’이다. 영화들이 OTT 안에서 투사되는 것의 문제는 바로 여기에 있다. 그것은 단지, 이야기들로써, 보고 마는 것에 불과하며, 이야기로 마땅한 힘을 발휘하도록 작동하지 못한다(생각해보라. 이야기 자신이 힘을 지닌 적은 없다. 그것은 문학이거나, 그림이거나, 혹은 몸이라는 ‘장치’를 통해서야 힘을 지니게 된다). 사실 21세기에 시나리오와 이야기는 ‘영화’의 힘을 투사하지 않으며, 볼만한 것으로의 조합에 불과하다. 말하자면 감독이나 작가는 이제까지 창작가였으되, 더 이상 창작가가 아니다. 그는 프로듀서이며, 팔 물건을 내놓는 자에 지나지 않는다. ‘구성되는’ 새로운 영화들이 나타났고, 그 시대가 열렸다. ‘영화’는 없는 영화들의 시대, 몽타주 할 의미도, 조각내며 추적할(데꾸빠쥬) 대상도 없는 영화들의 시대, 상품을 위한 콘티뉴이티만 있으면 되는….

이 경험에 이제 막 익숙해져 정신 없이 몸을 담가야 하는 이들이 지금의 세대들이다. 현재를 살아가고 열심히 몸을 담그고 즐기는 것을 멈추고 과거로 돌아가자는 터무니없는 말은 아니다. 나는 단지, 지금 이들에게 과연 '저항', 몸과 의식으로의 저항이 가능할까를 묻는 것이다. 우리에게 주어진 다양한 장치의 힘을 빌려 우리는 저항해왔다. 물론, 디지털화되었다고, 네트워크 안으로 들어갔다고, 끝장나지는 않는다. '영화'는 그 안에서도 새로운 방식으로 작동할 것이다. 단, 그 '영화'의 힘과 의지를 믿고 실천하는 이들이 있을 때 말이다. 언제나 재미있어야 하지만, '영화'의 시대에는, 극장을 나와, 집으로 돌아오는 거리에서 가슴 속으로 꾹 차게 밀려오는 무언가가 있었다. 그런 방식으로, 모니터 앞에서 멍하니 앉아, 힘차게 내 안으로 밀고 들어오는 무언가를 느끼는 일, 이것을 사람들이 바라지 않고 믿지 않을 때, '영화'가 염려된다. '이야기'가 장치가 아니라 자본의 힘을 입어 스스로 증식할 때, '영화'가 무엇을 할 수 있을까? 장치로서의 역할을 잃고, 즉, 존재로서의 가치를 상실하면, 그는 대체 무엇일까?

2022년, 9월 13일, 고다르가 죽었다. 나는 사실 아직도 '그가 죽었다'고 말하지 못한다. 통상 죽음이 다가오는 방식도 아니며, 그렇다고 들뢰즈처럼 자신의 처연한 선택도 아니다. 죽음이면서, 죽음도 아닌, 괴로운 상태에서 그는 '멈췄다'라는 생각이 자꾸 똬리를 틀고 있다. 미래의 내 자신을 생각해보았다.

영화라고 불리는 것을 거실 겸 부엌에서 보고 있었다. 그때, 나는 주말에 있을 모임 때문에 차를 곁들이며 친구들과 일정을 조율하는 중이었다. 한 친구가 갑자기 보고 있던 이야기에 빠져 방금 던진 중요한 질문을 듣고도 답을 하지 못했다. 잠시 뒤에, 감탄하며 장면의 재미를 만끽한 표정으로 답을 했다. 그리고 우리는 다시 주말 모임에서 무엇을 할까에 대해 말을 이어갔다. 물론, 영화를 보고 있는 상태에서 말이다. 그렇게 '영화'는 더 이상 우리 의식에 존재하지 않았다.

존재가 존재로서의 역할을 잃으면 할 수 있는 게 무엇일까? 그는 더 이상 존재를 주장하지 못하고 기능으로서의 역할을 얻으려 애를 쓴다. 어떻든 살아가야 하기에… 아마, 고다르는 그것이 못 견디게 싫었을 것이다. 아니, 견디고 말고가 아니라, 더 이상 존재로서의 의지와 의식이 설 자리가 없으니…

만일, 내게 스위스에 다시 갈 푼돈이라도 있다면, 레만호에 가 보고 싶다. 처음 그곳에 갔을 때부터 나는 언젠가 거기 살고 싶다고 했는데, 그 말을 할 때는 고다르와는 상관이 없었다. 그저 그 호수의 아늑함, 주변의 적당한 도시 분위기가 마음에 들었다. 그의 욕망이 사라진 재가 뿌려진 곳, 존재의 재가 뿌려진 곳이 거기란다.

참고문헌

이 주제를 생각하는 데 필요한 목록을 모두 쓰라면, 그것 자체가 작은 책이 될 것이다. 그래서 이 목록은 직접 본문에 인용된 것들과 간접적인 도움을 준 것들을 포함해서, 그럭저럭 각 장의 문제들을 이해하기 위해서 꼭 필요한 텍스트들을 짚고 넘어가는 정도에서 정리하고자 한다. 국내에 번역서가 있는 것은 뒤쪽에 * 표기를 했다.

저서

로제 오댕(Roger Odin),『영화와 의미의 생산』(Cinéma et production de sens) »,
Armand Collin, Paris, 1994

마르틴느 졸리(Martine Joly),『이미지와 기호들(Image et les signes)』 Nathan,
Paris, 1994

모리스 블랑쇼(Maurice Blanchot),『문학적 공간(L'espace littéaire)』, Gallimard,
Paris, 1955

미셸 마리(Michel Marie),『누벨바그(La Nouvelle Vague)』, Nathan, Paris, 1997

브제볼로드 푸도푸킨(Vsevolod Poudovkine),『영화기술과 영화제작(Film Technique and Film Acting)』, Lear Publishers, 1949

세리지 학회(colloque de cerisy),『현대의 영화- 영화들, 이론(Cinéma de la modernité- films, théories)』, Paris, Klincksieck, 1981

앙뜨완느 드 바에끄(Antoine De Baecque), 띠에리 주스(Thierry Jousse),『영화의 귀환(Le retour du cinéma)』, Hachette, Paris, 1996

앙뜨완느 드 바에끄(Antoine De Baecque) 외,『역사에서 영화까지(De l'histoire au cinéma)』, Edition Complexe, Paris, 1998

앙리 베르그송(Henri Bergson),『물질과 기억(Matière et Mémoire)』, P.U.F., Paris, 1990*

앙리 베르그송,『사고와 움직이는 것(La pensée et le mouvant)』, P.U.F., Paris, 1990*

앙리 베르그송,『창조적 진화(L'evolution creatrice)』, P.U.F, Paris, 1990*

엘리 포레(Elie Faure),『영화의 기능(Fonction du cinéma)』, DeNoel-Gonthier, Paris, 1976

엔리코 풀치뇨니(Enrico Fulchignoni),『이미지의 문명(La civilisation de l'image)』, Payot, Paris, 1969

엠마누엘 뚤레(Emmanuelle Toulet),『영화, 세기의 발명(cinématographe, invention du siècle)』, Gallimard, Paris, 1988

영화예술의 역사 대토론회(Conférences du Colloque d'histoire de l'art cinémato-graphique),『비교영화를 위하여-영향과 반복(Pour un cinéma comparé Influences et Répétitions)』, Paris, Cinémathique française, 1996

장-뤽 고다르(Jean-Luc Godard),『진짜 영화역사 입문(Introduction d'une véritable histoire du cinéma)』, Albatros, Paris, 1980

장-미셸 프로동(Jean-Michel Frodon), 세르즈 뚜비아나(Serge Toubiana) 외,『영화의 두번째 세기를 향하여(Le cinéma vers son deuxièm siècle)』, Le Monde, Paris, 1995

장 몰레(Jean Mollet),『아메리칸 화면구성의 발명(L'invention de la scéne améicaine)』, L'Harmattan, Paris, 1998

쟈끄 오몽(Jacques Aumont) 외,『영화 미학(Esthétique du film)』, Nathan, Paris, 1983*

쟈끄 오몽,『영화들이 생각하는 것(A quoi pensent les films)』, Séguier, Paris, 1996

쟈끄 오몽,『이미지(L'Image)』, Nathan, Paris, 1991*

쟈끄 오몽, 미셸 마리,『영화의 분석(Analyse des films)』, Nathan, Paris, 1988*

죠르쥬 사둘(Georges Sadoul),『세계영화사(Histoire du cinéma mondial)』, Flammarion, Paris, 1949

죠르쥬 사둘(Georges Sadoul),『죠르쥬 멜리에스(Georges Méliès)』, Seghers, Paris, 1961

질 들뢰즈(Gilles Deleuze),『담판(Pourparlers)』, Minuit, Paris, 1990*

질 들뢰즈,『시간-이미지(L'image-temps)』, Minuit, Paris, 1983*

질 들뢰즈,『운동-이미지(L'image-mouvement』, Minuit, Paris, 1983*

질 들뢰즈, 펠릭스 가타리(Félix Guattari),『의미의 논리(Logique du sens)』, Minuit, Paris, 1969*

크리스띠앙 메츠(Christian Metz),『영화에서의 의미 1(Essais sur la signification au cinéma 1)』, Klincksieck, Paris, 1975*

크리스띠앙 메츠, 『영화에서의 의미 2(Essais sur la signification au cinéma 2)』, Klincksieck, Paris, 1975*

크리스띠앙 메츠, 『기호학 연습(Essais sémiotiques)』, Klincksieck, Paris, 1977

크리스띠앙 메츠, 『시니피앙(Le signifiant imaginaire)』, Christian Bourgois, Paris, 1977

파브리스 흐보 달로네(Fabrice Revault D'Allonnes), 『현대영화를 위하여(Pour le cinéma moderne)』, Editions Yellow Now, Paris, 1994

잡지

-특집/시리즈

「특집 '영화를 위한 두번째 세기'」(Special 'Un second siècle pour le cinéma'), 《『아르 프레스(Art Press)』, Hors-Série No. 14, 1993

「현장영화」(Le cinéma direct), 『시네마 악시옹(Cinéma Action)』, No. 76, 3e trimestre 1995

「기호학 연구」(Recherches sémiologique), 『커뮤니케이션(Communication)』, No. 4, Paris, 1964

「정신분석과 영화」(Psychanalyse et cinéma), 『커뮤니케이션』, No. 23, Paris, 1975

「이미지의 힘」(Pouvoirs de l'image), 『영화연구(Etudes cinématographiques)』, No. 78~81, Paris, 1970

「크리스띠앙 메츠와 영화이론」(Christian Metz et la théorie du cinéma), 『아이리스(Iris)』, No. 10, Paris, 1990

「메스메리즘에 관한 비밀연구」(Rapport secret sur le mesmerisme), 『오르니카(Ornica)』, No. 4, Paris, 1975

-기사

「지가 베르토프 그룹」(Le groupe Dziga-Vertov) (1), 『까이예 뒤 시네마(Cahiers du cinéma)』, No. 238/239, mai/juin 1972

「지가 베르토프 그룹」(2), 『까이예 뒤 시네마』, No. 240, juillet/août 1972

끌레르 바스(Claire Vasse), 「'영화'라는 수수께기」(L'énigme 'Cinéma'), 『포지티브(Positif)』, No. 417, Novembre 1995

레옹 체르톡(Léon Chertok), 「최면이론과 프로이트-역사와 질의(Freud et les théories de l'hypnose: histoire et interrogation)」, 『심리의학과 심신의학 잡지(Revue médecine psychosomatique et de Psychologie médicale)』, No. 2, 1976

세르즈 뚜비아나(Serge Toubiana), 「정확히 시네필」(La cinéphilie, au juste), 『까이예 뒤 시네마』 No. 498, janvier 1996

쟈끄 오몽, 「역사를 어떻게 기술하는가」(Comment on écrit l'histoire), 『까이예 뒤 시네마』, No. 238/239, mai/juin 1972

장-루이 쉐퍼(Jean-Louis Schefer), 「변이체들의 삶」(De la vie des mutants), 『트라픽(Trafic)』, No. 1, hiver 1991

장-뤽 고다르, 「영화와 역사에 관하여>」A propos de cinéma et d'histoire), 『트라픽』, No. 18, printemps 1996

장-뤽 고다르, 「나는 언제나 영화가 사고의 도구라고 여겨왔다」(J'ai toujours pensé que le cinéma était un instrument de pensée), 『까이예 뒤 시네마』, No. 490, avril 1995

펠릭스 가타리, 「기계들에 관하여」(A propos des machines), 『시메르(Chimères)』 No. 19, printemps 1993

'영화'
-존재의 이해를 위하여

초판 1쇄 | 2003년 6월 26일
개정증보판 | 2025년 9월 10일

지은이 | 김성태
펴낸곳 | 불란서책방
등록번호 | 2019년1월17일 제2019-000015호
주소 | 경기도 고양시 일산동구 호수로 336
연락처 | 0504-266-3516
전자우편 | bookfest@naver.com

교정 | 김보영
디자인 | kyiss
인쇄 | 한영문화사

Copyright 2025 김성태

ISBN 979-11-988700-8-7 (03680)